吳天錫과 美軍政期 敎育政策

오천석과 미군정기 교육정책

내일을여는지식 교육 7

吳天錫과
美軍政期 敎育政策

오 천 석 과 미 군 정 기 교 육 정 책

許大寧 著

KSi 한국학술정보㈜

1945년 8월 15일, 우리 민족이 고대하던 해방을 맞이하기는 하였으나, 우리 국민이 그렇게도 원하였던 자주독립이 아닌 미군과 소련군에 의한 군정이 남·북한에서 각각 시작되었다. 이후 1948년 8월 15일, 3·8선 이남에 대한민국 정부가 수립되기 전까지의 3년간은 우리나라 정치·경제·사회·문화 전반에 있어서 새로운 질서가 확립되는 시기였다. 교육 부분의 새로운 질서의 방향은 미군정과 교감(交感)할 수 있는 교육사조, 교육목표, 교육 활동이 중심이 되었으며, 이를 뒷받침하는 교육정책이 개발되고 시행되었다. 따라서 이를 추진할 인적 조직에 어떤 인물이 참여하느냐 하는 것은 교육정책의 내용과 질에 큰 영향을 끼치게 되어 있었다.

미군정기 교육정책을 개발하고 추진하기 위한 인적 조직에는 두 개의 큰 축이 있었다. 그 하나는 미군정의 교육담당자들이요, 또 하나는 미군정에 참여한 한인(韓人) 관료들이다. 미군정의 교육담당자들은 이미 미군정청에 배속된 미군들로 채워졌기 때문에 우리가 논의할 대상이 아니며, 문제는 한인 관료를 어떤 인물로 영입하느냐가 중요한 관건이었다. 천원 오천석 박사는 미군정청에서 필요로 하는 인물에 가장 근접해 있었다.

오천석은 영어 구사능력이 있어 미군정청 당국자들과 의사소통이 원활했으며, 교육학을 공부하였기 때문에 자연스럽게 교육 전반, 특히 미국식 민주주의 교육이론과 교육적 상황을 잘 알고 있었다. 또한 기독교인이었으므로 대부분의 주한미군과 종교가 같았으며 미국 유학생활로 습득된 미국의 문화와 관습 그리고 그들의 사고방식 등 미국인들의 일상생활을 폭넓게 이해하고 있다는 점 등의 장점을 지니고 있었다.

특히 미군정으로서는 신생 한국에 미국식 민주주의를 정착시키기 위해서는 교육이 강조되어야 했는데 그런 의미에서 존 듀이와 킬패트릭으로부터 강의를 받은 바 있는 오천석 박사는 미군정의 교육정책을 원활하게 추진할 수 있는 적격자였다. 또한 해방 직후부터 교육주도세력을 규합하여 앞으로 있을 해방 조국의 교육활동에 주도적으로 참여하기 위한 여러 통로를 이미 구축해 놓았고, 실제로 미군정청 학무차장과 학무국장을 맡아 미군정 교육정책 수립에 주도적 역할을 담당하였다.

그런 의미에서 미군정기 주요 교육정책과 이에 지대한 영향을 끼친 오천석의 역할을 분석해 보는 것은 매우 의미 있는 일이라고 생각하였다. 이를 위하여 미군정기 교육정책과 오천석의 역할에 관한 선행연구를 검토해 본 결과, 미군정기 교육정책과 오천석에 관한 각론적(各論的) 연구는 있었으나 종합적으로 접근한 연구물은 찾기 어려웠다. 따라서 이 책은 미군정기 주요 교육정책에 대한 오천석의 역할에 관한 개황과 이에 따른 각종 연구·기록에서의 연구 관점을 종합하여 미군정기 교육정책과 연구 논리를 정리하는 데 의의를 두고 있다.

이 글을 집필하면서 지속적으로 던진 질문은 다음과 같다. 첫째, 미군정기의 교육정책에 영향을 끼친 오천석의 교육사상은 어떻게 형성되었으며, 어떤 구조를 이루고 있는가? 둘째, 미군정기 교육정책의 배경은 무엇이며, 오천석을 비롯한 교육주도세력은 어떻게 등장하였는가? 셋째, 미군정기 주요 교육정책은 어떻게 전개되었으며, 이를 긍정적 또는 비판적 관점에 따라 분석할 경우 어떤 경향을 보이는가? 넷째, 미군정기 주요 교육정책과 오천석의 역할에 관한 쟁점에는 어떤 것이 있으며, 이러한 쟁점의 주요 논리는 무엇인가?

'미군정기'라는 역사의 한 시기를 대상으로 하는 연구의 특성상

문헌연구에 의존하였다. 먼저, 미군정기의 한인 핵심 관료인 오천석이 깊이 관여한 교육정책을 그의 저서 및 자서전, 문교기록에서 어떻게 기술(記述)하고 있는지를 분석하였다. 또한 미군정기의 교육정책을 대상으로 하는 학위논문, 교육당국의 기록, 단행본, 일반논문의 연구경향에 대해서도 분석하였다.

무슨 일이든지 새롭게 시작하려면 용기와 열정, 그리고 든든한 후원자의 격려가 중요하다. 무지(無知)한 사람을 학문의 길로 인도하고, 글을 쓸 수 있도록 지도하여 주신 이종각 교수님(강원대학교 교육학과)께 진심으로 감사드린다. 글을 쓰는 동안에 완성도를 높이기 위하여 꼼꼼하게 지적해 주시고 글의 방향이나 내용의 깊이를 스스로 터득할 수 있도록 계속 질문을 주시며 채찍질하여 주셨다.

그리고 나의 아내는 정말 충실한 후원자였다. 1997년 3월부터 2005년 2월까지 실로 8년이라는 긴 시간 동안 조력자의 역할을 충실히 감당하여 주었기에 글을 마무리할 수 있었다. 이 자리를 통하여 고마움을 전한다.

연구 결과를 기꺼이 책으로 엮어 주신 한국학술정보(주)에 감사드리며 좋은 글이 되게 하기 위해 조언을 아끼지 않으신 이수광 박사님, 이응로 선생님, 황경로 박사님을 비롯한 '논빨추(논문빨리쓰기추진위원회)'의 동학 및 선·후배 여러분께도 감사의 인사를 드린다.

책을 낸다는 것은 많은 사람들 앞에 자신을 내놓는 것이다. 그것도 일부만이 아니라 온몸을 드러내는 것과 같다. 어찌 부끄럽지 않으랴. 그럼에도 용감하게 용기를 낸 데에는 두 가지 이유가 있다. 그 하나는 이제 내 목소리로 노래를 부를 나이가 되었다는 것이요, 또 하나는 출판 후 많은 지도 편달이 있을 것이라는 기대를 하고 있기 때문이다.

모쪼록 이 책이 미군정기 교육정책에 관심을 가지고 있는 분들이나 오천석의 교육사상이 미군정기 교육정책에 어떻게 반영되었는지를 파악하고, 그 분석 논리에 대하여 관심을 지닌 분들에게 좋은 기초 자료로 제공되기를 기대한다.

2009년 1월
별마로 천문대가 보이는 영월의 동강 언덕에서 허대영 쓰다.

V   미군정기 교육정책에 관한 미군정 당국과 오천석의 역할 및 쟁점 분석   229

이 책이 분석하려고 하는 것

1945년 8월, 일제로부터의 해방은 우리나라 정치·경제·사회·문화의 모든 영역에서 새 질서로 재편되는 엄청난 변화를 가져왔다. 이러한 변화는 남북분단과 미군정이라는 독특한 정치 형태가 주도하였다. 교육정책에서도 이전과 다른 새로운 교육체제가 형성되기 시작하였다. 이 과정에서 오천석의 직·간접적인 참여는 이후 한국교육의 체제 성립에 큰 영향을 끼쳤다.

해방 이후 '새로운 교육질서'의 구축과 관련하여 미군정기(1945. 9.~1948. 8.)는 몇 가지 중요성을 갖는다. 첫째는, 민주주의 교육 이념이 첫 뿌리를 내리는 시기였고(손인수, 1992: 10), 둘째, 교육자문 기관을 통하여 신생 한국의 새로운 교육체제가 형성되는 시기였으며,[1] 셋째, 교육을 받을 수 있는 기회 확대로 교육열이 확산되는 시기였다.[2] 이 어려운 시기에 미군정에 참여한 오천석의 역할은

---

1) 미군정 학무국이 각종 위원회를 활용할 수밖에 없었던 이유는 '첫째, 한국교육을 이해하는 미군 장교가 전무하였고, 둘째, 한국인 교육 세력의 여론을 청취할 필요가 있었으며, 셋째, 교육정책 수립을 위한 경비 절감' 등이었다. 한준상·김성학(1990), 『현대한국교육의 인식』, 청아출판사, pp.103 − 104.

2) "식민지 통치 밑에 억압되었던 국민의 교육열이 개방적 문교정책으로 말미암아 새로운

지대한 것이었다.

　이 장에서는 이 책이 분석하려 한 것이 무엇인지를 파악하여 관심을 갖고 연구하고자 하는 문제의 본질을 분명히 하고자 한다.

1. 문제의 발견

　미군정기 교육정책은 당시 미군정 교육담당관인 라카드(E. L. Lockard) 학무국장과 1945년 9월 12일, 학교담당과장으로 임명된 오천석의 주도하에 이루어졌다(정태수, 1992: 52). 라카드 학무국장은 그가 만난 한국사람 중에서 오천석을 가장 활용 가치가 있는 교육자로 판단하여 처음부터 모든 문제를 일임하기도 하였다.[3]

　1945년 12월 19일, 한국 측 학무국장으로 임명된 유억겸은 학무국 한국대표로서 대외적인 일만 전담했으며, 교육에 관한 모든 내부적인 일과 전문적인 정책 결정은 학교담당과장을 거쳐 부국장으로 임명된 오천석이 독자적으로 입안하고 후속적인 결정은 라카드가 내리는 식으로 처리되었다(한준상, 1987: 564).

　또 오천석은 학무국의 재조직과 '한국교육위원회' 구성에 실질적인 역할을 담당하였으며(이광호, 1985: 512), 장기적인 교육현안에 대하여 자문을 받기 위하여 '조선교육심의회'를 구성하였다. '조선교

　통로를 찾게 되었으니……." 중앙대학교한국교육문제연구소(1974), 『문교사』, 중앙대학교출판국, p.52.

3) 라카드는 오천석을 처음 만났을 때 "오 박사님은 한국인이고 또 많은 학식과 견문이 있으니, 한국교육에 관해서는 오 박사님께서 모든 것을 책임지고 계획하여 주십시오." 라고 말했다. 송덕수(1996), 『광복교육50년 — 미군정기 편』, 대한교원공제회, p.63.

육심의회'는 발상에서부터 논의·결정에 이르기까지 오천석을 비롯한 한국 측이 주도하였고, 미국 측은 조언자 역할밖에 하지 못하였다(손인수, 1992: 230; 오천석, 1975j: 97).

그는 해방 후 학제에 관한 최초의 논의에 참여하고,[4] '새교육운동'을 시작하였으며, 남녀공학을 추진하였다. 또한 여교장 임명을 주도하였고 교육과정 확정 및 교과서 편찬은 물론 교육자치제도를 도입하였다(오천석, 1975j: 83-94). 홍익인간 교육이념 제정에도 참여하였으며, 국립서울대학교안(이하 '국대안'이라고 한다)을 구상하고,[5] 적극적으로 추진하였다.[6]

일부 연구물[7]이나 증언[8]은, 미군정기에 오천석을 비롯한 한국인 관료의 역할에 대해 부정적이다. 이를테면 미국의 세계전략, 즉 일본과 한반도를 미국 중심의 세계질서로 개편함에 있어 한국을 그

---

4) 오천석은 천연동 모임에서 김성수와 함께 6·3·3·4학제 논의에 앞장섰다. 오천석(1975j), 외로운 성주, 광명출판사, p.97. 송덕수(1996), 앞의 책, p.27. 손인수(1992), 미군정과 교육정책, 민영사, pp.234-235.

5) 중앙대학교한국교육문제연구소(1974), 앞의 책, p.16. 오천석(1975j), 위의 책, p.100. 등에서 오천석 자신은 "국대안 조직에 관한 설계는 발의자인 나에게 맡겨졌다."고 회고하고 있다.

6) 중앙대학교한국교육문제연구소(1974), 위의 책, p.16.
중앙대학교한국교육문제연구소는 이후 내주(內註)를 달때 '중앙대연구소'로 약칭을 쓰기로 한다.

7) 손인수는 "미군정의 교육정책은 미국의 한반도 정책의 기본 방향과 결코 분리될 수 없는 것이었다. 현상적으로는 국내 교육전문가들에게 정책 결정의 상당부문을 위임한 듯 보이지만, 실상 이들 정책은 미국에 우호적인 정부수립과 냉전 이데올로기에 기초한 반공이념의 강화라는 미국의 한반도 정책의 기본방향에서 조금도 벗어날 수 없는 제한적인 것이었다."라고 말하고 있다. 손인수(1992), 위의 책, p.238.

8) 미군정에서 한국인 관료의 역할이 지대하였다는 데 대하여 심태진은 부정적인 견해를 밝히고 있다. "오천석 씨 책에 보면 군정 때 문교행정은 전부 한국 사람들이 하고 미국 사람들은 고문 ……<중략>…… 군정은 군정입니다. 미국 사람이 한국 사람한테 다 넘겨주고 이원제고 어디 있어요? 군정이지. 미군정이에요. ……<중략>…… 행정은 역시 미군정이 했고, 한국은 보좌했습니다. ……<중략>…… 뭐 저 라카드가 몰라서 우리가 다 했다, 어딜 다 해요? 요목 하나 못 내는 사람이……." 함수곤(2000), 『교육과정과 교과서』, 대한교과서주식회사, p.36.

것에 편입시키려는 의지의 한 측면으로 실시된 미군정의 교육정책을 성실히 수행한 데 지나지 않았다고 비판적인 관점으로 분석하고 있다(한준상·김성학, 1990: 23). 한편 일부 논자[9]들은 미군정하에서 오천석을 비롯한 한국인 관료들의 역할에 대해 긍정적인 관점을 지지(支持)하고 있다.

이처럼 미군정기 교육정책과 오천석의 역할에 관한 기록이나 연구는 당시를 분석하는 관점에 따라 차이가 나타나고 있다. 특히 1980년대는 미군정기의 교육정책에 대한 연구 관점이 변화한 시기이다. 1980년 이전의 글은 비교적 미국의 민주주의 교육이념이나 제도는 '받아들일 만한 것'이라고 전제하고 연구가 추진된 반면에 그 이후에는 상당수가 '비판적 관점'을 수용하고 있다(김용일, 1994: 7-9).

그러나 이러한 연구는 단편적인 역사적 사건이나 단일 정책을 중심으로 비교적 단일 관점에 의하여 연구 또는 기록된 측면이 강하다. 특히 미군정기의 주요 교육정책과 오천석의 역할에 관하여 긍정적 또는 비판적 논의를 포함한 쟁점들을 종합적으로 분석한 연구사례는 확인되지 않고 있다. 이 책은 미군정기에 있어서 오천석의 역할에 대한 종합적 논의가 필요하다는 전제하에 서술되었다.

미군정기의 교육정책과 오천석에 관한 선행연구를 검토해 본 결과, 크게 세 가지로 분류할 수 있었다. 첫째는 미군정기 교육정책 연구방법론을 연구한 것이고, 둘째는 미군정기의 여러 가지 교육정책을 각론적(各論的)으로 연구한 것이며, 셋째는 미군정기의 교육정책을 포함한 우리나라 교육에 대하여 총론적으로 연구한 사례가 그것이다.

---

9) 이들은 대부분 오천석의 제자들이거나 그의 후학(後學)들이다. 오천석의 사후(死後), 이들을 중심으로 천원오천석기념회를 조직하여 오천석의 유덕을 기리고 있다.

먼저 미군정기 교육정책을 연구하는 방법론과 관련된 선행연구물에는 한준상·김성학(1990: 21 - 16)의 미군정 교육활동에 관한 교육사적 서술방법 연구, 김인용(1991: 1 - 3)의 미군정기의 교육정책에 대한 기존의 연구물들이 갖는 연구 관점과 방법 연구 등이 있다. 위의 연구 경향을 종합해 보면, 두 가지의 관점으로 분류할 수 있는데, 그 하나는 긍정적 접근방법이며, 또 다른 하나는 비판적 접근방법이다.

둘째, 미군정기의 교육정책과 오천석의 역할에 관한 각론적 연구는 다시 크게 둘로 나누어 볼 수 있다. 그 하나는 '오천석' 개인에 대한 연구이고,[10] 다른 하나는 '교육정책'에 대한 연구이다.[11] 우선 학위논문으로는 '미군정기 오천석'을 주제로 연구한 박사학위논문은 없으며, 석사학위논문으로는 6편이 검색되었다. 이들 석사논문은 주로 오천석의 교육사상에 관한 연구였다. '미군정기 교육정책'에 관한 학위논문으로는 박사학위논문 7편과 석사학위논문 5편이 검색되었으며, 주로 교육정책이 연구대상이었다. 이러한 연구들은 주로 1980년대에 들어서면서 발표되었으며,[12] 이때부터 오천석과 미군정기의 교육정책에 대한 연구경향이 다양화되기 시작하였다.

셋째 미군정기의 교육정책에 대하여 총론적으로 연구한 사례는 오천석 자신의 저서와 문교부 명의로 출판된 문교기록,[13] 일부 학

---

10) 미군정기의 오천석에 대한 연구 논문은, 교육정책 6편, 교육사상 18편, 교육사 평가 1편, 교육학 4편, 기타 1편으로 모두 29편이 검색되었다.

11) 미군정의 교육정책에 대한 연구 논문을 정리해 보면, 교육체제 3편, 교육정책 13편, 교육개혁 2편, 교육기관 3편, 교육사상 1편, 교육제도 1편 등 모두 23편이었다.

12) 미군정기 '오천석 연구'와 '교육정책연구'의 연도별 연구논문은 ① 미군정기 오천석 연구는 70년대 1편, 80년대 1편, 90년대 19편, 2000년대 6편 등 모두 27편이었다. ② 미군정기 교육정책연구는 80년대 9편, 90년대 10편, 2000년대 4편 등 모두 23편이었다.

위논문 및 기타 단행본이 있다. 이들 선행 연구의 특징은 편년체 형 또는 평면적인 사실 기술(記述)에 머물고 있거나 비교적 긍정적인 관점에서 기술하였다는 점이다.

이와 같이 선행연구를 검토해 본 결과, 미군정기 교육정책과 오천석의 역할에 관한 연구가 종합적으로 이루어지지 않았다는 것을 알 수 있는데, 그 이유는 다음과 같다.

첫째, 미군정기에 대한 연구는 대부분 편년체(編年體)식 사실의 나열에 그치거나, 아니면 연구가 이루어진 그 시대에 유행하는 연구방법론의 영향을 받아 특정한 연구방법론으로 분석하려는 경향이 강했다. 따라서 쟁점이 크게 부각되지 않는 경향을 보였다. 둘째, 연구의 특성상 하나의 교육정책 또는 관심 분야를 '좁고 깊게' 집중적으로 연구하려는 그동안의 연구경향으로 인해 시대를 종합적으로 고찰하는 연구방법론이 상대적으로 미진하였다.

이러한 이유들로 인해 미군정기 교육정책과 오천석의 역할에 관한 종합적 연구가 소홀히 취급되었다고 할 수 있다.

1980년대 이전의 연구관점은 전통적 긍정적 기능론에 따라 분석한 경향이 짙고, 그 이후의 연구는 그 당시의 교육사회학의 연구경향에 따라 비판적 갈등론으로 분석하려는 경향이 짙었다.[14] 이

---

13) 정부의 교육담당부서에서 발간한 교육기록을 '문교기록'라고 이름하였다. 예를 들면 『교육10년사』, 『한국교육30년』, 『문교40년사』, 『교육50년사』가 여기에 속한다. 『교육사』(1974)는 문교부 기록은 아니지만 우리나라 교육 전반에 대하여 정리하였으므로 '문교기록'에 포함하였다.

14) 미군정기에 대한 평면적 연구물과는 달리, 학구적인 입장에서 해방 정국의 교육 상황을 이해하려는 연구논문들이 1980년대 초반부터 서서히 교육계에 나타나기 시작하였다. 이들 연구는(한준상, 1986; 이광호, 1983; 한성진, 1986; 최혜월, 1986 등) 각기 다른 관점에서, 서로 다른 주제를 편년체적 서술에서 벗어나 새로운 시각으로 분석해 내려고 시도하였다. 한준상·김성학(1990), 앞의 책, pp.24 - 25.

러한 현상은 교육사회학 연구경향이 1980년대 정치·사회적 영향을 받아 연구관점의 근본적인 변화가 있었기 때문일 것이다. 따라서 미군정기 주요 교육정책과 오천석의 역할에 관한 연구나 기록물에서 이 시기를 보는 관점이 시대에 따라 어떤 변화가 있는지를 종합·정리하는 일은 매우 필요한 일이다.

미군정기 주요 교육정책과 오천석의 역할에 관한 종합적인 연구가 필요한 이유를 좀더 구체적으로 제시하면 다음과 같다. 첫째, 미군정기 교육정책과 오천석의 역할에 관한 긍정적 또는 비판적 논의 경향을 분석하여, 관점을 명료화할 필요가 있다. 둘째, 미군정기 교육정책과 오천석의 역할에 관한 쟁점 분석을 통하여 이 시기의 교육정책에 관한 분석 논리를 정립할 필요가 있다.

따라서 이 책에서는 오천석의 생애와 교육사상을 확인하고, 미군정기에 우리나라의 교육기틀을 형성하는 데 큰 영향을 미친 교육정책을 종합·정리하며, 교육정책 수립·집행과정에서의 오천석의 역할에 따른 긍정적 또는 비판적 논리 및 연구 쟁점을 파악하여 종합적 시각에서 분석하고자 한다. 이를 통하여 미군정기 주요 교육정책과 오천석의 역할에 관한 의미 있는 연구결과를 도출하고자 한다.

2. 분석방법 및 자료

이 책은 문헌연구에 의존하여 서술되었다. 먼저 미군정기의 한국인 핵심 관료인 오천석이 깊게 관여한 교육정책이 그의 저서 및 자서전, 문교기록에서 어떻게 기술되었는지를 분석하였다. 또한 미군정기의 교육정책에 관한 학위논문, 교육당국의 기록, 단행본, 일반 논문의 연구경향은 어떠하며 어떻게 기술하고 있는지를 분석하였다.

이 연구의 자료목록 검색은 두 가지 방법을 활용하였다. 하나는 『한국현대교육철학과 교육사학의 전개 — 1945부터 2000년까지』를 분석하였고,[15] 또 하나는 국회도서관, 국립중앙도서관 및 각 대학 도서관 자료를 검색하였다.[16] 자료 수집은 서점에서 구입하거나, 각 도서관에서 대여 또는 복사본을 제공받거나, 인터넷에서 출력하여 활용하였다.

수집된 자료는 세 가지로 분류하였다. 첫째는 '오천석' 관련 저서나 논문이며, 둘째는 '미군정기 교육정책' 관련 저서나 논문이었다. 셋째는 '미군정과 오천석' 관련 저서나 논문을 분류하였으나, 이런 자료는 발견되지 않았다. 이들을 다시 자료의 성격에 따라 자서전, 저서, 논문, 단행본, 문교기록 등으로 분류하였다.

위의 자료 중에서 본 연구에 결정적인 영향을 미치는 내용들을 미군정기 교육정책과 오천석의 역할에 대하여 상반된 관점에서 기술된 기록물과 연구물을 대별하여 정리하였으며, 그 기준은 다음과 같다.

긍정적 관점은 미군정 또는 교육주도세력의 민주주의 교육이념이나 정책은 받아들일 만한 것이라고 전제하고, 그렇게 하는 것이

---

15) 오인탁 외(2001), 『한국현대교육철학과 교육사학의 전개』, 학지사, p.64. p.487. p.509. 등을 참고하였음.

16) 대학도서관은 서울대, 고려대, 연세대, 강원대와 이화여대 도서관을 주로 검색하였다.

우리 교육을 당시의 교육현실에 가장 적합하게 구현하게 하였다는 관점이다. 여기에는 학교, 학생, 사회를 미군정 또는 교육주도세력의 정책에 적응하도록 사회화시키고 있다고 보는 기능론 관점도 포함하였다.

비판적 관점은 미군정 또는 교육주도세력의 민주주의 교육이념이나 정책을 받아들일 만한 것이라고 보는 종래의 관점과는 달리 미국 또는 교육주도세력의 정책 의도를 '호의적'으로 보지 않고, 비판적으로 보는 관점이다. 여기에는 당시의 교육현상을 사회계층들 간의 갈등과정 속에서 파악하고자 하는 갈등론적 관점도 포함하였다. 이와 같이 분류한 후 긍정적 또는 비판적 기록이나 연구에서 나타나는 쟁점을 추출하고, 이를 비교·분석하였다.

이 연구에서는 미군정기 교육정책 중에서 네 가지 주요 교육정책을 대상으로 하였다. 즉 '홍익인간의 교육이념', '국립서울대학교 설립', '새교육 운동', '6·3·3·4학제'가 그것이다. 이 네 가지 정책은 다음과 같은 근거에 의하여 선정하였다.

첫째, 미군정기를 다룬 아래와 같은 통사적(通史的) 단행본에서 대체로 상기 네 가지 교육정책에 많은 관심을 보였다. 각 저서에 배당된 관련 정책의 쪽수는 다음과 같다.[17]

---

17) <표 1>에서 점(·)으로 표시된 칸은 적게는 한 줄에서 많아야 서너 줄 정도 언급한 것이어서 쪽수로 표시할 수가 없었다. 또 이외에도 많은 교육정책이 있었으나, <표 1>에 제시한 참고도서에서는 거의 다뤄지지 않아 분석하지 않았다.

표 1 미군정기 통사적 연구의 교육정책 서술 내용 <단위: 쪽수>

정책명 \ 저서명	오천석, 외로운 성주	오천석, 한국신교육사(하)	송덕수, 광복교육50년 - 미군정기편	손인수, 미군정과 교육정책	교육부, 교육50년사
교육이념	1	1	3.5	3	6.5
학제	1	5	4.5	7	6
새교육운동	3	6	15	38	2
국대안	7	5.5	47	40	2
교육과정	·	1	4	4	2
교과서	·	3	6	7	6
대한교련	3	·	5	·	1
교육자치제	·	10	·	·	2
의무교육제	·	5	·	1	

위 표를 보면 미군정기 동안의 관심이 많았던 교육정책으로는 '교육이념', '교과서', '6·3·3·4학제', '국립서울대학교 설립안', '새교육 운동', '교육과정', '교육자치제', '대한교육연합회 조직', '의무교육제' 등이었다.

둘째, 상기 기록이나 연구자들의 관심이 많았던 교육정책 중에서 쟁점이 되는 정책을 선정하였다. 교육과정과 교과서, 교육자치제, 교원단체, 의무교육제 등에 대해서도 쟁점 요인이 없었던 것은 아니나, 큰 쟁점은 부각되지 않았다.

따라서 이 연구에서는 통사(通史)적인 연구자들의 관심도 높고 쟁점이 부각되었던 '교육이념', '국립서울대학교 설립안', '새교육 운동', '6·3·3·4 학제' 등 네 가지 교육정책을 분석대상으로 하였다.

이 연구에서 활용한 자료는 오천석의 저서, 문교기록, 천원오천석연구회 발간자료, 미군정기 '오천석 연구' 자료, 미군정기 '교육정책 연구' 자료 등이다.

첫째는 오천석의 저서이다. 오천석은 1946년부터 1975년까지 30여 년 가까이 집필한 자신의 저서들을 각각 단행본으로 발간하였고, 1975년에는 광명출판사에서 『천원오천석교육사상문집』으로 집대성하여 총 10권으로 묶어 출판하였다. 이때 오천석은 자신의 자서전 『외로운 성주』를 문집의 열 번째 저서로 발간하였다.

이 연구에서는 연구의 일관성을 유지하기 위하여, 1975년에 광명출판사에서 발간한 『천원오천석교육사상문집』을 연구 자료로 활용하였다.

둘째, 문교 기록이다. 해방 후 미군정기를 포함하여 정부의 교육활동에 대하여 10년 단위로 정리한 문교기록이 교육당국에 의해 발간되었는데, 이들 문교기록에서 '미군정기 교육정책'을 분석하였다. 단, 교육20년사는 발간되지 않았다. 교육20년사는 시기적으로 보면 1968년부터 1970년 사이에 발간되었어야 했다. 다만 이 시기보다는 다소 늦은 1974년도에 '중앙대학교부설한국교육문제연구소'에서 발간한 『문교사』가 있는데[18] 이 자료도 문교기록을 보여주는 출판물이므로 이 범주에 넣어 분석하였다.

셋째는 '천원오천석기념회' 발간 자료이다. 오천석의 추모집 및 사단법인 천원오천석기념회(천원선생기념회 → 사단법인 천원기념회 → 사단법인 천원오천석기념회로 명칭 변경)에서 발간하는 연간집인 「민주교육(民主敎育)」과 계간지 회보인 『천원오천석기념회소식』을 분석하였다.[19]

---

18) 이 범주에 속하는 책자는 『한국교육10년사』(1960), 문교부, 『문교사 1948~1973』(1974), 중앙대학교부설한국교육문제연구소, 『한국교육30년』(1980), 문교부, 『문교40년사』(1988), 문교부, 『교육50년사』(1998), 교육부 등이다.

19) 「천원 오천석선생 유덕(遺德) 추모집」(1988), 천원오천석박사교육인장위원회, 「민주교

넷째는 미군정기 '오천석 연구' 주요 자료이다. 연구주제 또는
논문 주제에 '미군정기 오천석 연구'라고 명기하였거나 주제상 '미
군정기 오천석 연구'에 포함된다고 판단되는 연구논문 또는 학위
논문을 선정하여 분석하였다.

미군정기 오천석 연구 자료는 박사학위논문은 없고 석사학위논
문과 학술지 발표 논문이 있다. 참고한 석사학위논문의 주제는 아
래와 같으며,[20] 미군정기 오천석에 관련된 학술지 논문 중 아래
논문들을 주로 참고하였다.[21]

다섯째는 미군정기 '교육정책 연구' 주요 자료이다. 연구주제 또
는 논문주제에 '미군정기 교육정책'이라고 명기하였거나 주제상
'미군정기 교육정책'에 포함된다고 판단되는 박사학위논문,[22] 석사

육」 제1 - 13호(1991년 - 2005), 천원오천석기념회, 「천원오천석기념회소식」(1998 -
2005), 천원오천석기념회 등이다.

20) 송재희(2000), 미군정기 천원 오천석의 고등교육 구상, 석사학위논문, 서울대학교 대
학원, 이기성(2000), 천원 오천석의 민주교육사상에 관한 연구, 석사학위논문, 인하대
교육대학원, 이정복(1994), 천원 오천석의 교육사상 연구, 석사학위논문, 강원대학교
교육대학원, 이형재(1996), 천원 오천석의 교육사상 연구, 석사학위논문, 인하대학교
교육대학원, 조용하(1977), 천원 오천석의 교육사상, 석사학위논문, 연세대학교 교육
대학원, 조준언(2003), 천원 오천석의 교육사상 연구, 석사학위논문, 인하대학교 교육
대학원 등이다.

21) 강명숙(2000), "해방 후 천원 오천석의 고등교육개혁", 「민주교육」 10호, 천원기념회,
pp.42 - 52, 김경희(2001), "한국 교육사적 관점에서 본 천원 사상", 『천원 오천석 박
사 탄신 100주년기념논총 — 천원의 민주교육 사상』, 천원기념회. pp.151 - 154, 김선
양(1996), "천원 오천석의 교육사상", 『한국교육사학』18, 한국교육사학연구회, pp.275
- 290, 김은산(1991), "천원 오천석박사의 생애와 사상", 『민주교육』1. 천원기념회,
pp.5 - 10, 김종철(1998), "우리나라 교육정책에 미친 천원의 영향", 『민주교육』제8호,
천원기념회. pp.49 - 51, 박봉목(1993), "한국교육에 투영된 듀이 재평가와 천원 오천
석의 자리", 『민주교육』3, 천원기념회, pp.67 - 75, 이근엽(1992), "존 듀이의 교육철
학과 오천석의 교육사상", 『민주교육』2, 천원선생기념회, pp.38 - 45, 정세화(2001),
"천원 오천석의 교육사상 연구", 『교육철학』10, 한국교육철학회, pp.49 - 66, 조경원
(2001), "천원의 민주교육 이념", 『천원 오천석 박사 탄신 100주년기념논총 — 천원의
민주교육 사상』, 천원기념회, pp.85 - 96.

22) 강명숙(2002), 미군정기 고등교육 연구, 박사학위논문, 서울대 대학원, 강일국(2002),
새교육운동 연구, 박사학위논문, 서울대학교 대학원, 김동구(1984), American Influence

학위논문,23) 단행본,24) 단행본 속의 논문,25) 학술지에 실린 논문26)

을 선정하여 분석하였다.

on korean Educational Thought During the Period of U.S. Military Government(1945 – 1948), Ph.D. Dissertation, Univ. of Connecticut, 김용일(1995), 미군정하의 교육정책 연구: 교육정치학적 접근, 박사학위논문, 고려대 대학원, 이광호(1991), 한국교육체제 재편의 구조적 특성에 관한 연구, 박사학위논문, 연세대대학원, 이길상(1989), Ideological Context of American Educational Policies in Occupied Korea, 1945 – 1948, Ph.D. Dissertation, Univ. of Illinois at Urbana Champaign, 정환규(1998), 미군정기 국립 서울대학교 설립에 관한 연구, 박사학위논문, 연세대대학원.

23) 김태미(1987), 미군정기 한국고등교육개혁에 관한 고찰, 석사학위논문, 이화여대 대학원, 박일종(1996), 미군정 초기의 남한과 일본의 교육개혁 비교연구, 석사학위논문, 한국교원대학교 대학원, 이희수(1987), 미군정기의 국립서울대학교 설립과정에 관한 교육사회학적 분석, 석사학위논문, 중앙대학교 대학원, 전명기(1988), 한국 미군정기 교육정책에 대한 비판적 고찰, 석사학위논문, 한국정신문화연구원 한국학대학원, 최혜월(1987), 국대안 반대운동의 이념적 성격에 관한 교육사회학적 접근, 석사학위논문, 한국정신문화연구원 한국학대학원.

24) 손인수(1992), 『미군정과 교육정책』, 민영사, 송덕수(1996), 『광복교육50년 — 미군정 기편』, 대한교원공제회.

25) 이광호(1985), "미군정의 교육정책", 『해방전후사의 인식2』, 한길사, 한준상(1987), "미국의 문화침투와 한국교육", 『해방전후사의 인식3』, 한길사.

26) 강명숙(2004), "6·3·3·4제 단선형 학제 도입의 이념적 성격", 『한국교육사학』 제26권 제2호, 한국교육사학회, pp.8 - 27, 김동구(1992), "미군정 기간 중 미국의 한국에 대한 교육정책", 『교육학연구』 30권 제4호, 한국교육학회, pp.119 - 135, 김성학(2004), "해방 직후 교원단체의 등장과정과 활동을 통해 본 식민지 교육경험의 지속과 변동", 『교육사회학연구』제14권 제2호, 한국교육사회학회, pp.23 - 52, 김용일(1995), "미군정기 교육정책 지배세력에 관한 연구", 『교육행정학연구』13 - 4. pp.25 - 54, 손인수(1989), "한국 근대이후 교육가치관의 변천연구", 한국교원대 『교수논총』 5 - 1, pp.1 - 32, 이길상(1992), "제국주의 문화 침략과 한국교육의 대미 종속", 『역사비평』18, pp.108 - 122, 이종각(1983), "외래이론의 도입과 교육이론의 토착화", 『교육학연구』 21 - 1, pp.67 - 82, 정영수(1987), "해방 후 외래 교육사조 수용에 관한 비판적 고찰", 『한국교육』 제14권 제1호, pp.177 - 191, 홍웅선(1991), "미군정기 교육에 관한 연구", 『교육개발』1991년 2월호, pp.2 - 4.

3. 글의 구성과 한계

이 책은 각 장을 다음과 같이 구성하였다.

제Ⅰ장에서는 이 책에서 말하려고 하는 것이 무엇인지를 서술하였다.

제Ⅱ장에서는 오천석에 대하여 탐구하였다. 오천석의 생애는 어떠하였으며, 교육사상에 미친 여건은 어떠하였는지를 분석하였다. 이와 같은 탐색을 통하여 그가 주장하였던 민주교육론과 민족교육론의 내용과 구조를 살펴보고, 오천석의 생애와 사상이 미군정기 교육정책에 어떤 영향을 끼쳤는지를 분석하였다.

제Ⅲ장에서는 미군정의 대한(對韓) 교육정책의 배경과 한인(韓人) 교육주도세력이 어떻게 등장하는지를 확인하였다. 또 교육정책의 배경과 교육주도세력이 교육정책에 어떤 영향을 끼쳤는지를 분석하였다.

제Ⅳ장에서는 미군정기의 주요 교육정책을 파악하고 이를 분석하였다. 미군정기에 가장 큰 영향을 끼쳤던 것으로 보이는 네 가지 주요 교육정책, 즉 '홍익인간의 교육이념', '국립서울대학교 설립', '새교육 운동 전개', '6·3·3·4학제의 채택'의 내용을 각론적으로 살피고 각 선행연구나 기록물에서 어떤 긍정적 또는 비판적 관점으로 분석하고 있는지를 정리하였다.

제Ⅴ장에서는 제Ⅳ장의 연구 성과를 바탕으로 미군정기의 주요 교육정책과 오천석의 역할에 관한 연구나 기록에서 나타난 연구자나 기록자의 쟁점을 총론적 시각에서 분석, 정리하였다.

끝으로 제Ⅵ장에서는 오천석의 역할과 영향을 정리하였다.

이 연구는 미군정기 교육정책과 오천석의 역할에 관한 연구로서 다음과 같은 한계를 지닌다.

첫째, 이 연구는 2차 자료인 기록·연구물을 기본 자료로 하여 연구하였으므로, 자료 선택에 따른 해석의 차이가 있을 수 있다. 즉 수집된 자료를 기록한 자 또는 연구자의 편견, 고정관념, 잘못된 해석을 그대로 인용할 가능성을 배제할 수 없다.

둘째, 오천석의 생애와 교육사상 및 교육정책에 관한 자료는 대부분 오천석의 저서나 자서전에 의존하였기 때문에 저자의 견해가 자의적으로 반영될 수 있으므로 재해석에 신중을 기해야 할 경우가 있을 것이다.

셋째, 미군정기 교육정책 중에서 네 가지 주요 교육정책을 대상으로 하였으므로 미군정기 교육정책의 전반에 적용하여 해석하기에는 제한이 따른다.

오천석의 생애와 교육사상

오천석(1901 – 1987)은 한말(韓末), 일제침략기, 미군정기 그리고 1공화국에서부터 5공화국까지의 험난한 우리나라 근·현대사를 살았다. 그는 우리나라, 일본, 미국, 중국 등에서 유학 및 생활을 하였으며, 초등교육, 중등교육, 고등교육을 각각 다른 나라에서 받았다. 기독교인이었으며 도산과의 교유(交遊)도 있었다. 특히 미국에서의 수학은 그에게 민주주의 교육과 듀이의 교육이론에 심취하게 하였다. 이러한 다양한 경험은 그의 교육사상에 큰 영향을 끼쳤다.

이 장에서는 이와 같은 오천석의 생애와 그 생애에서 습득된 다양한 교육사상을 탐색하고 교육사상 구조를 살펴본다.

1. 오천석의 생애

오천석의 삶은 파란만장했다. 그가 살아온 장소도, 공부한 국가도 다양했다. 이러한 다양성의 바탕 위에 그의 교육사상이 싹텄고

자라났다. 그의 교육사상은 미군정기와 그 이후의 교육정책에 큰 영향을 미쳤다. 따라서 미군정기 교육정책을 논의함에 앞서 오천석의 삶을 조명해 보는 것은 매우 중요하다.

오천석 생애 연구를 위한 시기 구분은 연구자 또는 학자에 따라 다르다.27) 이 연구에서는 교육사상과 교육정책을 연구하는 데 목적이 있으므로 김선양의 시대구분인 제1기(1901 – 1931) 성장·수학기, 제2기(1932 – 1960) 교육활동기, 제3기(1961 – 1987) 저술활동기를 따르기로 한다. 오천석의 생애는 그의 자서전 『외로운 성주』를 중심으로 살펴본다.

1) 제1기(1901 – 1931): 성장 · 수학기

오천석 생애의 제1기는 성장 · 수학기이다. 대체로 출생한 1901년부터 미국에서 박사학위를 받은 해인 1931년까지로 볼 수 있다.

오천석은, 20세기의 격동기이면서 우리 민족으로는 국난을 당할 위기의 시기인 1901년 11월 2일(음)에 평안남도 강서군 함종면에서 아버지 오기선 목사의 장남으로 태어나 어린 시절을 고향에서 보냈다.

오천석은 부친이 목사가 되어 1914년 일본 동경(東京)으로 부임

---

27) 정세화는 "천원 오천석의 교육사상 연구"에서 제1기(1901 – 1931) 성장 · 수학기, 제2기(1932 – 1942) 제1차 교육활동기, 제3기(1945 – 1960) 제2차 교육활동기, 제4기(1961 – 1987) 은둔과 저술활동기로 보았고, 김선양은 "천원 오천석의 교육사상"에서 제1기(1901 – 1931) 성장 · 수학기, 제2기(1931 – 1960) 교육활동기, 제3기(1961 – 1987) 저술활동기, 정원식은 "천원 약전"에서 제1기 성장과 수학, 제2기 도산과의 만남, 제3기 조국 해방과 함께, 제4기 은자의 생활로 구분하고 있다.

하자, 동행하여 일본에서 유학을 하였다. 청산학원 중학부를 마치고 1919년 3월 귀국하여 미션 학교인 영화여학교(당시 보통학교였으나, 뒤에 중학교가 되었다)에서 교사로 근무하였다(오천석, 1975j: 15). 이후 교사 생활을 마치고 학생계(學生界)라고 하는 잡지의 주간으로 1년여 일하다가 아버지의 주선으로 미국으로 유학을 떠났다.

오천석은 미국에서 유학생활을 하면서 미국과 일본의 수업방법의 차이를 경험하였다. 공부하는 방법도 달랐다. 일본은 빈 공책과 펜을 들고 교실에 들어가 교수의 강의를 들으며 그 내용을 필기하는 것이 학생의 임무임에 반하여, 미국 대학생은 다음 시간에 공부할 논제에 대하여 도서관에서 약 두 시간을 공부하고 교실에서는 그 준비공부에 대하여 교수의 지도 아래 토의하는 식의 수업이었다(오천석, 1975j 23 - 24). 영어에 능숙하지 못한 외국학생에게는 큰 고충이었다.

1923년, 교양과정을 배우던 오천석은 전공분야를 결정해야 하였다. 특히 번영된 미국 사회를 보고 조국의 장래를 곰곰이 생각하게 되었고, 이와 더불어 자신의 성격과 소질을 이 중대한 결정 요인의 하나로 넣었다. 내향적이요, 비사교적이요, 선비 타입이므로 많은 생각 끝에 교육사업에 헌신할 것을 결정하고 교육학을 전공하기로 하였다(오천석, 1975j: 37 - 38).

오천석이 전공을 교육학으로 결정한 데에는 몇 가지 이유가 있었다. 우선은 비교적 새 학문이라는 데 매력을 느꼈고, 우리나라에는 당시 교육학 전공자가 없었으므로 교수가 될 수도 있고, 교육행정가도 될 수 있다는 이점이 있을 것이라고 생각하였다(오천석, 1975j: 38).

1924년 6월 코넬대학을 졸업한 오천석은 노스웨스턴대학에 입학하여 1년간 수학 끝에 무사히 석사학위를 얻었고, 1929년 가을, 최후의 수학지(修學地)인 뉴욕의 컬럼비아대학교에 입학하였다.[28] 대학기숙사에 숙소를 정하고 당시 교육철학의 거두인 킬패트릭(W. H. Kilpatrick) 교수를 비롯하여 몇몇 저명한 교수가 지도하는 과목에 등록을 마쳤다.[29]

이때 오천석에게 가장 큰 영향을 준 것은 존 듀이의 교육사상이었다. 그의 사상에 점점 가까이 접근하여 감에 따라 다른 학설을 돌아볼 사이도 없이 도취되어 버렸다. 오천석은 언젠가는 우리나라에서 이러한 교육을 실시할 수 있는 기회가 주어지기를 바라는 마음이 간절하였는데(오천석, 1975j: 54), 실제로 해방 이후 문교정책을 입안하고 실행할 수 있는 위치에 오자, 그 뜻을 펼칠 수 있었다.

오천석은 미국 유학 시 유미조선학생총회(留美朝鮮學生總會)의 기관지인 <우라키>의 편집부장과 교육주필, 저작자 겸 발행자로 일하였다. 이 <우라키>를 통하여 이미 일제시대에 미국의 진보주의 교육철학과 교육심리학이 도입되고 있었는데, 이는 오천석의 주도적인 노력에 의한 것이었다(김성학, 1996: 242 – 247).

오천석은 뉴욕에서 3년간 생활하는 동안에 세 명의 고명한 선배를 만나게 된다. 서재필, 이승만, 그리고 김성수가 그들이었다. 이

---

28) 대학 시절 『민주주의와 교육』을 읽은 바 있는 오천석은 그 저자 존 듀이 밑에서 공부하여 보았으면 하는 욕망이 굴뚝같았으며, 존 듀이가 재직하고 있는 컬럼비아대학교 사범대학은 당시 교육학의 본산이었다. 저명한 교육학자들이 거의 거기 다 모여 있는 듯싶었다. 그리하여 컬럼비아로 진학할 것을 결정하였다. 오천석(1975j), 위의 책, pp.49 – 50.

29) 당시 컬럼비아대학에는 미국교육을 뒤흔들어 놓은 존 듀이(John. Dewey)의 후계자인 킬패트릭(W. H. Kilpatrick) 교수를 비롯하여 배글리(W. C. Bagley), 손다이크(E. L Thorndike) 등 저명한 교수들이 있어 미국 교육계는 물론 전 세계 교육학 연구의 중심처럼 되어 있었다. 오천석(1975j), 위의 책, p.53.

중 김성수는 뉴욕 체재 중 안내역을 맡았고, 귀국 후에는 그의 초 빙으로 보성전문에서 강의를 하였다.

오천석은 1931년 "민족동화 수단으로서의 교육(Education as an Instrument of Assimilation)"이라는 논문으로 박사학위를 받았다.[30] 오천석의 지도교수는 진보주의 교육자인 킬패트릭이었다. 오천석의 미국 컬럼비아대학 학창 시절에 대하여 정세화는 다음과 같이 기 술하고 있다(정세화, 1999: 33).

> 1930년을 전후한 그 시절의 컬럼비아대학교에서는 진보주의 교육사상 가인 듀이와 킬패트릭, 그리고 본질주의 교육사상가인 배글리의 강의가 인기를 모으고 있었다고 한다. 학생들은 전통과 개혁, 교과와 경험, 교수 와 학습, 그리고 교사중심과 학생중심으로 대립되는 두 진영의 교육학 강 의를 동시에 수강하고는 불꽃 튀는 찬반 논쟁을 하였다 한다. 천원 선생 역시 듀이와 킬패트릭 그리고 배글리의 강의를 두루 수강한 후 이 두 교 육사상을 비교해 보는 과정에서 점차 진보주의 사상에 경사(傾斜)되어 갔 다고 한다.

오천석은, 미국 생활에서 얻은 것은 '민주주의적 교육 신념, 도 덕적인 삶, 진취성, 합리적 사고와 생활'이라고 하였다. 반대로 잃 은 것은 첫째, 내가 지나치게 '미국화 또는 서양화되지 않았는가.' 하는 점과, 둘째, 외국 생활이 '한국 내지는 동양문명의 전통적 유 산에 접할 기회를 박탈하였고, 따라서 이를 이해할 수 있는 능력 을 가지고 있지 못하다.'는 점이었다. 이에 더하여 지적한 것은 미

---

30) 오천석은 그의 학위논문을 통하여 '일본의 식민정책이 어떻게 우리 민족을 동화하기 위하여 교육을 그 수단으로 사용하였는가.' 하는 것을 폭로하려는 데 있었는데, 그 범 위를 넓혀 다른 식민지 국가들의 교육정책도 아울러 살펴보기로 하고 이러한 제목을 내걸었다. 그리하여 합방 후 일본의 교육정책을 주로 하여 영국, 프랑스 등 제국주의 국가의 교육정책도 포함시켰다. 논문지도 교수는 킬패트릭 교수였다. 오천석(1975j), 앞의 책, p.66.

국문명이 지나치게 기계화되고 있는 현상이라는 것이었다. 즉 오천석은 그가 지니고 있을 미국문명에 대한 지나친 미화나 미국문명에 대한 지나친 경외심을 우려하였다.[31]

이와 같이 오천석은 미국생활에서 민주주의적 신념과 생활태도를 익힌 반면, 한국적인 교육신념이나 가치관을 익힐 기회가 없었음을 아쉬워하였다.

2) 제2기(1932 – 1961): 교육활동기

오천석 생애의 제2기는 교육활동기이다. 대체로 미국에서 유학을 마치고 귀국한 1932년부터 제2공화국의 문교부장관에서 물러난 1961년 5월까지로 볼 수 있다.

오천석은 1932년 1월 1일 부산에 도착하였다. 그리고 김성수의 배려로 이듬해 4월 보성전문학교 교수로 취임하였다.[32] 당시 오천석이 담당했던 과목은 영어, 철학개론, 심리학 개론 등이었다.

이후 일본의 감시가 심해지자 1942년 중국 상해를 거쳐 1944년 귀국, 황해도 백천에 은거하던 중 일본의 항복을 듣고 서울로 향하였다. 서울에 도착한 오천석은 8월 16일 백낙준, 이묘묵, 유형기 등과 모여 나라를 위하여 할 수 있는 것이 무엇인가를 생각하였다. 그때 그곳에 모인 사람들의 재산은 영어 능력이었으므로 이것으로

---

31) 오천석의 이 기록은 1931년 겨울, 미국에서 유학을 마치고 귀국하는 배에서 회고한 것으로 기록하고 있다. 오천석(1975j), 앞의 책, p.68.

32) "김성수는 당시 보성전문을 운영하고 있었다. 두 사람은 오천석의 미국 유학시절인 1931년에 만난 일이 있었다. 김성수 씨는 이때 이미 대학에 관심이 있었다." 오천석(1975j), 위의 책, p.53.

봉사의 무기를 삼자고 하였다. 이날 결정에 따라 우선 영자신문을 발행하기로 하고, 미군이 서울에 진주하는 날 그 첫 호를 내었다.[33]

1945년 9월 11일 영자신문사 The Korea Times사(社)에서 논설을 쓰고 있는데, 어떤 사람이 오천석을 찾아와서 미군 교육담당자가 만나고 싶다[34]는 소식을 전하였다. 이 미군 교육담당자가 바로 라카드(E. L. Lockard) 대위인데,[35] 이를 계기로 오천석은 미군정 교육정책에 참여하게 되었다.

오천석의 학력과 경력을 확인한 라카드는 함께 일할 것을 제의하였고, 오천석은 미군정에 동참하기로 하였다. 그리하여 이튿날부터 라카드 대위와 함께 일을 시작하였다. 오천석의 첫 번째 임무는 학무국 사무와 내용을 파악하는 일과 라카드 대위의 희망에 따라 교육계 인사를 될 수 있는 대로 많이 만나 보는 일이었다(오천석, 1975j: 82).

그리하여 김성수, 백낙준, 김활란, 유억겸, 현상윤, 최규동 등을 비롯하여 초·중학교 관계자들을 만나 보았다. 당시의 교육부문에 있어서 시급한 문제는 한국인 교육자들로부터 한국의 교육문제에 대한 조언을 얻어 일인(日人)직원을 대신하여 일을 할 수 있는 한국인을 찾고, 휴교상태에 있던 학교의 문을 하루 빨리 여는 일이었다.

---

33) 영자신문 The Korea Times는 주간에 하경덕, 편집위원에 백낙준·이묘묵·김영희·오천석이 함께 발행하였으나, 몇 호를 계속하다가 편집위원이 모두 다른 분야로 흩어지게 되는 바람에 폐간되고 말았다. 오천석(1975j), 위의 책, pp.80 - 81.

34) 오천석을 찾아온 사람이 오천석의 이름을 어떻게 알았는지에 대해서는 알 수 없으나, 아마도 미군 상경과 때를 같이하여 사령관 하지 장군에게 불려 간 이묘묵의 추천에 의한 것으로 보고 있다. 오천석(1975j), 위의 책, p.81.

35) 라카드(E. L. Lockard) 대위는 시카고의 한 초급대학에서 영어를 가르친 경험밖에 없었음에도 미군정의 교육책임자가 된 것은 당시의 상황이 급박했기 때문이다. 즉 일군(日軍)이 그리 쉽사리 항복하리라고는 예측하지 못한 채, 일본 쪽을 향하여 북상하고 있던 수송선상에서 일본의 투항 소식과 더불어 돌연히 전투업무로부터 군정의 새 임무를 맡게 된 미군은 그 부대에서 교육 경험이 많은 자를 찾 본 결과, 라카드가 교육책임자로 선정되었다는 것이다. 오천석(1975j), 위의 책, p.81.

오천석이 일하던 군정 초기에는 미군정과 한인 관료 간의 상당한 정책적 차이가 있었다. 미국 행정담당자들의 관심은 주로 목전의 당면문제를 해결하는 데 있었다. 특히 이러한 생각은 군정 초기에 있어 지배적인 것으로서 우선 각급 학교의 문을 열고 교과서를 장만하여 중단되었던 교육을 지속하는 일에 모든 신경을 썼다. 당시 본국 정부로부터 지시된 군정의 주요사업은 한국의 질서를 유지하고 백성을 굶주리지 않게 하는 일이었다. 어디까지나 일시적인 현상유지에 그 목적이 있었다.

이에 비하여 오천석을 비롯한 한국인 관리들의 생각은 달랐다. 미국인의 단편적·미봉적 작업보다는 한국 전체를 지도하고, 바르게 자리 잡게 할 포괄적인 청사진이 더욱 간절한 과제로 생각되었다. 그러기 위해서는 학무국 몇몇 사람의 의견보다는 우리나라의 지도급 인사들의 중지를 모을 필요가 절실하다고 생각하고 있었다(오천석, 1975j: 94 - 95).

이러한 오천석의 주장은 처음에는 미군정의 반대에 부딪혔으나 결국에는 미군정도 동의하여 '조선교육심의회'를 조직하였다. 이 위원회에는 100여 명의 전문가들이 참여하고 10개 분과위원회로 조직하여 1946년 정월 초, 제1회 심의위원회 전체회의가 중앙청에서 열렸다. 이후 100여 회의 분과위원회와 20여 회의 전체회의를 거쳐 중요한 정책을 결정하였다. 오천석은 이 위원회의 구상·조직·운영에 막강한 힘을 발휘하였다.

오천석은 해방과 미군정이라는 상황에서 '조선교육심의회'에서의 정책 결정에 대하여 다음과 같이 서술하고 있다(오천석, 1975j: 95 - 98).

사실 당시의 위원들로서는 일본적 교육을 그대로 답습할 수 없음은 물론, 아직도 비민주적인 요소와 전통적 보수성에 사로잡혀 있는 유럽 여러 나라의 교육사상과 제도를 따를 수도 없었다. 우리나라를 민주국가로 재건하려는 의욕에 차 있던 우리로서 시사(示唆)와 지혜를 기대할 수 있었던 나라는 오직 미국뿐이었다. 따라서 우리가 제정한 교육사상과 제도가 미국의 그것과 유사한 점이 많다면, 그것은 맹목적 모방이라기보다는 심사숙고를 거친 결론이라고 보아야 옳을 것이다.

오천석은 '조선교육심의회'의 일이 일단락되자, 고등교육기관 정비에 나선다. 소위 '국대안(國大案)'이란 이름으로 알려진 이 사건은 교육문제에 관한 미군정의 가장 큰 시련이었다. 당시 오천석은 국가의 재원으로 운영되는 동일한 성질의 교육기관이 이중, 삼중으로 설치되어 있어 재정의 비효율적 사용과 노력의 분산을 가져오고 있다고 생각했다. 또 하나는 우리나라를 대표할 만한 최고 학부를 세우고 싶은 욕망이 있었기에, 찬반의 극한 대립 속에서도 굴하지 않고 국립서울대학교를 탄생시키는 데 크게 공헌하였다(오천석, 1975j: 99 - 100).

해방 직후 무엇보다도 각급 학교가 문을 여는 데 필요한 제반 준비에 바빴던 오천석을 비롯한 미군정의 한국인 직원들은 학교의 외형적 체제가 갖추어지자 '어떤 교육을 하여야 할 것인가?'에 대하여 심각하게 생각하기 시작하였다. 오천석은 이 부분에 대하여 일본적인 것을 불식시키기 위하여 새로운 교육이론의 도입이 필요하다고 생각하였다.

이러한 필요에 의하여 '새교육 운동'을 시작하였다. 그러나 '새교육 운동'에 대한 초창기에 보였던 열정은 몇 해 가지 않아 식어 버리고, 구태의연한 구식교육으로 환원되고 말았다. 그리고 우리

교육을 망친 것이 진보주의 교육이라고 단정하는 학자가 나타났다. 이에 대하여 오천석은 우리의 교육이 서당식 교육, 과거시험을 치르기 위한 교육과 다를 바가 없는 입시준비 교육으로 인하여 새교육이 변질되었음을 개탄하고 있다(오천석, 1975j: 107 - 108).

1947년 11월 9일 새벽 4시, 유억겸 문교부장이 급서(急逝)하였고, 오천석은 유억겸의 뒤를 이어 문교부장이 되었다. 그리고 1948년 8월 대한민국 정부가 수립될 때까지 문교부장의 역할을 감당하였다.

그 후 미국교육연합회의 초청으로 방미하여 연방정부의 교육 관계기관 순방 1개월,[36] 미국교육연합회 1개월, 모교인 컬럼비아대학에서 수강 3개월을 거쳐 1950년 4월경에 귀국하였다. 귀국한 지두 달 뒤에 6 · 25 한국동란이 일어났고, 오천석은 수원, 대전을 거쳐 부산으로 피난을 하였다. 거기서 UNCURK(유엔한국통일부흥위원회)에서 일하게 되어 동경으로 가게 되었다. 오천석은 동경에서 근무를 마치고 1955년에 귀국하면서 이화여자대학교 대학원장으로 교육계에 복귀하였다. 그리고 1960년 8월 제2공화국 초대 문교부장관에 취임하여(오천석, 1975j: 123 - 124), 교육민주화에 노력하였으나, 학원 분규, 교원노조 문제, 교육행정민주화 문제로 어려움을 겪었다.

오천석은 1961년 5월 2일 약 8개월간 머물던 장관직에서 물러났다. 이것이 오천석의 국내에서의 공직 생활로는 마지막이었다.

---

36) 이때 오천석은 미국방문을 통하여 미국 연방정부의 교육관계기관의 주요업무가 지방교육행정기관과 일선 학교에 대한 봉사, 즉 전문적 · 기술적 지도와 조언 · 권장에 힘을 기울이고 있는 반면 우리나라 문교부는 명령과 지시와 감독에 치중함을 보고 그 기능의 차이에 깊은 인상을 받았음을 피력하고 있다. 오천석(1975j), 위의 책, pp.118 - 119.

그의 공직생활은 미군정기의 과장, 차장, 부장으로 약 2년 11개월, 제2공화국 장관으로 약 8개월간, 그리고 멕시코 대사로 약 3년간, 총 6년 7개월간 재직하였으나, 미군정기는 우리나라 정부가 수립되기 이전의 일이었기에 실제적인 공직기간은 3년 7개월이며, 이 중 국내에서의 공직생활은 8개월이었다.

오천석은 특히 나라가 혼란스러울 때, 문교부 고위직을 맡았다. 미군정기가 그렇고, 4 · 19 직후에도 그랬다. 이는 오천석이 위기관리능력을 인정받았음을 의미한다.

3) 제3기(1961 – 1987): 저술활동기

오천석 생애의 제3기는 저술활동기이다. 대체로 문교부장관직에서 물러난 1961년 5월부터 영면(永眠)한 1987년까지로 볼 수 있다.

장관에서 물러난 후 1년 동안 쉬던 오천석에게 미국에서 교수생활을 할 수 있는 길이 열렸다. 1961년, 1년 동안 일리노이 주 잭슨빌이라는 소도시에 있는 일리노이대학과 맥머리대학, 테네시 주 피바디대학 대학원에서 강의를 하였다. 강의가 끝난 후 귀국한 오천석은 미국에서 수집한 자료를 바탕으로 1년 동안 집필활동에만 전념하여 『민족중흥과 교육』, 『한국신교육사』를 써서 출간하였으며, 정부의 권유로 1963년 늦은 가을, 멕시코 대사로 부임하여 3년간 근무하였다. 멕시코 대사에서 물러나 공직에서 은퇴했을 때 오천석은 65세였다. 이후 그의 삶은 은퇴자로서 즐거운 일도 있었지만, 무용지물이 되었다는 생각으로 절망감에 빠지게 되었다. 그는 오랜

기간의 고민 끝에 새로운 삶의 의의를 찾았다(오천석, 1975j: 145).

> 나는 부족한 힘으로나마 저술생활을 해 보리라고 결심하였다. 그리하여, 놓았던 붓을 다시 잡았다. 그러나 지난날의 왕성하던 기운이 이제는 없었다. 하루에 몇 장의 원고를 써도 곧 지쳐 버렸다. 몇 장도 좋으니 써야겠다고 용기를 내어 집필을 계속하였다. 다행히도 내 정신만은 아직 그리 쇠퇴하여 있지 않았다.

이렇게 하여 오천석은 몇 권의 저서를 발간하였다. 1968년에『국민정신 무장독본』을, 1972년에『교육철학 신강』과『스승』을, 1973년에『발전한국의 교육이념탐구』를, 그리고 교육논설, 수상기, 교육논문을 여러 곳에 발표하였다. 1974년에는 자서전『외로운 성주』를 탈고하고, 1947년 이래의 모든 저서들을 묶어『오천석교육사상문집』을 발간하였다.

『외로운 성주』의 머리말을 보면 1974년 12월에 탈고한 것으로 되어 있으므로 오천석의 대작 저서로서는 그의 삶을 정리하고 회고한 자서전이 마지막이었다. 이후에도 많은 글을 발표하면서 왕성한 집필생활을 하다가, 1987년 10월 31일 영면(永眠)하였다. 오천석의 장례는 우리나라 최초의 교육인장(敎育人葬)으로 거행되었으며, 많은 교육 가족의 애도 속에 용인 가족 묘지에 안장되었다.[37]

---

37) 오천석의 묘지에는 다음과 같이 기록되어 있다. '천원 오천석 박사 기적비(紀蹟碑)' 20세기 여명과 더불어 이 땅에 생을 얻어 변전(變轉)하는 역사 속에서 고난과 외로운 삶을 살다 간 한 시대인(時代人)이 여기 있다. 소년 시절 조국이 약탈당하는 것을 겪으면서 애국의 열정을 가슴에 새겼고 청년기 고행의 미국 유학에서 민주의 진리를 몸에 익히게 되다. 민족 해방과 함께 이 나라 새 교육의 씨앗을 뿌리고 평생 민주교육을 위하여 거룩한 삶을 산 스승이 여기에 잠들어 있다. 1988년 10월 31일. 천원 오천석 박사 교육인장위원회. 천원오천석박사교육인장위원회(1988),『천원 오천석 선생 — 그 유덕을 추모하며 —』, 천원오천석박사교육인장위원회, 속표지의 글.

2. 오천석의 교육사상

오천석의 생애는 그의 교육사상의 배경이 되었으며, 그 과정에서 주요 교육사상인 민주교육론과 민족교육론이 태동하였다. 민주교육론이나 민족교육론은 모두 오천석의 성장기의 경험들로 형성된 것이었다.

오천석의 교육사상에는 기독교, 안창호, 존 듀이, 그리고 우리의 역사적 상황이 그 배경을 이루고 있다. 민주교육 사상은 그의 저서『민주주의 교육의 건설』과『민주교육을 지향하여』를 중심으로 분석하였으며, 민족교육론은『민족중흥과 교육』과『발전한국의 교육이념탐구』를 중심으로 분석하였다. 이들 저서에는 두 교육론이 밀도 있게 정리되어 있으며 이러한 교육론은 그가 교육정책을 입안·수행하는 배경이 되었다.

1) 오천석 교육사상의 배경

오천석 교육사상의 배경은 다양한 뿌리를 두고 있다. 목사인 아버지에게서 기독교 사상의 영향을 받았으며, 미국 유학 중에 만난 도산 안창호의 영향을 받아 흥사단에 가입하여 활동하기도 하였다. 역시 미국에서 학업을 계속하는 동안에 존 듀이와 킬패트릭 등의 진보주의 교육과 민주주의 교육의 영향을 받았으며, 조선의 전통주의 교육과 일본제국주의에 의한 식민지교육도 오천석 교육사상의 배경이 되었다. 이러한 오천석의 교육사상 형성에 영향을 주는 배경을 정리해 보면 다음과 같다.

첫째는 기독교의 영향이다. 오천석은 아버지가 기독교를 믿은 후 첫 번째로 나은 자식이라, 이름도 천석(天錫)이라고 지었을 정도로 독실한 기독교 집안에서 태어났다(오천석, 1975j: 5).

오천석의 부친이 감리교 인천지방 감리사였을 때 일이다. 감리교에서는 4년마다 미국에서 총회를 갖는 규정이 있었다. 이 총회는 전 세계적인 규모의 모임인데, 1921년 총회 때 오천석의 가친이 목사대표로 참석하게 되었다. 이 회합에서 부친은 회의 장소에서 멀지 않은 곳에 있는 코넬대학(Cornell College) 학장을 만나게 되고, 이를 계기로 오천석의 미국 유학길이 트인 것이다. 미국 유학도 기독교 신앙 덕으로 가능했던 것이다(오천석, 1975j: 18).

코넬대학은 기독교 재단의 학교였던 관계로 학교에 다니면서도 자연스럽게 기독교 사상을 체득했을 것으로 보인다. 오천석은 코넬대학 시기에도 기독교의 믿음을 계속 가지고 있었다(오천석, 1975j: 29). 이러한 신앙생활은 그의 교육사상의 큰 흐름 중의 한 줄기가 되었다.

이러한 기독교적인 신앙과 믿음의 경험은 온화하고 남을 배려하는 마음의 근간이 되었을 것이다. 그러면서도 때로는 한번 옳다고 생각한 것은 끝까지 밀고 나가는 끈기와 인내도 함께 체득했을 것이다. 실제로 이러한 경향은 그가 교육정책을 수행하는 과정에서 나타나기도 하였다. 즉 하나님의 섭리에 따른다는 기독교정신이 그의 인생관38)과 교육사상의 한 부분이었던 것이다.

---

38) 오천석의 기독교적 인생관에 대하여 다음 두 가지를 예로 들 수 있다. "천원 선생님의 인생관은 내가 감지하고 있는 한 크게 두 가지라고 생각한다. 하나는 하나님의 섭리에 따른다는 기독교 정신이고, 다른 하나는 사람은 누구나 평등하다는 민주주의를

둘째는 도산 안창호의 영향이다. 오천석은 미국 유학생활 동안에 네 명의 고명한 선배를 만날 기회를 얻었다. 안창호, 서재필, 이승만, 김성수 등이 그들이다. 그중에서도 안창호는 오천석에게 가장 큰 영향을 주었는데 그를 만난 것은 시카고의 노스웨스턴대학에 재학 중일 때였다.

당시 안창호[39]는 그가 창설한 흥사단 일을 보고 있었다. 그러다가 미국 동부의 동포, 특히 유학생을 만나 보기 위해 시카고에 들린 것이었다. 도산 선생은 유학생들 앞에서 연설을 하였는데, 그 내용은 '학생임무의 중요성'이었다(오천석, 1975j: 44). 그런데 이 연설이 오천석의 머리에 강하게 각인되었다.

오천석은 공식석상에서 도산을 만난 후, 장이욱과 함께 사흘 저녁을 계속 만나 의견을 나눌 기회를 가졌다. 만나는 것조차 어려운 민족의 위대한 지도자를 10시간여 동안 만나 이야기할 수 있었다는 것은, 오천석에게는 엄청난 행운이었다. 안창호의 중후한 인품과 용모에 호감이 갔을 뿐만 아니라, 그의 정신에 큰 감명을 받았다.[40]

신봉하고 사셨다." 박준희(1995), "천원을 그리는 마음", 『민주교육』 제5호, 천원 기념회, p.105. "천원의 인간관을 형성한 배경은 그 자신의 인격적 요인과 기독교 신앙을 들 수 있다. 그는 유년기부터 가족 종교인 기독교 신앙에 바탕하여 만민평등정신과 인간존중 사상을 평생의 신조로 간직했다." 정세화(1995), "천원과 여성교육", 『민주교육』 제5호, 천원기념회, p.33.

39) 도산 안창호는 1878년 평남 강서에서 출생, 1938년 사망. 독립운동가, 사상가. 도산의 사상은 '민족개조론'을 기본으로 하고, 자주독립을 이룩하려면 넓은 의미의 교육, 즉 국민운동을 통해서만 가능하다고 믿었다. 오천석(1975f), 『스승·교육논설·수상기』, 광명출판사, pp.267 - 273.

40) 도산은 민족 비운의 원인을 3대 파산에 있다고 결론지었다. 즉 경제적 파산, 지식의 파산, 도덕의 파산이 그것이다. 이 세 가지 파산 상태로부터 구출되지 않는 한 민족의 재생은 불가능하다고 보았다. 그중에서도 가장 두려운 것을 도덕적·정신적 파산이라고 믿는 도산은 인격혁명을 주장하고 민족성 개조를 역설하였다. 그리하여 내세운 것이 무실·역행·충의·용감 등 4대 정신의 함양이다. 오천석(1975i), 『국민의 정신무장』, 광명출판사, p.284.

오천석은 고생을 참아 가며 열심히 공부를 하다가도, 문득 '공부해서 무엇 하나?'는 회의를 품을 때가 많았다. 이런 오천석에게 안창호는 많은 용기를 불어넣어 주었다. 이를 계기로 오천석은 미래에 대한 힘과 용기를 얻게 되고 흥사단에도 가입하였다(오천석, 1975j: 45).

오천석의 제자 중의 한 사람인 정세화 교수는 오천석이 안창호의 영향을 받아, 박사학위논문도 그의 영향하에 썼다고 보았다.[41] 김경희도 오천석은 초등교육만 해주와 서울 등 한국에서 받았을 뿐, 감수성이 예민한 청소년기와 청년기를 일본과 미국에서 유학하였다. 특히 1920년대에 미국 유학 시절 안창호와의 만남을 통해 교육을 통한 민족개조론에 심취하였다고 주장하고 있다.[42] 오천석 자신도 안창호의 영향을 받았음을 기록하고 있다. 또한 오천석은 그의 저서 『한국신교육사(상)』(오천석, 1975c: 184 – 190)에서 안창호의 대성학교의 교육정신을 소개하였는데,[43] 그는 대성학교를 가장 민족정신이 강하고 인격교육에 힘을 기울인 학교로 소개하고 있다.

안창호의 민족정신은 오천석의 삶에 뿌리 깊게 내려져 있다. 그리고 『민족중흥과 교육』을 비롯한 그의 저서에 면면히 흐르고 있을 뿐만 아니라 그의 삶 자체를 성실과 정직, 민족의식,[44] 무실역행을 바탕으로 살아가게 했을 것이다. 그러나 미군정이라고 하는 체

---

41) 정세화(2001), "천원의 교육사상", 천원 오천석 박사 탄신 100주년 기념논총 『천원의 민주교육사상』, 천원기념회, p.32.

42) 김경희(2001), "한국 교육사적 관점에서 본 천원 사상", 천원 오천석 박사 탄신 100주년기념논총 『천원의 민주교육 사상』, 천원기념회, p.151.

43) 『한국신교육사(상)』은 1964년 3월에 썼으므로, 오천석이 제2공화국의 초대 문교부장관을 거쳐 미국에서 1년간 강의 후 귀국하여 멕시코 대사로 가기 직전에 탈고하였다.

44) 김재섭(2002), "천원 민족교육사상의 현대적 의의", 『민주교육』 12호, 천원기념회, p.59.

제 밑에서 교육정책을 펴 나가야 하는 어려운 상황에서는 민족의 입장을 고려하는 데는 한계가 있었을 것이다. 따라서 도산의 정신은 5·16 후에 본격적으로 그의 저서와 논설을 통해 나타나게 된다.

셋째는 진보주의 교육사상의 영향이다. 오천석과 진보주의와의 직접 만남은 1929년 가을, 오천석이 콜롬비아 사범대학에 입학하면서 이루어졌다. 오천석은 이때 토론 중심의 교육에 관심을 보였으며, 캠퍼스 내에서도 활발한 토의를 통하여 상호 의견을 교환하고 주장을 전개해 나가는 일이 많이 있었다. 더군다나 진보주의 교육의 태두인 존 듀이 교수와 그의 후계자인 킬패트릭 교수의 강의를 들으며, 그들의 교육사상에 몰입하였다(오천석, 1975j: 54).

강의를 듣는 동안 오천석은 미국의 신교육 사조와 관련지어 우리의 교육실정을 비판적으로 보는 눈이 형성되었다. 즉 우리나라에서 실시되고 있는 전통적 교육방식과 일제의 강요된 교육을 듀이의 사상과 비교하면서 새로운 교육관이 형성되었던 것이다. 이와 같은 변화는 교육방법이 미국식은 토의식이고 일본식은 강의식이라는 강의방법의 차이를 포함하여 교육관에까지 변화를 주고 있음을 의미한다.

오천석은 조국의 교육현실에 대한 아픔을 반추하면서, 언젠가 다가올 조국의 독립과 독립된 조국에서의 교육기회에 대한 열망을 다졌다. 이는 컬럼비아대학교에서의 수학(修學)으로 존 듀이의 진보주의교육 철학을 접하게 된 오천석에게 주어진 최대한의 소득이었고 과제이자, 희망이었다.

넷째는 우리나라 역사적 배경의 영향이다. 오천석의 저서를 보면 유교는 조선 초기부터 정치의 근본 사상과 민중의 행동을 지배

해 왔음을 지적하고 있다. 유교의 기본적 성격을 실천적 윤리체계
요, 숭고적(崇古的)이며 권위적이요, 의례를 높이 평가하며, 효에
근거를 둔 가족주의에 철저하다고 분석하고 있다. 유교는 도의적인
인간 육성, 학문의 진흥 등에서는 높이 평가되어야 하나, 우리의
사상과 제도에 남기고 간 폐해도 적지 않았음을 지적하고 있다.

오천석이 지적한 유교 사상의 폐해는 존화(尊華)에서부터 오는 사
대사상(김득관, 1950: 214), 이론 중심의 학풍과 형식주의, 지나친 숭
문주의(오천석, 1975b: 24–25) 등 이었다. 따라서 가난으로부터 해방
될 수가 없었다고 보았다.

오천석은 조선 말까지의 전 과정을 포함한 구(舊)정치, 특히 조
선의 정치상황의 특징으로 임금을 주권자로 하는 전제주의, 극도의
관료주의, 끊임없이 외적의 침입을 받은 것을 지적하고 있다(오천석,
1975b: 34). 오천석은 이러한 내용을 설명하면서 구정치의 잔재를 청
산해야 함을 강조하였다.

또한 오천석은 일제는 소위 황국신민화 정책을 수행하기 위하여
그들의 모든 교육적 기능을 동원하는 것을 보았다. 신사참배, 궁성
요배(宮城遙拜), 칙어낭독(勅語朗讀), 일어 강제사용, 일본국기 게
양 등을 강행하고, 일제 말기에 이르러는 학교가 일종의 군사훈련
소와 같은 모습을 띠게 되었으며 '황국신민서사(皇國臣民誓詞)'[45]
라는 것을 제정하여 일반 국민에게는 물론 어린 학생에게도 강제
로 암송케 하는 것에서 제국주의 교육의 모습이 각인되었다(오천석,

---

45) 유소년용을 예로 들면 다음과 같다. 물론 일어로 되어 있다.
 (1) 우리는 대일본제국(大日本帝國)의 신민(臣民)입니다.
 (2) 우리는 마음을 합하여 천황폐하(天皇陛下)에게 충의(忠義)를 다 합니다.
 (3) 우리는 인고단련(忍苦鍛鍊)하여 훌륭하고 강한 국민이 되겠습니다.

1975b: 53 – 54).

해방 직후 오천석은 미군정에서 한국인 문교차장으로 근무하면서 '어떠한 교육을 할 것인가?' 하는 문제를 심각하게 생각하게 되었다. 그러나 우리 교육의 새 철학을 수립하기에 앞서, 우리가 취하여야 할 첫째 임무는 일본의 잔재를 일소하는 일이라고 생각하였다. 그리고 식민지 잔재인 전체주의적 사고방식과 행동양식은 우리 민족이 그동안 지켜 온 전제주의적 전통과 밀접한 관련이 있는 것으로 보고, 이를 함께 일소해 나가는 작업이 필요함을 역설하고 있다(오천석, 1975j: 106 – 107). 결국 교육은 계급주의, 인간도구주의, 억압주의, 획일주의, 지식중심주의에서 벗어나 민주주의 원리에 의한 민주교육을 전개해 나가야 한다는 주장이었다.

이와 같이 오천석의 교육사상은 '기독교적인 신앙에 의한 만민평등사상', '안창호와의 만남으로 형성된 민족주의 교육사상', '존 듀이의 진보주의 교육사상의 영향을 받은 민주주의 교육사상' 등을 배경으로 한다. 그리고 이러한 사상들의 실천을 불가능하게 하는 조선과 일제의 전제주의적, 제국주의적 교육의 병폐 해소 등이 그의 교육사상의 기저에 흐르고 있다. 이러한 사상은 그의 삶의 기준이 됨은 물론 교육정책의 바탕이 되었던 것이다.

2) 교육사상의 구조

오천석의 사상 구조는 크게 '민주교육론'과 '민족교육론'으로 대별할 수 있다. 미군정 초기에 발간했던 「민주주의와 교육」 이래로는, 민주교육론으로 일관하다가, 5 · 16 이후 집필한 「민족중흥과 교육」을 계기로 민족교육론을 강조하면서 민주교육론과 민족교육론이 공존하게 된다. 오천석의 교육사상에 대한 연구는 주로 석사학위논문과 오천석의 제자들에 의하여 이루어졌다. 오천석 교육사상 연구 일람은 다음과 같으며, 기호 / 의 오른쪽에 제시되어 있는 것은 각 논문에서 강조한 주요 교육사상이다.

이기성(2000), 천원 오천석의 민주교육사상 연구 / 민주교육사상
이정복(1994), 천원 오천석의 교육사상 연구 / 민주주의, 민족주의,
　　　　　　　　　　　　　　　　　　　　　　　인간중심주의
이형재(1996), 천원 오천석의 교육사상 연구 / 민족사상, 민주사상,
　　　　　　　　　　　　　　　　　　　　　　　인본사상
조용하(1977), 천원 오천석의 교육사상 / 민주교육, 인간중심
　　　　　　　　　　　　　　　　　　　　　　　교육, 민족교육사상,
정세화(1992), 천원 오천석의 교육사상 연구 / 민주주의, 민족주의,
　　　　　　　　　　　　　　　　　　　　　　　인간중심주의
이근엽(2001), 듀이 교육철학과 오천석 교육사상 / 민주주의 교육자, 민
　　　　　　　　　　　　　　　　　　　　　　　족중흥 교육사상가
김선양(2001), 천원 교육사상의 재조명 / 유교전통과 국민의
　　　　　　　　　　　　　　　　　　　　　　　식, 민주교육, 민족
　　　　　　　　　　　　　　　　　　　　　　　교육

위에서 보면 오천석의 교육사상은 민주교육사상(7회), 민족교육사상(6회), 인간중심교육사상(4회) 순으로 나타나고 있다. 따라서 여기서는 가장 빈도가 높은 오천석 교육사상의 두 줄기인 민주교육론과 민족교육론을 대상으로 사상 구조를 파악해 보기로 한다.

(1) 민주교육론

오천석은 이 땅에 민주주의를 실현하고자 헌신하였다. 그는 민주교육을 실현하고자 교육자로, 교육행정가로 일하였으며, 현장에서 떨어져 있을 때는 민주교육과 관련된 '저서'를 썼다. 그는 죽음의 순간조차 민주주의와 민주교육에 대한 깊은 사랑을 표현하는 유언을 남겼다.[46]

오천석의 여러 저서 중에서 민주주의 또는 민주교육이라는 제목이 붙은 출판물은 두 권이 있다. 한 권은 1947년 발간한 『민주주의 교육의 건설』로, 민주주의와 민주교육을 소개하고 있다. 또 한 권의 저서는 1947년 이후 각 잡지와 신문에 게재된 논문이나 논설 등을 묶어 1960년에 발간된 『민주교육을 지향하여』이다. 이 두 권을 중심으로 오천석의 민주교육사상을 분석하였다.

첫째, 한국 최초의 민주교육이론서 『민주주의 교육의 건설』을 살펴보자. 『민주주의 교육의 건설』은 미군정 초기 당시 문교부 직원 및 교직원에게 무상으로 공급되었는데, 여기서는 민주교육에 대한 이론적 근거를 제공하기 위하여 미국의 저명한 철학자요, 교육자인 존 듀이(John Dewey, 1859 - 1952)의 민주교육에 대한 이론을 소개하고 있다.[47]

이 저서에서 오천석은 교육의 사명을 "진정한 민주주의적 국가

---

46) "나는 내 조국의 민주교육을 위하여 살다가 가노라." 이 유언은 1987년 10월 31일, 오천석 선생이 영면하실 때 남기신 말씀으로 전해지고 있다. 천원 오천석 기념회 (2002), 『민주교육』 12호, 천원기념회, 머리말에서.
47) 최병칠(1988), "민주교육의 건설", 『천원 오천석 선생, 그 유덕을 추모하며』, 천원 오천석 박사 교육인장위원회, pp.33 - 34.

는 법령으로 세워지는 것이 아니다. 교육을 통해서 이루어지는 것이다. 교육의 길은 먼 길이요, 돌아가는 듯한 길이다. 그러나 이것이 곧 가장 짧은 길이요 곧은 길이다. 이 길이 멀다 하여 밟지 않는 어리석음을 가져서는 안 된다. 민주국가에의 곧은 길 — 이것이 교육이다."고 서술하였다(오천석, 1975a: 5 - 7). 이는 민주국가 건설은 시간이 걸리더라도 교육을 통하여 구현해야 됨을 강조하는 것이다.

오천석은 『민주주의 교육의 건설』을 통하여 우리의 현실을 분석하고, 우리나라가 나아가야 할 방향은 민주주의임을 역설하였다. 민주주의를 실천하기 위해서는 민주적 교육이 필요하나, 일제의 잔재와 문맹 등의 이유로 인하여 매우 어려움에 있음도 강조하였다. 민주주의 기본 이념으로는 사람의 값을 모든 다른 값 위에 올리려는 사람 자신의 투쟁이다. 이 노력, 이 사상이 민주주의의 기본사상이라고 보았다. 이 사람의 값이 최고의 값이요, 절대의 값이다. 사람에 대한 존경, 사람의 가치를 지상으로 여기는 생각 - 이 사상이 곧 민주주의 기본적 신조요, 그 생맥(生脈)"이라고 하여 사람의 가치를 최고로 여기는 교육이 민주주의 교육이라고 설파하였다.

오천석은 민주주의는 '자유, 공정과 평등, 개성의 존중'에 바탕을 둔 이념이라고 주장하고 있으며, 지식 위주의 교육이 아닌 전인교육을 강조하였다. 전인교육을 실현하기 위하여 민주주의가 요청하는 교육을 '자유민의 교육'과 '사회민의 교육'으로 본 오천석은 이 두 가지가 서로 독립하여 존재하는 것이 아니라 밀접한 상호 관계를 가지고 있다고 보았다(오천석, 1975a: 11 - 33).

이러한 이상과 원칙이 실제 우리의 교육현장에서 어떻게 적용되어야 할 것인가에 대해 몇 가지로 나누어 주장하고 있다.

우선 교육제도의 민주화, 즉 교육기회의 균등에서는 보편교육제도의 실시를 주장하였다. 남자와 여자를 차별하지 않고, 동등의 인격으로서 대우하며, 민주사회의 교육기관은 누구에게나 학원을 개방할 것을 요구하고 있다. 또한 학교차별의 철폐, 입학시험방법의 개혁, 성인교육 확대 및 한자의 사용폐지를 주장하였다(오천석, 1975a: 38-48). 교육내용과 방법의 민주화를 위해서는 생활 본위의 교육 및 아동중심의 교육을 지향하며, 개성 존중의 교육을 강조하고 있다. 또한 행동에 의한 학습을 지향하고, 종합적 교수법의 도입을 주장하였다.

오천석은 신교육 건설과 교육자의 근본 사명을 다음과 같이 기술하고 있다(오천석, 1975a: 64).

> 신교육건설과 교육자의 사명은 일본이 남겨 놓은 문제들은 하루아침에 법령으로써 해결할 수 없고, 칼의 힘으로도 해결할 수 없다. 혹 칼로 일시적으로 해결한다 해도 항구적인 근본대책은 아니다. 해결의 밑바탕을 이루고 있는 것은 오직 교육으로만 가능하다. 즉 어려운 때일수록 교육의 역할은 중요하며, 교육을 맡은 교육자의 책임은 실로 크므로 교육자의 책무는 더욱 강조되어야 한다.

오천석은 새 교육자는 민주주의 교육을 실시해야 하며 이를 위하여서는 끊임없는 자기 혁신을 통하여 교육제도 및 교육내용이나 방법의 민주화 방안에 대한 충분한 보충을 해야 한다고 주장하고 있다(오천석, 1975a: 65). 당시의 상황이 일제가 물러가고 미군정이 실시되는 시기인 만큼 오천석의 이러한 주장은 당시 교사를 대상으로 하는 강의에서 상당히 많은 부분을 차지했을 것으로 보인다.

이상과 같은 오천석의 저서 『민주주의 교육의 건설』을 통하여
그의 민주주의 교육사상을 정리하여 보았다. 오천석이 해방 후 국
내에서 실시된 강습의 기본 자료로 쓴 강의 원고들을 모아 출판한
『민주주의 교육의 건설』은 민주교육을 지향하기 위한 가장 기본적
이면서 개론서 적인 내용을 담고 있다. 또 당시의 교육적 현황에
대한 비판과 그에 따른 대안들을 제시함으로써 미군정 초기의 교
육정책이나 교육의 방향을 설정하는 데 크게 공헌하였다.

특히 오천석은 민주주의는 인간을 최고의 가치로 생각하고 있으
며, 이를 구현하기 위해서는 시간이 많이 걸리더라도 교육의 힘으
로 실현해야 함을 강조하며, 민주 국가를 실현하는 데 있어서 교
육의 역할을 역설하였다.

둘째, 민주교육을 위한 교육정책 제안서 『민주교육을 지향하여』
를 살펴보자. 이 저서는 1947년에 쓴 『민주주의 교육의 건설』과
쌍벽을 이루는 오천석의 민주주의 관련 저서이다. 그 시기가 약
13년 정도의 차이가 있고 시대적 배경에도 커다란 변화가 있었다.
이 두 저서의 출판 의도는 그 성격을 약간 달리하고 있다. 『민주
주의 교육의 건설』은 앞에서도 지적하였지만, 1946년 여름방학 때
문교부 주최 전국교육지도자 강습회에서 오천석이 '민주교육에 대
한 이론적 근거'를 제공하기 위하여 발표한 것이었다(최병칠, 1988: 34).
이에 비하여 『민주교육을 지향하여』는 『민주주의 교육의 건설』이
후 주로 1950년대에 썼던 글들을 모아 1960년에 출간한 것이다.
1960년은 제2공화국의 초대 문교부장관이었던 시기와 중복된다.
오천석은 1960년 8월 23일부터 1961년 5월 2일까지 약 8개월간

장관으로 재임하였다. 『민주교육을 지향하여』의 내용을 보면 '4・
19 학생의거의 교육적 교훈'이나 '교원노조운동의 비판'이 나타난
것으로 보아 1960년대 전반부, 즉 오천석이 문교부장관에 취임하
기 직전에 발간된 것으로 보인다.

먼저 '새 사회를 위한 교육'에는 민주교육을 위한 이론과 실천방
안을 구체적으로 제시하고 있다. 여기서 눈에 띄는 부분이 '민족부
흥(民族復興)의 수단으로서의 교육'이다. 오천석은 이 글에서 '민
족부흥'이라는 새로운 용어를 사용하고 있다. 그동안은 '신국가 건
설'[48]이라는 표현을 써 왔는데 이 글에서는 '민족부흥'이라는 단어
를 썼다. 특히 교육을 통하여 민족부흥을 이룩한 덴마크, 제1차 세
계대전 이전의 독일, 그리고 제2차 세계대전 이후 부흥에 성공한
독일과 일본을 그 예로 들고 있다. 글의 말미에는 민족부흥과 함
께 '민족중흥'이라는 단어가 오천석의 글에 처음 등장한다(오천석,
1975a: 178 – 186).

이어서 존 듀이의 교육사상을 재조명하고 외국의 새교육 사조
(思潮)를 소개하고 있다. 특히 그동안 우리나라에서 실행된 새교육
에 대한 비판적 견해와 그 배경, 본질주의의 등장, 그리고 새교육
실천에 따른 오해를 불식시키기 위한 변명 또는 재해석을 하고 있
다(오천석, 1975a: 256 – 257).

오천석은 '학제'에 대해서도 논의를 하고 있다. '새 교육법을 비
판함'[49]에서는 학제를 중학교를 4년제, 고등학교를 2년 내지 4년

---

48) 오천석의 저서 『민주주의 교육의 건설』의 목차를 보면 '신국가 건설과 교육의 임무',
   '신국가 건설과 교육자의 사명' 등이 나타나 있다. 오천석(1975a), 민주주의 교육의 건
   설・민주교육을 지향하며, 광명출판사, 목차 참조.
49) 이 글의 교육법 통과까지의 경위에서 오천석은 "문교부에서 교육법을 국회로 이송된

으로 하는 교육법과 학년 초를 9월에서 4월로 변경한 것에 대한 비판을 하고 있다. '우리 학제는 어떻게 하여야 할 것인가'에서는, 교육연한을 단축해야 한다는 이항령의 견해[50]를 반박하고 있다. 즉 '학제개편 논의의 근거, 교육기간 단축설, 현실과 교육, 학제와 민주주의 원칙, 중·고등학교 분리 문제' 등을 다루고 있다. 가장 중요한 것은 전술한 바와 같이 이항령이 주장한 교육연한의 단축이 불가한 이유를 예를 들어 반박하고 있다. 이어서 오천석은 평균 수명과 관계없이 교육연한 16년은 유지되어야 한다고 주장하고 있다(오천석, 1975a: 324-354). 이 글들은 대체로 1956년과 1957년에 썼는데, 이는 이 시기에 학제에 대한 논의가 활발했었음을 의미한다.

『민주교육을 지향하여』에서는 민족부흥과 민족중흥이라는 단어가 처음 등장하였으며, 학제에 대하여 적극적으로 논의하고 있다. 특히 오천석이 참여하여 확정한 6·3·3·4 기본 학제에 대한 강력한 방어를 하면서 상대방 주장에 조목조목 반박하고 있다.

것은 1949년의 일이었다."라고 기술하고 있다. 따라서 1948년, 대한민국정부가 수립되어 새로운 교육법을 입안하고 확정하는 과정에서 생겨난 갈등과 문제점을 체계적으로 논술하고 있다. 이 글을 최초로 실은 곳은 한국교원단체총연합회에서 발간하는 『새교육』(창간: 1948년)인데, 『새교육』 1972년 7월호 부록으로 발간된 '한국교육 4반세기(上)' pp.62-77.을 보면, 1950년 1, 2월 합병호에 당시 대한교육연합회 회장이었던 오천석이 집필한 것으로 기록하고 있다.

50) 이 글이 1957년에 쓰였다는 것은 다음과 같은 글에서 유추해 볼 수 있다. 『새교육』 9월호에 이항령(李恒寧) 씨의 집필에 의한 『敎育特審의 答申書 批判』이라는 논문이 실렸다. 그것을 읽으면, 씨(氏)는 교육특별심의회에서 문교장관에게 건의한 16년간의 교육연한을 견지하여야 한다는 의견에 반대하여, 6·3·3·4제와 6·5·3제를 이원적(二元的)으로 공존시켜야 할 것이라고 주장하였다. 오천석(1975a), 앞의 책, p.339. 이 글은 이항령 씨가 쓴 글에 대한 반박 글의 서문이다. 이항령 씨의 글에 대한 오천석의 반박을 1957년이 아닌 해에 썼다면, "새교육 9월호에 이항령(李恒寧) 씨의 집필에 의한 『敎育特審의 答申書 批判』이라는 논문이 실렸다."고 표현하지 않았을 것이다. 이때에는 "지난해 발간된 『새교육』 9월호에 이항령(李恒寧) 씨의 집필에 의한 『敎育特審의 答申書 批判』이라는 논문이 실렸다."라고 하여 '지난해'라는 표현을 썼을 것이다. 따라서 오천석의 위 글은 1957년 9월 이후에 쓴 것이 확실하다.

『민주주의 교육의 건설』과『민주교육을 지향하여』의 내용 구조 차이점은『민주주의 교육의 건설』은 민주주의 교육을 위한 이론서이면서 구체적인 실천 방안까지 제시한 이론과 실제를 겸비한 저서라는 점이다. 이에 비해『민주교육을 지향하여』는 구체적인 교육정책에 대한 대안 제시와 비판이 중점을 이루고 있다는 점이다.

그렇다면 오천석의 두 저서에서는 '민주교육론'이 어떤 구조로 되어 있는가?

표 2 민주교육론의 구조

민주주의 교육을 위한 '구체적 실천 방안'	1. 교육제도의 민주화 : 보편교육, 남녀공학, 학원 해방, 학교차별의 철폐, 입학시험 방법 개혁, 성인교육, 한자 폐지 2. 교육내용과 방법의 민주화 : 생활본위 교육, 아동중심교육, 개성존중 교육, 행동에 의한 학습
⇩	
민주 사회의 특색	자유, 공정·공평, 개성의 존중
⇩	
민주교육의 2대 목표	자유민의 교육, 사회민의 교육
⇩	
민주주의와 교육	1. 민주주의와 교육: 교육 없이 민주주의 국가 성립 불가 2. 민주교육의 범위: 전인격(全人格)의 교육이 민주교육의 대상
⇩	
민주주의 이념	사람의 값, 즉 사람에 대한 존경, 사람의 가치를 지상(至上)으로 여기는 생각

<표 2>를 보면, 오천석은 민주주의를 사람의 가치를 최고로 여기는 생각을 최상위의 개념으로 놓고, 이를 구현하는 민주사회로는 자유와 공정·공평 및 개성이 존중되는 사회로 상정했다. 이는 교육을 통해서만 실현이 가능하다고 보고 민주교육의 범위는 '전인

격의 교육'으로 보았다.

이와 같은 민주교육에는 달성해야 할 목표가 있는데, 첫째로 자유민의 교육을 통하여 민주주의 실천을 위한 개인적 능력을 향상시키며, 둘째, 사회민의 교육을 통하여 민주 사회에 적응해 나갈 수 있는 능력을 신장시키는 것을 민주교육의 2대 목표로 제시하고 있다.

이러한 민주교육의 2대 목표를 구체적으로 실천하기 위한 방안을 다음과 같이 제시하고 있다. 먼저 교육제도의 민주화를 위하여 보편교육 실시, 남녀공학, 학원의 해방, 학교차별의 철폐, 입학시험 방법의 개혁, 성인교육, 한자 폐지 등의 방안을 제시하였고, 교육 내용과 방법의 민주화를 위해서는 생활본위의 교육(지식편중 교육 및 교과서중심 교육의 지양), 아동중심교육(성인본위학교 지양, 아동중심의 교재), 개성존중의 교육(개인차 인정, 개성존중 교수, 自學 본위 교육), 행동에 의한 학습(興趣 본위 교육, 목적이 있는 학습, 아동관심 중심 교재 사용, 종합적 교수법 'project method' 도입) 등의 방안을 제시하고 있다.

오천석은 위 두 저서에서 민주교육을 강조하였다.

특히 『민주주의 교육의 건설』에서는 민주주의 이념을 '인간을 지상 최고의 가치로 여기는 생각'이라고 하였다. 그리고 민주교육의 목표를 자유민의 교육과 사회민의 교육을 통하여 달성하되 그 구체적인 방안으로 교육제도의 민주화와 교육내용과 방법의 민주화를 제시하였다. 이러한 오천석의 민주교육이론은 곧 교육이념, '새교육'운동, 6·3·3·4학제 등에 그대로 반영되어 우리나라 교육 사상과 교육방법 개선에 크게 공헌하였다.

『민주교육을 지향하여』에서는 『민주주의 교육의 건설』에서 논의한 민주교육론의 구체적인 실천방안을 제시하고 있으며, 저서의 많은 부분을 '학제'에 대해 논의를 하고 있다.

(2) 민족교육론

오천석은 주로 민주교육론을 강조하다가 1963년 『민족중흥과 교육』의 집필·발간을 통하여 민족중흥론도 함께 강조하는 변화가 나타났다. 그렇다면 이와 같은 변화는 어디서 오는 것이며 그 배경 논리는 무엇인지를 살펴볼 필요가 있다. 일부 연구는 오천석이 해방, 6·25, 5·16 등의 격변을 겪으면서 변화되었다고 그 배경을 설명하기도 한다.[51] 민족중흥론은 『민족중흥과 교육』과 10년 뒤에 발간된 『발전한국의 교육이념탐구』에 나타나 있다.

첫째, 『민족중흥과 교육』을 살펴보자. 오천석은 안창호의 영향을 많이 받았음을 이미 앞에서 살펴본 바 있다. 민족중흥론도 도산과 밀접한 관련이 있다(오천석, 1975j: 45). 도산은 국가 재건을 위한 교육운동이 곧 '민족중흥의 수단'이라고 하였다(오천석, 1975f: 267). 여기서 안창호가 썼던 민족중흥이란 용어의 개념을 널리 설명한 것이 오천석이다.

오천석이 『민족중흥과 교육』을 쓰게 된 이유는 두 가지였다. 첫째, 시대적 필요성에 의하여 집필하게 되었는데 그 이유를 1963년 11월, 이 저서의 '머리말'에서 교육이 국난에 무관하여서는 안 되겠다고 생각하였다. 이는 반드시 이 위기를 극복하고, 민족을 중흥

---

51) 이영덕(1988), "민족중흥과 교육", 『천원 오천석 선생 - 그 유덕을 추모하며 -』, 천원 오천석 박사 교육인장위원회, pp.43 - 45.

하는 일에 있어 용감한 기수가 되어야 하겠다고 믿었다. 이에 나는 국가부흥의 수단으로서의 교육이 가져야 할 자세를 생각한 것이다고 그 경위를 설명하고 있다(오천석, 1975b: 머리말). 둘째는 오천석이 살아온 길에서 이유를 찾을 수 있다. 오천석은 국가 멸망의 위기에서 태어나 부친의 학교에서 공부를 하였으나, 그 어린 나이에 당시 을사조약52) 체결에 반대한 제등행렬과 담임선생의 구속을 보았다. 소년기에 일본에 유학하게 된 오천석은 중학부 졸업을 1개월 정도 앞둔 1919년 2월 8일, 동경유학생 학우대회에 갔다가 학우들이 구속되는 경험을 하게 된다. 또 미국 코넬대학에 재학하던 어느 날, 대학별 축구시합을 시작할 때, 국기에 대한 경례를 하면서, 나에게는 충성(忠誠)이 있으되 이를 바칠 곳이 없다는 생각에 눈물을 흘린다(오천석, 1975j: 28). 이와 같이 오천석은 자신의 생을 이어 오는 동안의 나라 잃은 여러 경험이 『민족중흥과 교육』을 저술하게 하였다.

『민족중흥과 교육』은 1963년 11월에 탈고하였다. 먼저 '오늘을 빚어낸 어제'에서는, 1960년 초 당시의 교육현상을 분석하기 위하여 그 이전에 있었던 조선시대의 교육과 일제 강점기의 교육을 분석하여 봄으로써 오늘의 교육에 어떠한 영향을 끼쳤는지를 알고자 하였다(오천석, 1975b: 6－70 요약). 즉 사회 요구와 교육은 밀접한 관계를 맺고 있다는 내용으로 이는 경우에 따라서는 교육이 사회의

---

52) 을사조약(일본이 한국을 병탄(倂吞)하기 위한 예비적 음모로서 한국의 외교권을 박탈하기 위해 한국정부를 강압하여 체결한 조약)이 체결된 해가 1905년 11월 17일이므로, 1901년 겨울에 태어난 오천석은 당시 우리 나이로 5세, 만으로 4세였다. 오천석은 아직 어린 나이였으나, 이 사건을 뚜렷하게 기억하고 있다. 오천석(1975a), 앞의 책, pp.5－8.

요구에 응해야 한다는 것을 시사하고 있다.

일본통치기에는 교육목적을 달성하기에 적합한 주입식교육(注入式教育)을 실시하였다. 이러한 방법은 우리의 구교육에서 과거에 급제하기 위해 실시했던 단순 암기식 교육과 다를 바가 없다. 구교육 → 일제강점기를 거쳐 오는 동안 전통적 교육방식은 더욱 강화되어 해방 후 새로운 교육방법을 도입하는 데 방해 요인으로 작용하였다(오천석, 1975b: 55 - 56).

오천석은 해방 이후 교육업적으로 일제의 참담한 교육유산과 해방 이후의 6 · 25동란이라는 민족 최대의 고난을 당하면서도 짧은 기간에 이루어 놓은 교육의 양적 팽창한 것이라는 점을 지적하고 있다. 그러나 이러한 양적 팽창은 교육의 질적 저하를 가져왔다고 분석하고 있다. 이 외에 학생을 수용할 물질적 시설의 부족으로 학급당 학생 수가 60명이 넘는 중학교가 대부분이었고, 고등학교도 4분의 3 정도의 학급이 60명이 넘는 학급이 많았다.[53] 그리고 양적 팽창에는 성공했으나, 질적 향상에는 실패하였으며, 무엇보다도 진학 위주의 교육으로 많은 학생들이 희생되었음을 지적하고 있다.[54]

---

[53] 중앙교육연구소에서 1962년에 연구보고 한 『한국중등교육의 재건』 28쪽을 보면 당시의 콩나물 교실에 관한 통계자료를 잘 제시하고 있다. 즉 학급당 60명을 초과수용하고 있는 학급 수가 대도시 중학교가 92.42%, 고등학교는 72.88%였다. 도시는 중학교가 75.10%, 고등학교는 71.25%로 대도시나 도시 간에는 큰 차이를 보이지 않고 있다. 다만 군(郡)지역은 중학교 55.30%, 고등학교 1.71%로 중·고등학교 간에 큰 차이를 보이고 있다. 오늘날 농어촌 지역 학생 수 급감으로 인하여 통폐합을 비롯한 여러 문제들이 대두되는 것과 비교해 보면 격세지감이 있다.

[54] 1960년의 진학상황을 분석하여 보면 많은 학생들이 진학주의 교육에 희생되어 사회에 대한 아무런 준비도 없이 사회로 나오고 있는 것으로 나타나고 있다. 즉 초등학교 졸업자가 499,400명인데 이들 중 48,99%가 지원하여 45.95%인 229,474명이 진학하였다. 중학교 졸업자 중에서 58.08%가 지원하여 53.58%인 100,767명이 고등학교에 진학하였다. 고등학교 졸업자 중에서 69.20%가 진학을 지원하여 46.51%인 36,471명

이 저서의 핵심인 '민족중흥(民族中興) 수단으로서의 교육'에 대해서는 이론과 실제 사례를 제시하고 있다. 이 장(章)은 오천석으로서는 매우 의미 있는 부분이라고 볼 수 있다. 교육의 과거를 돌아보고, 문제점을 분석하여 미래지향적인 계획을 수립하기 위한 중간 단계로서 그 이론과 실천사례를 설명하고 있기 때문이다.

오천석은 교육을 사회와 관련시켜 생각할 때, 그 사명을 대체로 두 가지로 나누어 보고 있다(오천석, 1975b: 159). 그 하나는 교육은 사회가 만든 것인 만큼 이는 언제나 사회가 추종하여야 하며, 그 현상에 부합하는 것이어야 한다는 것이다. 그리고 다른 하나는 사회는 늘 진보하여야 하는 것이므로, 교육은 사회에 앞장 서서 이를 지도하여야 한다는 것이다. 전자(前者)는 교육의 보수적 성격을 말하는 것이요, 후자(後者)는 그 진보적 사명을 대변하는 것이다.

오천석은 교육을 사회에 관련시켜 생각할 때, 두 가지의 큰 기능을 가지고 있다고 보고 있다(오천석, 1975b: 174). 그 하나는 전래의 문화를 보존하고 후세대에 전달하는 보수적 기능이요, 그 다른 하나는 그 전통적 문화를 토대로 하여 보다 높은 문화를 창조함으로써 보다 살기 좋은 사회를 만들려는 진보적 기능이다. 그러나 그 구분은 매우 어려운 것으로 두 기능을 다 지니고 있는데 보다 진보적이거나, 보다 보수적이라고 볼 수는 있어도 어느 한쪽의 것만을 위한 교육이 전개되고 있다고 보기는 어렵기 때문이다. 오천석의 이와 같은 논의는 교육에 의해서 민족개조가 가능하다는 주

이 진학하였다. 이 세 단계의 진학과정에서 낙오한 학생의 수는 실로 40여만 명이나 된다. 이 방대한 수의 젊은이들이 해마다 진학주의 교육, 즉 추상적 지식중심의 교육을 받고, 실생활에 대한 준비도 없이 사회로 진출하는 것이다. 여기에 나오는 통계는 중앙교육연구소(1962), 앞의 책, pp.30 - 33의 자료를 활용하였음.

장으로 귀결된다(오천석, 1975b: 206 - 207).

오천석은 '1960년대 초의 우리나라의 위기의식과 이에 따른 민족적 과제를 냉정히 직시해야 한다'고 말하고 있다. 오천석은 이러한 위기를 극복하기 위한 과제로 세 가지를 들고 있는데, 그것은 우리 사회를 근대화·민주화 및 한국화하는 것이라고 주장하고 있다. 이 세 과제를 완수함으로써, 우리는 위기를 타개할 수 있다고 믿었다.

'새로운 교육관의 요구'에서는 위에서 이야기한 과거의 교육관에 대한 반성을 바탕으로 새로운 교육관을 제시하고 있다. 오천석이 제시한 새로운 교육관은 민족적 위기를 극복하는 기초적 공작은 새로운 교육이념을 세우는 일부터 출발해야 한다고 주장하면서 새로운 인간상을 제시하고 있다(오천석, 1975b: 274 - 283, 291 - 303).

'교육을 통한 민족중흥 운동의 전개'에서는 정부는 인력자원에 대한 투자의 중요성을 재인식하고, 교육개혁을 위한 과감한 시책 추진, 중요성과 긴급성에 따라 중점주의 교육 추진, 창의성을 조장하는 교육 추진, 민간 의사의 교육에 반영, 민간의 적극적인 협조와 성원이 있어야 함을 주장하였다. 또한 대학은 연구보다 교육에 힘쓰고, 학자보다는 사회적 지도자를 양성하는 대학으로의 발전을 강조하고 있다(오천석, 1975b: 351 - 354).

이상에서 『민족중흥과 교육』을 통해 오천석의 주요 사상적 기반이 되는 내용을 정리해 보았다. 오천석은 구교육과 일제하의 교육을 반성하고, 1960년대의 교육 현실을 담담하게 분석하고 있다. 또 사회개조의 가능성과 외국의 민족부흥운동에 대하여 소개하면서, 교육을 통한 민족중흥 운동의 전개를 주장하였다.

이 저서에서는 민족중흥을 위한 새로운 교육 구상으로 민주화, 근대화, 한국화를 우리민족의 3대 과업으로 규정하고 그 성격과 당위성을 역설하고 있다. 그리고 민족중흥을 위한 교육이념으로는 사회진보를 위한 교육, 사람을 만드는 교육, 생활을 위한 교육, 모두를 위한 교육, 사회에 봉사하는 교육, 일을 존중하는 교육이 그 근간을 이루고 있다.

둘째, 『발전한국의 교육이념탐구』를 살펴보자. 이 저서는 1973년에 출간되었으므로 『민족중흥과 교육』보다는 꼭 10년 후에 저술된, 오천석의 교육사상을 집대성한 대표적인 연구서이다. 동시에 이 책은 『민족중흥과 교육』의 증보판적 성격을 지닌다고 볼 수 있다. 따라서 『민족중흥과 교육』과 『발전한국의 교육이념탐구』는 10년을 사이에 두고 출간하였지만 기본적인 사상에는 큰 변화가 없다.

김은산은 오천석이 『발전한국의 교육이념탐구』를 집필한 이유에 대하여 민주주의를 그릇 이해함으로 인해 빚어진 혼란과 민족주의가 지나치게 강조됨으로써 민주주의 발전을 저해하는 요인이 되기도 했으며, 또 근대화작업이 급격히 추진되는 과정에서 여러 가지 바람직하지 못한 부작용을 일으켰기 때문으로 보고 있다(김은산, 1988: 52).

오천석은 3대 과제를 수행함에 있어 잘못 이해하고 적용함으로 인하여 생겨나는 부작용을 최소화시키기 위하여 『발전한국의 교육이념탐구』를 저술했던 것이다. 또 민주화 · 근대화 · 한국화의 세 과업 사이에 진정한 의미를 밝히고 이들 사이의 조화로운 교육이념을 정립하기 위해 저술했던 것이다(김은산, 1988: 53).

우선, 국가발전의 선결요건에 대하여 주장하고 있다. 국가발전의 선결요건은 인적자원의 확보이므로 이를 위한 교육이념이 설정되어야 한다는 것이다. 발전을 지향하는 우리의 교육이 성취해야 할 기초적 과제로 첫째, 민족적 동일체 의식의 강화, 둘째, 민주주의 사상의 신장, 셋째, 근대화 자세의 확립을 들고 있다.

민주주의와 민족주의가 서로 상충되는 것으로 생각하는 경향이 있으나, 본래의 민족주의는 인도주의적이요, 세계주의적이어서 민주주의와는 공존공영 하는 우호적 관계에 있었다고 보고 있다. 그러나 20세기에 들어와 민족지상주의자들에 의해 주창된 배타적이며 호전적인 민족주의가 민주주의와 민족주의를 적이 되게 하였다고 오천석은 진단하고 있다.

오천석은 근대화(modernization)를 주로 경제적 의미인 공업화나 서양화로 오해하는 일이 흔히 있는데, 이것도 잘못이라고 보고 있다. 오천석은 르네상스나 종교개혁을 통해서 진행된 근대화의 참의미를 제시하고 있다(오천석, 1975h: 102 - 113). 이처럼 근대화 정신이 민주주의 정신과 공통된 사상을 가지고 있음을 강조하면서 민주주의 없이 근대화가 없고 근대화 없이 민주주의가 성취될 수 없음을 강조하고 있다.

우리나라 교육이념 설정에 있어 고려해야 할 내외적인 여러 요인들을 해박한 지식으로 명쾌하게 분석을 하고, 우리나라가 발전하기 위하여 교육이 성취해야 할 기본적인 과업으로 첫째, 민주주의의 한국화, 둘째, 민족주의의 민주화, 셋째, 근대화의 인간화를 제시하였다(오천석, 1975h: 288).

오천석은 발전한국이 요청하는 바람직한 인간상으로 '통정(統整)된 인품의 완성된 인간', '자율적인 의사결정 능력을 지닌 인간',

'변화에의 능동적 적응력을 지닌 인간', '고차적 가치에 대한 동일체 의식 조성', '영원한 성장으로의 발돋움', '창조 세계에의 참여' 등을 제시하고 있다.

결국 오천석은 당시 우리나라에서 이념과 철학이 결핍된 교육이 전개되고 있다는 판단하에 교육의 올바른 방향을 제시하고자 『발전한국의 교육이념탐구』를 저술한 것으로 볼 수 있다. 그 주장의 핵심은, 국가발전의 선행요건은 인적자원을 확보하는 것이며, 이는 교육을 통해서 달성될 수 있다는 것이다.

오천석은 결어에서 사회개조는 인간개조 없이 성취될 수 없다는 확신을 가지고 우리 모두가 비전을 가지고 교육발전을 위하여 실천함으로써 발전한국을 건설할 수 있다.고 강조하고 있다(오천석, 1975h: 316 – 317).

셋째, 오천석의 두 저서에 나타난 민족교육론의 구조를 살펴보자. 위에서 살펴본 『민족중흥과 교육』과 『발전한국의 교육이념탐구』를 정리하여 보면 그 내용에서 약간 다른 면을 발견할 수 있다. 『민족중흥과 교육』에서는 '민족중흥론'에 가까운 주장을 펴고 있고, 『발전한국의 교육이념탐구』에서는 민족교육론을 주장하고 있는 점이다.

따라서 오천석의 민족교육론을 정리하기 위해서는 『발전한국의 교육이념탐구』의 구조를 체계화하는 것이 그의 민족교육론을 바로 정리하는 것이 된다. 또 『민족중흥과 교육』과 『발전한국의 교육이념탐구』의 내용은 중복되고 있다. 이는 앞에서 이야기했듯이 『발전한국의 교육이념탐구』가 『민족중흥과 교육』의 증보판이었기 때문이다.

표 3 민족교육론의 구조

한국 발전을 위해 교육이 성취해야 할 기본 과업	1. 민주주의의 한국화: 민족통일체의식 확립, 주체성의 확립, 민족문화의 창달 2. 민족주의의 민주화: 휴머니즘에의 복귀, 자아실현 풍토 확보, 만인의 우월추구 3. 근대화의 인간화: 인간행복추구, 고차적 가치의 추구

⇩

바람직한 한국교육의 지표 설정을 위한 시사	통정(統整)된 인품의 완성된 인간, 자율적인 의사 결정 능력을 지닌 인간, 변화에의 능동적 적응력을 지닌 인간, 고차적 가치에 대한 동일체 의식 조성, 영원한 성장으로의 발돋움, 창조 세계에의 참여

⇩

민족중흥을 위한 교육이념	사회진보를 위한 교육, 사람을 만드는 교육, 생활을 위한 교육, 모두를 위한 교육, 봉사하는 교육, 일을 존중하는 교육

⇩

교육의 최종 목표	"한국발전은 교육발전으로"

오천석은 1963년에 발간된 『민족중흥과 교육』에서 민족교육론을 '근대화', '민주화', '한국화'로 제시하였는데, 『발전한국의 교육이념탐구』에서는 보다 구체적으로 '민주주의의 한국화', '민족주의의 민주화', '근대화의 인간화'로 발전시키고 있다. 이는 근본적으로는 민주주의와 민족주의의 조화 속에 근대화를 추진하되 한국적인 요소를 그 바탕에 깔아야 함을 주장하면서, 그리고 이러한 한국의 발전은 교육의 발전이 없이는 불가능함을 강조하고 있다.

이상 Ⅱ장의 논의를 종합하면 다음과 같다.

오천석의 민주교육론은 교육을 통하여 '인간을 지상의 최고의 가치로 여기는 생각'을 키워 주어야 함을 핵심으로 삼는다. 이를 위해 '자유민의 교육'과 '사회민의 교육'이 필요하고 그 구체적인 방안으로 '교육제도의 민주화'와 '교육내용과 방법의 민주화'를 제시하고 있다. 그리고 전인교육이 그 핵심인 것으로 보고 있다.

오천석의 민족교육론은 민주주의의 한국화, 민족주의의 민주화, 근대화의 인간화를 통하여 사회진보를 위하여 열심히 일하는 진취적인 인간을 양성해야 하며, 교육의 최종목표는 국가발전에 공헌하는 인간을 길러 내는 것이라고 주장하고 있다. 즉 국가에 공헌하는 인간의 육성이 그 핵심인 것이다.

결국 민주교육론의 핵심저서인 『민주주의 교육의 건설』·『민주주의를 지향하여』와 민족교육론의 핵심저서인 『민족중흥과 교육』·『발전한국의 교육이념탐구』를 비교해 보면 오천석의 관점이 변화하고 있음을 알 수 있다. 둘 다 교육을 통하여 국가 건설을 이룰 수 있다는 논리 전개는 유사하다. 그러나 전자는 시간이 걸리더라도 민주사회를 먼저 건설하고, 그러면 자연히 번영된 국가를 이룰 수 있다는 입장을 반영하고 있다(오천석, 1975a: 6-7). 반면에 후자는 교육은 때와 곳의 제약 밑에서 행해지는 것이다고 진술하면서 그 시대의 요청과 필요에 따라 교육이 변화해야 함을 인정하고 있다(오천석, 1975b: 3-4). 두 견해 모두 그 중요한 역할은 교육이 담당해야 한다는 것은 같다.

오천석의 민주교육론은 해방 직후 우리나라 민주교육의 터전을 닦는 데 이바지하게 되는데, 그의 평등주의 사상은 단선제 6·3·3·4학제 제정으로 나타나게 된다. 그리고 일제(日帝) 전체주의 교육 잔재를 청산하기 위하여 국대안을 발의·추진하였으며 구교육에 대한 반성 및 듀이식 진보주의 사상은 '새교육 운동'으로 나타났다. 그 외에 남녀 공학이나 여교장 임명, 교육자치제, 의무교육제 등이 모두 그의 민주교육론에 뿌리를 두고 있다고 할 수 있다. 기

독교 사상은 홍익인간의 교육이념 제정 시 소극적인 반대로 나타
나며, 도산 안창호의 사상은 잠재되어 있다가 1963년의 사회 변동
과 함께 『민족중흥과 교육』을 통하여 민족교육론으로 체계화되었
다. 이와 같이 그의 교육사상은 그가 영향을 미칠 수 있는 위치에
있을 때 우리의 교육정책에 그대로 반영되었다.

미군정기 교육정책의 배경

정책 결정에 미치는 요인은 크게 두 가지로 볼 수 있다. 하나는 인적 요인이고 또 다른 하나는 시대적 요인이다. 미군정기의 교육 정책에 영향을 끼친 두 요인 중에서 인적 요인의 큰 부분을 차지하고 있는 오천석의 생애와 사상은 II장에서 살펴보았으므로, III장에서는 미군정기 교육정책에 영향을 끼친 시대적 요인인 교육정책의 배경을 살펴보기로 한다.

이 장에서는 해방 당시의 우리나라의 교육현황과 미군정의 대한(對韓) 정책을 알아보고, 이를 바탕으로 교육정책을 주도적으로 전개해 나가는 한인 교육주도세력의 등장에 대해서 살펴본다.

1. 해방 당시의 교육 현황

미군의 서울 진주와 동시에 미군정 교육담당관이 된 라카드의 입장에서 보면 학무국에서 가장 시급한 일은 학교를 여는 일과 교육행정체계를 확립하는 일이었다.[55] 미군정 초기 이러한 일을 추진하는 과정에서 오천석 등 한인 관료의 협력을 받게 된다.

1945년 말에 이르러 학교 문을 여는 문제 등 급한 일은 어느 정도 해결되었다. 이때 오천석이 제안한 것이 장기적인 교육개혁이었다. 이를 위하여 교육심의회가 구성되고 교육이념, 학제 등을 확정하였다. 교수·학습방법 개선을 위해서는 '새교육 운동'을 전개하였으며, 고등교육기관 구조 조정을 통하여 국립서울대학교를 탄생시켰다. 해방 당시의 우리 교육 현황을, 4대 주요 교육정책을 중심으로 살펴보기로 한다.

1) 개화기 이래 교육이념의 전개과정

해방이 되자, 우리는 옛 체제인 일본 식민교육과 구시대의 유물인 교육사상에서 벗어나 우리의 교육이념을 회복하고자 하였다(교육부, 1988: 54). 여기서 개화기 이래 우리교육이념의 변화 과정을 살펴봄으로써 해방 당시의 지배적 교육이념이 무엇인지 확인해 볼 수 있다.

조선은 1870년대에 외국과 수교관계를 맺고 문호를 개방하면서 개화사상이 싹텄다. 그 결과, 외국의 새로운 제도 및 기술을 도입하여 근대문화를 이룩하려는 움직임이 활발해지고 근대식 학교교

---

55) 라카드가 먼저 해야 할 일은 '휴교 상태에 있는 학교들이 학교의 문을 여는 일', '한국인 교육지도자들로부터 교육문제에 대한 조언을 얻는 일', 그리고 '학무국과 각 학교에 일인(日人)직원을 대신하여 일할 수 있는 한국인을 얻는 일'이었다. 오천석(1975d), 한국신교육사(하), 광명출판사, p.8.

육이 나타나게 되었다. 이미 1855년에 세워진 요셉신학당을 비롯하여 원산학사·동문학(1993)이 설립되고(피정만·김영우, 1995: 205 - 206), 1886년 정부가 미국인 교사 3명을 초빙하여 세운 육영공원(育英公院)과 미국 선교사가 세운 배재학당(1885)을 시작으로 여러 사립학교가 개교하여 근대적인 신교육을 실시하였다[56].

특히 1895년 1월에 우리나라 최초의 헌법이라고 할 수 있는 홍범 14조가 공포되었는데, 이 중 11번째 조항에는 널리 자질이 있는 젊은이를 외국에 파견하여 학술과 기예(技藝)를 익히도록 한다는 조항이 있었다. 이것은 교육이념은 아니나, '젊은이의 외국 파견'이라는 획기적인 조항을 포함하고 있다는 데 의의가 있다. 더구나 같은 해 2월에는 국왕이 내린 교육조서 속에 지금까지의 전통적 교육의 틀을 벗고 새로운 세계정황을 받아들여, 교육을 통하여 침체된 국가적 상황을 혁신하고자 하는 국왕의 교육관을 전국에 공포하는 등 변화의 조짐이 있었다(오천석, 1975c: 75 - 79).

이후 조선시대의 유교 교육제도를 끝까지 고수하려 했던 폐쇄적 사회제도는 근본적으로 무너지기 시작하였고, 구한말 한국의 정치·경제·문화발전을 지배하던 전통이 진보적인 사상으로 교체되기 시작하였다. 이 같은 의지의 실현에는 교육이 중요한 역할을 감당하였다.

이와 같이 19세기 말 개화사상의 영향은 미국 선교사들에 의하여 도입되기 시작한 진보주의 교육을 점차적으로 확산시켰다. 그 이후 1906년부터 1911년 사이에는 우리 교육사(敎育史)에서 그 유

---

56) 김정환(1982), "제2차대전 이후 교육의 역사적 의미", 『한국교육사학』 제4호, 한국교육학회 교육사연구회, p.11.

래를 찾아볼 수 없을 만큼 사립학교의 붐이 일어나 전국적으로 수천 개의 사립학교가 신설되었고(피정만·김영우, 1995: 314), 2천여 개가 설립 움직임을 보이고 있었다(손인수, 1971: 36).

그러나 1910년 한일합방으로 모처럼 싹트기 시작했던 진보적인 교육운동은 일본 식민지하에서의 소위 '황국신민화 교육'으로 인해 그 운동성을 상실하게 되었다.

2) 고등교육 개방과 교육인구의 팽창

해방 후 대학의 수가 우후죽순처럼 늘어나고 초·중등 교육을 받으려는 학생들로 학교가 넘쳐났다. 학교 부족, 교사 부족으로 어려움을 겪고 있을 때에 미군정청은 국대안을 발표하였다. 국대안이 발표될 때를 전후한 우리 고등교육 현황은 어떠했고, 고등교육의 팽창이 국대안 추진에 어떤 영향을 끼쳤는지를 살펴보자.

우리나라 국민은 일제시대에는 일제의 '우민화정책'의 일환으로 고등교육을 받을 기회가 극소수 특수층에게만 제한되어 있었다. 해방이 되자 억눌렸던 교육 욕구가 폭발하여 고등교육기관이 급증하게 되었다. 이는 우리 국민의 교육열로 인한 것[57]과 미군정의 고등교육의 개방정책에서 기인한다(문교부, 1988: 458).

---

57) 이종각은 한국인의 교육열을 형성하게 된 배경으로 전통적 유교적 가치관에 시초한 부모-자녀 간의 공생적 관계, 인문 숭상의 전통, 체면의식 등의 문화적 요인, 과거제도, 일제의 식민교육정책 등의 역사적 요인, 학력에 따른 차별적인 임금정책 등의 경제적 요인이 복합적으로 작용하고 있는 것으로 해석하고 있다. 이종각(2004), 『새로운 교육사회학총론』, 동문사, p.362.

해방 직후에 고등교육의 개방정책을 지향하게 된 배경요인으로는 정책 환경이 근본적으로 바뀌었고, 정책을 수립하는 사람들의 식견과 태도가 달라졌다는 이유가 있다(문교부, 1960: 94). 또한 고등교육의 제도와 정책의 모형을 미국에서 찾았는데, 그 모형이 자유개방형이었으며, 새 교육이념과 교육사조 또한 고등교육 대중화를 촉진하였다. 또 해방이 되자 일본 유학의 길이 막히고, 일제하에서 극도로 억압되었던 사학 신설 기회가 증대되었으며, 특히 농지개혁의 추진은 사학 설립[58]을 촉진하는 한 계기가 되었다(문교부, 1980: 134).

대학이 난립하게 되자 이에 대한 대안을 모색하게 되었는데, 국대안도 그 방안 중의 하나였다. 해방 당시 고등교육기관으로는 관립, 공립, 사립대학 및 전문학교가 모두 19개교가 있었다. 일제의 한국교육정책은 '하급기능인 양성'에 있었던 만큼 한국인의 고등교육 기회는 제한되었다. 고등교육기관 자체가 적었을 뿐만 아니라 고등교육을 받을 수 있는 기회조차 한국인들은 제한을 받았던 것이다.

해방 직후 각급 학교 학생 현황을 보면 조선인 학생이 차지하는 비율이 초등 95.88%, 중등 70.63%이었다. 고등교육에서는 조선인이 53.13%, 일본인이 46.87%로 일본인 학생이 절반 가깝게 차지하고 있었다. 초등학생 비율이 조선인 95.88%, 일본인 4.12%인 것은 조선인 대비 일본인의 토착인구 비율과 비슷하였다. 이는 일본인에 비하여 조선인의 상급학교 진학이 상대적으로 억제되었음을

---

58) 미군정은 농지개혁법을 대학설립기준령과 연계시켜 일정한 재산을 가진 재단법인에 대학설립을 허가함으로써, 농지개혁으로 농지 소유 상한선이 규정되고, 상한선이 넘는 토지는 싼값으로 양도해야 했던 대토지 소유주들이 차라리 대학을 설립하는 방향으로 전환하게 되어 대학 설립이 급격히 팽창하게 되었다. 문교부(1960), 한국교육 10년사, 풍문사, p.94.

알 수 있다.[59] 위의 자료를 기본으로 하여 8·15 직후 조선인과 일본인의 진학률을 환산하여 작성해 보면, 중등 진학률은 조선인 7.67%, 일본인 74.18%이며, 고등 진학률은 조선인 3.85%, 일본인 8.16%로 볼 수 있다.

초등학교 졸업생 중 중등학교 진학률이 조선인은 7.67%만이 진학하는데, 일본인들은 74.18%가 진학하고 있어, 일본인들이 거의 10배에 달하는 진학률을 보이고 있다. 또 고등교육기관 진학률도 조선인은 중등학교에 진학하는 학생 중 3.85%가 진학하는 데 비하여 일본인 8.16%가 진학하고 있다. 여기서 일본인의 경우 조선 소재학교에 진학하는 학생보다는 일본 본토에 가서 진학하는 학생들이 많았으므로 이들이 누락되었다고 볼 때, 8.16%의 진학률도 결코 낮은 비율이라고 볼 수는 없다.

결국 이러한 일본의 차별적 교육정책으로 말미암아 해방 당시 한국인의 문맹률은 80%에 가까웠으므로,[60] 해방 이후 국가의 중요정책 중의 하나가 문맹퇴치에 있었는데 이는 일제의 교육정책에 기인함을 알 수 있다.

이와 같이 일제시대에 교육을 억압받던 일반 국민들은 해방이 되자 교육을 통한 사회계층 이동을 추구하게 되고, 이는 학교운영의 어려움으로 나타났다. 학교 및 교원이 부족하고, 무엇보다도 가르칠 내용(교육과정)과 한글로 된 교과서가 없었다. 대부분이 일본

---

59) 이 자료는 Bureau of Education, History of Education: From 11 September 1945 to 28 February 1946. 정태수(1992), 위의 책, p.143.의 자료를 김용일(1994), 앞의 논문, p.36.에서 인용한 것을 재구성하였음.

60) 송덕수(1996)는 "8·15 당시 한국 국민 중 12세 이상인 사람 78%가 한글을 모르는 문맹자로 남아 있었다."라고 말하고 있다. 송덕수(1996), 앞의 책, p.363.

인 교수가 차지하고 있던 교수요원과 일본인 행정요원이 돌아간 후 거의 공백상태가 되고 교육시설이 턱없이 부족하여 대학은 더욱 어려움에 처하게 되었다. 이러한 상황에서 고등교육기관에 다니는 학생 수는, 1945년 5월 현재 19개교에 조선인 학생 수는 3,039명에서 동년 12월에 이르면 57.26% 증가한 7,110명, 46년 9월에는 16,317명으로 급격하게 증가하였다(김용일, 1994: 137). 따라서 어떤 형태로든지 대학은 개혁하지 않으면 안 될 지경에 이르게 되었다.

3) 전체주의적 주입식 교육방법

교육방법도 모두 일제의 잔재만 남아 있었다. 따라서 일제의 그늘에서 시급히 벗어나야 했다. 그렇다고 조선 말기의 전제주의(專制主義) 교육방법으로 돌아갈 수는 없는 일이었다. 그와 같은 교육으로의 복귀는 미군정이나 한인 관료가 모두 원하지 않았다. 따라서 외국의 새로운 제도를 도입하는 일이 고려되었는데 그것이 바로 미국식 제도의 도입이며 그 중심에 미국식 민주주의와 존 듀이의 교육이념을 도입한 '새교육'이 있었다.

오천석은 교육방법 개선의 시대적 필요와 지향점을 새교육과 관련지어 다음과 같이 설명하고 있다(오천석, 1975d: 32 – 35).

첫째, 일본인이 우리 땅에 남기고 간 잔재는 지배자와 피지배자를 차별하는 계급 사상이었다. 이와 같은 봉건 및 제국주의적 잔재를 배격하고 민주정신에 터를 둔 새로운 교육제도의 도입이 절실했다.

둘째, 일본이 교육을 통하여 일본 제국주의적 목적을 달성하는 데 쓰일 연장을 만들려고 하였다. 이와 같은 사람을 수단화하려는 교육을 배척하고 사람 자체를 위한 교육을 최고의 목적으로 하는 교육을 도입하여야 했다.

셋째, 일본은 교육을 통하여 지배에 대한 복종자를 양성하려 하였다. 이와 같은 채찍과 명령과 규율에 의하여 행해지는 교육이 아니라 자연스런 분위기 속에서 존경과 사랑과 활동을 통하여 이루어지는 교육, 자유와 권리와 의무를 가진 하나의 사람으로서 교육이 필요했다.

넷째, 전체를 위하여 개인의 존재는 부인되고 희생되는 전체주의 교육을 자행하였다. 이와 같은 개인이 존엄성이 침해받는 교육이 아니라 민주주의의 기본정신인 각 사람의 개인적 존엄성을 존경하고, 개인의 권리가 중요시되며, 그의 개인적 능력·성격·취미·희망 등이 존중되는 교육 방식을 도입해야 할 필요가 있었다.

다섯째, 우리의 전통적 교육은 현재의 실생활과 유리된 과거의 문화적 유산을 전달하는 서적 중심의 지적 교육을 중시하였다. 따라서 이와 같은 과거중심, 지식중심의 교육을 배격하고, 사람 전체의 발달·향상을 목표로 하는 전인교육이 필요했다. 지식도 물론 중요하지만, 그것은 더 높은 가치를 위한 수단으로서의 가치가 있는 것이기 때문이다.

그러나 우리의 해방 직후 교육여건은 교사의 부족, 학생의 급격한 증가, 학교시설의 부족 등 열악한 환경으로 인하여 '새교육'이 아무리 좋다고 하여도 대부분의 학교에서는 실천 여건이 열악하였다. 열악한 학교의 물적 조건에 따른 과밀학급 문제나 교사수의 절대 부족 문제 등은 미군정과 교육연구회의 개선 노력이 있었다

하더라도 성과를 내기에는 한계가 있었다. 그리고 중·고등학교에서는 여전히 일제식(日帝式) 교육방법으로 수업이 진행되었다. 해방 직후 국민의 교육적 욕구에 비해 이를 수용하는 교육 여건은 너무나 열악하였다.

4) 복선형 6·4·3 학제

해방 당시 일본의 학제는 복선형이었다. 일본은 한국 강점 후 네 차례에 걸쳐 조선교육령을 개정, 조선교육을 일본 동화정책을 추진하는 도구로 활용하였다.

1943년 일본제국주의의 각급 학교령의 개정이 한국 지배의 마지막 개정이었으므로 해방 당시에는 이 개정령에 따른 학제가 시행되고 있었다. 취학 전 교육기관으로 유치원이 있었고, 그 위에 초등교육기관인 초등학교를 두었다. 초등학교는 수업연한 6년의 초등과와 초등과 위에 수업연한 2년의 고등과를 두었다. 그 밖에 고등과를 수료한 자를 위한 1년 과정의 특수과(特修科)가 있었다.

중등교육기관으로는 수업연한 4년의 중학교, 고등여학교 및 실업학교가 있었다. 중등교육기관 입학자격은 초등학교 초등과 수료자였으며, 중학교는 남자에 한했고 실업학교는 여자도 가능했으며, 실업학교의 종류로는 농업, 공업, 상업, 상선, 척식(拓植)학교 및 기타 실업학교 등이 있었다. 그 밖에도 지방 실정에 따라 수업연한 2년의 중학교 및 고등여학교와 남자는 수업연한 3년, 여자는 2년의 실업학교를 둘 수 있었다.

고등교육기관으로는 전문학교와 대학이 있었는데, 전문학교는 수업연한 3년 이상으로서 중학교 졸업자가 입학할 수 있었다. 대학에는 고등보통교육을 실시하는 수업연한 2년의 예과와 고등전문교육을 실시하는 수업연한 3년(단, 의과대학은 4년)의 의학부가 있었다. 의학부의 입학자격은 해당 대학 예과 수료자 또는 동등 이상의 학력이 있다고 인정하는 자로 하였다(피정만·김영우, 1995: 434-464 요약).

이와 같은 기본 틀에 따라 운영되던 일제(日帝)의 학제를 해방이 되었다고 해서 일시에 전면적으로 개편하기는 어려웠다. 해방이 되었다고는 하나 이미 이 제도에 따라 학교에 다니던 학생들이 있었고 가르치던 교원들이 있었기에 제도를 바꾼다 하더라도 유예기간 또는 경과 조치가 필요했던 것이다.

5) 미군정의 대한(對韓)정책

한국인들은 미군이 서울에 진주할 당시 그들을 해방군으로 인식하는 경향이 지배적이었다. 해방 직후 거리에 나선 국민들이 '해방 만세'를 외쳤다는 것은 이러한 분위기를 증명한다. 그러나 미군은 포고령에서 그들이 점령군으로 왔다는 것을 분명히 밝히고 있다.

해방 후 20여 일이 지난 1945년 9월 8일에 인천에 상륙한 미군은 그날 서울로 진주하고 이튿날 일본의 항복을 받는다. 이에 앞서 맥아더는 9월 7일, 태평양 미육군 총사령관의 자격으로 '조선인민에게 고함'이라는 사령부 포고 제1호를 발표하였다(손인수, 1992: 73-75).

북위 38도 이남의 조선 영토와 조선 인민에 대한 통치의 전 권한은 당
분간 본관의 권한하에 시행한다. 주민은 본관 및 본관의 권한하에서 발포
한 명령에 즉각 복종하여야 하며 점령군에 대한 모든 반항행위 또는 공
공안녕을 교란하는 행위를 감행하는 자는 용서 없이 엄벌에 처할 것이며,
영어를 공용어로 한다.

위 글을 보면 '명령에 절대 복종', '점령군에 대한 반항행위', '엄
벌에 처할 것' 등에서 점령군임을 나타내고 있다. 이러한 인식 경
향은 1945년 9월 2일 재조선 미군사령관 하지가 발표한 포고문 1
호에서도 알 수 있다. 하지는 포고문을 통해 미군정의 성격을 한
국에 진출한 미군은 해방군이 아니라 점령군이다. 초기에는 일본의
행정기관이 그대로 한국을 지배한다. 한국인들이 자주 독립을 희망
하고 있지만, 연합국의 정책이 아직 형성되어 있지 않다는 등 세
가지로 규정하였다.[61]

이 포고문에서는 미군정이 한국의 독립을 지연시키면서 그들의
사상·이념인 미국식 민주주의를 이식시키려 했다는 근거가 제시
되어 있다. 즉 여하한 개혁도 서서히 진행되므로 그와 함께 민중
에 있어서도 장래에 예비하여 각자 내지 국가건설을 위하여, 또한
민주주의 제도하에 생활의 유지를 도모하기에 각자는 최대한의 노
력을 나타내야 할 것이다라는 문건이 이를 확인해 주고 있다.[62]

또 같은 날 하지가 발표한 포고문 2호를 보면(송덕수, 1996: 403),
상륙군에 항의하면 인민을 잃고 아름다운 국토가 황폐화될 것이라
고 하여(송남헌, 1985: 106 - 108), 미군에 반항하면 살해할 것이며 국

---

61) 강지영(2001), 미군정기 한국교육정책 연구, 인천대학교 교육대학원 석사학위논문,
   p.14. 포고문 전문은 송덕수(1996), 앞의 책, pp.401 - 402. 참조.
62) 신동아(1982), 『한미수교 100년사』, 신동아 1982년 1월호 별책 부록, p.115.

토를 파괴하겠다는 경고를 하고 있다. 또 이상의 지시함을 충실히 지키면 민주주의하에서 행복한 생활을 할 수 있는 시기가 속히 도달할 것이라는 당근을 주는 글로 마무리하고 있다.

하지는 포고문 1·2호에서 모두 '민주주의'란 용어를 쓰고 있다. 여기서 하지가 말하는 민주주의란 미국식 자유민주주의를 의미하며, 이는 반공 이데올로기를 주입하는 데 주력하겠다는 의도를 반영하고 있다. 이러한 미군정의 기본 방침은 교육정책에도 그대로 반영되었다.

이상의 자료를 정리하면 미군은 우리 민족이 기다리던 해방군이 아니었음을 알 수 있다. 미국의 입장에서는 일본이나 한국이나 그들의 적국이었던 일본의 영토였으며 따라서 패전국 영토의 한 부분에 불과하였을 뿐이다. 이처럼 미군과 한국인의 인식 차이가 분명한 상황에서 미군정이 시작된 것이다. 다만 그들의 포고문에서 강조되는 용어 중의 하나가 '민주주의'임을 기억할 필요가 있다. 이는 미군정 초기부터 미국식 민주주의 바탕 위에 미군정을 전개해 나가겠다는 강한 의지를 표현한 것이라고 볼 수 있기 때문이다. 이와 같은 미군의 의지는 우리의 교육이념과 방법에서 '민주주의' 이념을 강조하는 계기가 되었을 것이며, 또 그것이 가능한 인물들로 교육주도세력이 형성되도록 지원했을 것이다.

2. 교육주도세력의 형성과 성격

　　미군정 교육담당자인 라카드가 한인 교육자들을 관리로 등용하
는 과정에서 교육주도세력이 형성되기 시작하였다. 교육주도세력은
해방 직후 한국 교육문제에 대하여 논의한 '북아현동 모임'과 '천
연동 모임'에서 출발하여, 미군정의 한국인 관료 및 미군정 자문기
관인 '한국교육위원회'[63]와 '조선교육심의회'[64] 활동을 전개하는
과정에서 점점 탄력을 받아 우리 교육 전면에 등장하게 된다. 이
들은 미군정 초기의 우리교육의 기반을 조성하는 데 막강한 힘을
발휘하게 된다. 따라서 교육주도세력의 세력 구축 기반이었던 교육
자문기관의 활동 상황을 밝히는 것은 이후의 교육정책 전개 방향
을 이해하는 데 매우 긴요한 일이다.

　　미군정의 교육자문기관에는 여러 위원회가 있었으나 여기서는
미군정 초기에 단기적 국가교육정책을 심의했던 '한국교육위원회'
와 장기적 교육정책을 심의했던 '조선교육심의회'에 한하여 검토하
기로 하고 이러한 활동을 통하여 등장하는 교육주도세력의 형성과
성격을 파악해 보기로 한다.

---

63) '한국교육위원회'를 영어로 번역한 것이 'The Korean Committee on Education'이다.
　　그런데 저서마다 한국어로 된 기관명이 다르다. 대표적인 표현은 '조선교육위원회'와
　　'한국교육위원회'인데 이 논문에서는 오천석의 표현대로 '한국교육위원회'로 통일하
　　기로 한다. 오천석(1975j), 앞의 책, p.83.

64) '조선교육심의회'를 영어로 표기한 것이 'National Committee on Educational Planning'
　　이다. 오천석을 비롯한 대부분의 논문에 '조선교육심의회'로 표기하고 있으므로 그대
　　로 쓰도록 한다.

1) 해방 직후 교육에 관한 두 모임

오천석은 해방 후 서울에 와서 두 개의 모임을 갖는다. 하나는 '북아현동 모임'이고, 또 하나는 '천연동 모임'이다. 선행 연구에서는 북아현동 모임에 대해서는 소홀히 다루는 면이 있으나 성격상 이 모임은 대단히 중요하다. 오천석은 이 두 모임을 모두 주선함으로써 교육주도세력의 중심에 서게 된다.

오천석은 중국에서 귀국 후 백천에 은거하고 있다가 일본의 항복을 듣고 서울로 향하였다. 서울에 도착한 오천석은 두 가지 의미 있는 모임을 갖는다. 그 하나는 백낙준, 이묘묵, 유형기 등과의 '북아현동 모임'인데[65], 이들은 나라를 위하여 할 수 있는 것이 무엇인가를 생각하다가, 영어 능력이 그들의 재산이었으므로 이것으로 봉사의 무기를 삼자고 하였다. 1945년 8월 16일 모임의 결정에 따라 우선 영자신문(英字新聞)을 발행하기로 하고,[66] 미군이 서울에 진주하는 날 그 첫 호를 내었다. 이 모임에 대한 그 후의 기록은 없다.

또 하나는 '천연동 모임'으로 김성수, 유억겸, 백낙준, 김활란 등이 참여하는 모임이었다(송덕수, 1996: 25 - 27). 이 모임에서는 백낙준이 '민주주의 교육'을 제안하였고, 김성수는 '6·3·3·4학제'에 대하여 제의하였으며, 오천석은 이 안에 대하여 부연설명을 하였

---

65) 이 모임은 8월 16일, 북아현동 오천석의 집에서 있었다. "백낙준, 이묘묵, 유형기 등이 모여 부둥켜안고 춤을 추며 얼마나 울었는지 모른다."고 오천석은 회고하고 있다. 오천석(1975j), 앞의 책, 80. 이 모임의 이름은 어떤 연구물에도 나오지 않는다. 그러나 이 모임도 미군정 초기의 교육주도세력 형성에 미친 영향이 크므로 그들이 모였던 곳의 이름을 붙여 '북아현동 모임'이라 부르기로 한다.

66) 영자신문 The Korea Times는 주간에 하경덕, 편집위원에 백낙준·이묘묵·김영희·오천석이 맡아 함께 발행하였으나, 몇 호를 계속하다가 편집위원이 모두 다른 분야로 흩어지게 되는 바람에 폐간되고 말았다. 오천석(1975j), 앞의 책, pp.80~81.

다. 이에 참석자들은 모두 동의를 하였다. '천연동 모임'은 3~4차 례에 불과하였지만 구성 인사들이 나중에 미군정기 교육을 이끌어 간 핵심 주도자들이었다는 점에서 큰 의의를 찾을 수 있다.

이 두 모임이 개인적이고 자율적인 모임이었음에도 불구하고 큰 의미를 갖는다. 우선 '북아현동 모임'은 이들이 영자신문 발행을 통해 미군정에 알려지는 계기가 되었고, 후에 미군정의 교육 관련 업무에 깊숙이 관여할 수 있게 되었다는 점 때문이다. 그리고 '천 연동 모임'은 우리나라 교육의 기본 틀을 협의한 최초의 모임이었 다는 점이다.

두 모임을 주선한 사람은 오천석이었으며 두 모임에 다 참석한 오천석과 백낙준은 후에 미군정의 교육정책을 결정하는 핵심요원 이 되었다. 그 외 참석자인 이묘묵은 군정장관 정치고문으로 일했 으며, 김성수는 '한국교육위원회' 위원을 거쳐 군정 교육담당관의 고문으로 활동하였다. 유억겸은 그해 12월에 학무국장에 임명되고, 김활란은 '한국교육위원회' 및 '조선교육심의회' 위원을 지냈다.

위의 두 모임을 주선한 오천석은 미군들이 서울에 도착하기 전 부터 계획적으로 움직인 것으로 보인다. '북아현동 모임'을 통하여 영자신문을 만들어 미군이 진주하는 날 첫 호를 냄으로써, 미군정 교육책임자 라카드의 첫 번째 한국인 협력자가 되었다. 오천석은 이를 계기로 미군정 한국인 관료가 되어 '한국교육위원회'와 '조선 교육심의회' 구성을 주도하면서 교육주도세력의 중심에서 교육정 책에 참여하였다. 또 '천연동 모임'을 통하여 교육제도에 대하여 논의하면서 그 당시로서는 미군정과 협력이 가능한, 유능한 한국인 교육자들과 튼튼한 동반 관계를 형성하였다.

2) 미군정 학무국장 라카드와 오천석

라카드[67]는 본인의 의사와는 관계없이 한국 교육정책의 최고 지도자가 되었다. 혼란기 점령군 지도자의 역할이 매우 중요하다고 볼 때 라카드의 역할은 지대했다. 또한 그의 한국 측 파트너였던 오천석도 마찬가지였다. 여기서는 이 두 사람과 교육자문기관이 초기 교육정책을 추진에 어떤 영향을 미치고 있는지를 살펴본다. 이러한 작업은 미군정 초기 교육정책의 형성과정을 이해하는 중요한 분석이 될 것이다.

미군이 서울에 입성하여 군정기관을 조직한 것이 9월 10일인데, 바로 그 이튿날 오천석은 라카드 대위를 만나게 된다. 라카드 대위가 어떻게 하여 오천석을 찾았는지에 대하여서는 정확하게 알 수는 없으나, 서울 진주 첫날인 9월 10일부터 하지 사령관의 개인비서로 활동하기 시작한 이묘묵[68]의 추천인 것으로 오천석은 알고 있다.

오천석은 라카드와의 첫 대면에서 라카드의 경력이 '시카고의 한 초급대학의 영어 선생직'밖에 안 된다는 것을 듣고 라카드를 한수 아래로 보게 된다. 반대로 자신의 학력과 학위를 소개하면서 '놀라움이었으리라'라고 표현하고 있다(오천석, 1975j: 82). 오천석은 다음 날부터 학무국에 출근을 하게 된다.

---

67) 라카드(E. L. Lockard) 대위는 시카고의 한 초급대학에서 영어를 가르친 경험밖에 없었음에도 미군정의 교육책임자가 된 것은 당시의 상황이 급박했기 때문이다. 즉 일군(日軍)이 그리 쉽사리 항복하리라고는 예측하지 못한 채, 일본 쪽을 향하여 북상하고 있던 수송선상에서 일본의 투항 소식과 더불어 돌연히 전투업무로부터 군정의 새 임무를 맡게 된 미군은 그 부대에서 교육경험이 많은 자를 찾아본 결과, 라카드가 교육책임자로 선정되었다는 것이다. 오천석(1975j), 앞의 책, p.81.

68) 이묘묵은 보스턴대학교에서 박사학위를 취득하고 연전(延專)교수로 근무 중 해방을 맞이하였다. 해방 후에는 하지 장군의 정치고문으로 있다가 우리 정부 수립 후 영국 공사로 근무 중 객사(客死)하였다. 오천석(1975j), 앞의 책, p.80.

라카드는 학무국장에 임명되었으나 한국에 관한 예비지식은 거의 갖고 있지 않았다. 더욱 그는 한 나라의 교육행정을 지도할 만한 지식과 경험도 부족하였다. 이러한 사실은 우리에게 불행이기도 하지만 동시에 다행한 일이었는지도 모른다고 오천석은 평하고 있다(오천석, 1975j: 7). 여기서 불행이라고 한 것은 라카드에게 좀 더 당시의 복잡다단했던 한국의 교육을 지도할 만한 능력이 있었더라면 그는 보다 더 고도의 지도성을 발휘할 수 있었을 것이라는 점이다. 반면에 다행이라고 한 것은 그의 한국에 대한 지식과 교육적 지도성이 부족하였기 때문에 그는 처음부터 한국인의 의사를 존중하고 한국인의 지혜와 판단에 의존하는 정도가 높았던 까닭이었다(손인수, 1992: 216).

이러한 라카드의 한국에 대한 지식의 부족으로 인하여 오천석의 역할이 상대적으로 증대하였다. 이러한 현상은 한국교육위원회가 구성되었을 때, 처음에는 자문기관으로 발족하였지만 실제로는 의결기관의 역할을 한 것으로도 알 수 있다. 한국사정에 어두운 미군이 교육책임자였던 만큼 그럴 수밖에 없었을 것이며, 위원회의 주도권은 완전히 한인 손에 있었고 미군은 도리어 손님의 자리에 있었다(오천석, 1975j: 83).

3) 교육 자문기관 운영과 이에 대한 두 견해

미군정에 교육자문기관은 많이 있었으나, 초기에 중요한 역할을 한 교육자문기관은 '한국교육위원회'와 '조선교육심의회'로 볼 수 있다. 이 두 기관은 해방 한국의 장·단기 교육개혁 계획을 수립하는 데 결정적인 역할을 담당한다. 또 이 두 기관이 중요한 것은 이 두 기관을 기반으로 하여 교육주도세력이 더욱 튼튼하게 자리를 잡았다는 점 때문이기도 하다. 여기서는 이 두 기관의 설치·운영에 대하여 알아보고 이 두 기관에 대한 평가를 통하여 교육정책에 미친 영향을 파악해 본다.

(1) 한국교육위원회

라카드는 교육관계 업무의 재정비를 위한 교육자문기관을 설치하였는데, 이것이 바로 '한국교육위원회'(The Korean Committee on Education)이다. '한국교육위원회'는 한국인 교육자들로 구성된 일종의 미군정 교육자문기관이었다. 한국교육에 예비지식이 없었던 라카드로서는 여러 방면으로 한국교육의 당면과제를 해결하는 데 도움을 줄 만한 인물을 원했고, 이러한 라카드의 필요를 충족시켜 주었던 것이 한국의 교육계 인사와 지도자들로 구성된 '한국교육위원회'이었다(교육부, 1988: 56).

위원으로는 초등교육 김성달, 중등교육 현상윤, 전문교육 유억겸, 교육전반 백낙준, 여자교육 김활란, 고등교육 김성수, 일반교육 최규동이었다. 뒤에 군정교육담당관의 고문이 된 김성수 대신에 백남훈이 위원으로 취임했고, 몇 달이 지나 의학교육 윤일선, 농업교육 조백현, 일반학계 정인보가 추가되어 10인위원회로 확대되었다(오천석, 1975j: 83).

이 위원회가 한 일은 학교를 다시 여는 일, 한글 교과서와 교육과정을 만드는 일, 학교 운영자와 교사를 임명하는 일, 각도의 교육책임자 및 기관장을 임명하는 일과 같이 광범위하였다. 이 외에도 여학교 교장을 여자로 임명하는 문제, 각급 학교에서 남녀 공학을 하는 문제 등도 논의하였다(오천석, 1975j: 84).

'한국교육위원회'는 일주일에 2번씩 정기적인 회합을 하였는데 회의형태는 의안이 상정되면 위원들의 진지한 토의를 거친 뒤 결정(상충된 의견은 거수로서 결정)하였다(송덕수, 1996: 90). 이때 라카드는 뒤에서 주로 경청하는 편이었다고 한다. 라카드는 후에 한국교육위원회에 대하여 '한국의 교육을 위하여 이 정도로 봉사한 위원회도 드물었음'을 고마워하고 있다.[69]

오천석은 '한국교육위원회' 위원이 아니면서 회의에 참석하여 강력한 발언권을 행사하였다(오천석, 1975j: 84). '한국교육위원회' 위원들은 대부분 오천석의 추천으로 위원이 된 사람들이었으며, 서로 잘 아는 사람들이었으므로 상호 교감(交感)이 있었을 것으로 보인다.[70] 또한 필요에 따라 경청하는 학무국 한인 직원, 특히 오천석의 입김이 강하게 작용하였다(한준상, 1987: 578).

'한국교육위원회'는 단기적인 교육문제 해결을 위한 자문기관으로 설립되어 학교를 빨리 열기 위한 제반 기본적인 일을 마치고, '조선교육심의회'라는 장기적인 교육개혁 계획 수립을 위한 자문기

---

69) Headquarters(1946), "United States Army Military Government in Korea", History of Bureau of Education(Mimeograph), p.8.

70) 오천석은 "미군정을 '通譯政治'라고 비웃는 사람도 적지 않았지만은 한국말을 모르는 미군이 주도권을 잡고 있던 당시의 사정으로 보아 이에 대할 수 있었던 것은 '벙어리 정치'일 수밖에 없었다. 만일 그것이 통역자의 '통역자의 정치'를 의미하는 말이었다면, 한국인이 주도권을 잡고 있었다는 것이 되므로 그리 나쁠 것도 없다는 생각이 든다."고 말하고 있다. 오천석(1975j), 위의 책, pp.88-89. 오천석이 강력하게 행동할 수 있었던 것도 이 통역정치의 배경이 하나의 원인이 될 수 있었을 것이다.

관이 세워짐에 따라 해체하게 된다.

(2) 조선교육심의회

학교가 문을 열고 미군정 학무국이 자리를 잡자, 오천석은 미군정 학무국장인 라카드에게 교육계, 학계, 정계 권위자들 다수가 참여하는 '교육심의회' 같은 기구를 만드는 것이 필요하다고 건의했다. 그러나 라카드는 교육위원회가 있으므로 다른 기관은 필요 없다고 거절하였다(오천석, 1975j: 95).

오천석은 우리나라에는 예로부터 교육백년지대계(敎育百年之大計)란 말이 있다고 설명하면서 한 나라의 교육은 임시방편으로 계획하고 실행하는 것이 아니라 원대한 목표를 세워 놓고 차근차근 실행하지 않으면 안 된다고 역설하였다. 그리고 이렇게 하는 것이 교육원리에도 맞는다고 주장하였다(송덕수, 1996: 170-171). 결국 오천석의 강력한 요구에 라카드는 하지 사령관에게 보고하고 승낙을 얻어 냄으로써 그 뜻을 관철시켰다.[71]

'조선교육심의회' 위원 인선에는 오천석의 입김이 크게 작용하였다.[72] 따라서 보수주의 정치노선과 미국식 민주주의, 미국식 교육에 대한 선호도가 높은 인사들이 대거 교육심의회에 발탁되었다(한준상, 1987: 578).

이렇게 하여 '조선교육심의회'가 구성되고 1945년 11월 23일,

---

71) 김동구(1992), "미군정 기간 중 미국의 한국에 대한 교육정책", 『교육학연구』, 제30권 제4호. 한국교육학회, p.2.

72) 오천석은 '한국교육위원회'의 위원은 아니었지만, 회의에 참석하여 회의를 경청하는 일에만 그치지 않고 자기의 주장을 폈을 뿐만 아니라 경우에 따라서는 관철시키기도 하였다. 오천석(1975j), 위의 책, p.84. 참조.

중앙청에서 100여 명이 모인 가운데 제1차 전체회의를 열었다.[73] 이 회의에서는 10개 분과위원회를 두어 각 분과로 하여금 학무국에서 마련한 여러 가지 의제를 협의 결정케 하고, 그 결과를 전체회의에 제출하여 최종결의를 보도록 합의하였다. 각 분과위원회 위원은 다음과 같다.[74](오천석, 1975d: 22 - 23)

제1분과(교육이념)	안재홍, 하경덕, 백낙준, 김활란, 홍정식
제2분과(교육제도)	김준연, 김원규, 이훈구, 이인기, 유억겸, 에레트 소령, 오천석
제3분과(교육행정)	최두선, 최규동, 현상윤, 이묘묵, 백남훈, 글렌 대위, 사공환
제4분과(초등교육)	이호성, 이규백, 이강원, 이극로, 멜렌 대위, 이승재, 정석윤
제5분과(중등교육)	조동식, 고황경, 이병규, 송석하, 서원출, 비스코 중위, 이홍종
제6분과(직업교육)	장면, 조백현, 이규재, 정문기, 박장렬, 로렌스 대위, 로리트슨 중위, 이교선
제7분과(사범교육)	장덕수, 장이욱, 김애마, 신기범, 손정규, 팔리 대위, 허현
제8분과(고등교육)	백남훈, 유진오, 김성수, 크로프트 소령, 박종홍, 고든 소령
제9분과(교과서)	최현배, 장지영, 조진만, 조윤재, 피천득, 황신덕
제10분과(의학교육)	유억겸, 이용설, 박병래, 심호섭, 최상채, 고병간, 윤일선, 최동, 정구충

---

73) '조선교육심의회'의 첫 모임에 대하여 대부분의 기록은 1945년 11월 23일로 기록하고 있으나, 오직 오천석의 『외로운 성주』에서는 '1946년 정월 초'라고 기록하고 있다. 『한국신교육사(하)』에는 날짜가 기록되어 있지 않다.

74) 위원들의 성향에 대하여 오천석은 다음과 같이 이야기하고 있다. "위원들 대부분이 일제하에서 민족운동의 지도자들로서, 학무국의 이러한 구상에 찬사를 아끼지 않았음에 우리들은 용기를 얻었고, 우리의 사기(士氣)의 앙양(昂揚)되었다." 오천석(1975j), 위의 책, pp.95 - 96. 즉 '조선교육심의회' 위원 대부분을 '일제하의 민족운동의 지도자'로 보고 있다.

위의 각 분과위원회는 매주 1회 내지 3회의 회합을 열어 관계사항을 심의 의결하여 그 결과를 전체회의에 보고하고, 전체회의는 다시 이를 심의하여 마지막 판단을 내렸다. 분과 위원회가 105회, 전체회의 20회 끝에 한국이 지향하여야 할 새로운 교육의 기본체제를 구상하고 1946년 3월 7일에 열린 전체회의를 끝으로 심의회는 맡은 바 과업을 다 하였다(손인수, 1992: 233). 이 심의회 의결사항은 그때그때 학무당국으로 건의되었다. 학무당국은 그 결의를 존중하여, 거의 수정 없이 이를 실천에 옮겼다고 한다(오천석, 1975d: 23 – 24).

오천석은 '조선교육심의회' 운영에 대하여 당시 위원들의 입장으로서는 종래의 일본적 교육을 그대로 답습할 수 없었음은 물론, 아직도 비민주적인 요소와 전통적 보수성에 사로잡혀 있는 유럽 여러 나라의 교육사상과 제도를 다룰 수도 없었으며(문교부, 1960: 77), 조선시대의 유물인 교육사상과 실제로부터 해방되어야 하겠기에 미국의 사상과 이념과 제도를 따를 수밖에 없었음을 다음과 같이 고백하고 있다(오천석, 1975d: 22 – 23).

> 우리나라를 민주국가로 재건하려는 의욕에 차 있던 우리로서 시사(示唆)와 지혜를 기대할 수 있었던 나라는 오직 미국뿐이었다. 따라서 우리가 제정한 교육사상과 제도가 미국의 그것과 유사한 점이 많다면, 그것은 맹목적인 모방이라기보다 심사숙고를 거친 결론이라고 보아야 옳을 것이다.

오천석은 '조선교육심의회'에 대하여, 이것은 발상으로부터 논의·결정에 이르기까지 시종 한국 측에 의하여 주도되고, 미국 측은 조언자의 역할 밖에 하지 못하였다는 점을 강조하고 있다. 교육이념, 단선제 6·3·3·4학제로 함에 있어서는 미국교육의 영향을 받은 것은 사실이지만, 이는 결코 미국 측의 제의나 압력에 의하여 이루어진 것이 아니고 어디까지나 한국 측의 발의에 의한 것임은 물론 한두 위원의 고집의 결과가 아니라, 모든 위원의 합의를 통하여 결정을 본 것이라는 사실이 잊혀서는 안 될 것이라고 주장하고 있다. 뒤에 당시의 사정을 잘 모르는 교육관계자나 일반 시민이 이를 간단히 미국교육의 맹목적 모방이라고 단정해 버리는 것은, 어떻게 해석하면 심의회를 구성하였던 우리 지도자들에게 대한 모욕이라고도 생각할 수 있다고 할 정도로 교육심의회가 한국 측에 의하여 운영되었음을 강조하고 있다(오천석, 1975j: 97).

오천석의 주장대로라면 '조선교육심의회'는 그 발상에서부터 운영에 이르기까지 한국인이 주도하였다. 한국 사정에 어두웠던 미군의 입장에서 보면 어쩔 수 없었을 것으로 보인다. 다만 중요한 문제, 즉 민주주의 교육이념이라든가 반공 등과 같은 미국의 군정계획과 어긋나는 부분에 대해서는 간섭했을 가능성이 높다. 왜냐하면 미군정의 포고문이나 교육방침, 훈령(손인수, 1992: 225 – 226; 송덕수, 1996: 401 – 409) 등에서 그와 같은 항목이 계속 강조되고 있기 때문이다.

(3) 교육자문기관에 대한 두 견해

'한국교육위원회'와 '조선교육심의회'의 구성·운영에 대하여 긍정적 또는 비판적 관점으로 보는 양론이 있다.

우선 긍정적인 관점을 보면 다음과 같다.

정원식은 천원 선생은 미군정 안에 교육심의회를 조직하는 일에 착수하였으며, 교육심의회는 여러 차례의 분과 및 전체회의를 거쳐 한국교육의 기초를 다지게 되었다고 평가하고 있다(정원식, 2001: 12).

또 이근엽은 '한국교육위원회'에 이어 1946년에는 '조선교육심의회'를 조직하여 한국교육이념으로서의 홍익인간의 이념을 도출하는 과정에서 교량역을 담당하였던 미군정 문교부장으로서 그의 능력은 눈부셨다고 오천석의 교육자문기관에서의 활동을 긍정적으로 평가하고 있다(이근엽, 1992: 40).

김종철도 오천석에 대하여 이 땅에 민주교육의 초석을 세우신 분이며, 그가 우리나라 교육정책의 방향 정립과 전개과정에 미친 영향은 실로 엄청난 것으로 역사적 의의가 있음을 평가하고 있다. 또 민주교육행정의 구현자로서 역사에 기록되며 청사에 빛난다고 격찬하고 있다(김종철, 1998: 49).

긍정론자들은 교육자문기관의 활동이 오천석의 주도적 노력으로 일본 식민지교육의 잔재인 전체주의 사상을 배제하고 민주주의 교육을 지향하게 되었으며, 홍익인간이 교육이념으로 채택되는 데 교량 역할을 담당하였다고 말하고 있다. 뿐만 아니라, 교육정책 방향 정립과 민주행정 구현자로 청사에 빛난다라고 보고 있다. 특히 정원식은 실로 조국의 광복과 함께 민주 민족교육의 고동이 힘차게 울려 퍼진 것이었다고 하여 '조선교육심의회'의 활동에 대하여 감격하고 있다(정원식, 2001: 12).

교육 자문기관 활동을 비판적으로 평가하는 글을 보면 다음과 같다. 한준상은 '한국교육위원회'에 대하여 미군정은 '한국교육위원회'의 회의를 개최하면서, 이 위원회가 친일파로 구성되어 있다는 비판이 일자 '당황하였다'고 보고 있다. 그러나 미군정은 이들에 대한 조사를 완벽하게 해냈으며 친일분자는 없다고 공언함으로써 친일파 시비에 대한 또 다른 교육패권경쟁자들의 비판을 묵살시키려 시도했다(한준상, 1989: 574). 이로써 소위 친일파로 구성되었다는 비판은 미군정으로부터 면죄부를 받고 활동할 수 있게 되었다.

손인수의 연구에서도 '한국교육위원회'와 '조선교육심의회'에 친일파가 많이 포진하고 있음을 제시하고 있다(김삼웅, 1989: 64).

한성진은 미군정기 우리나라 교육엘리트들은 기독교 계통의 사람, 일제하에 교육에 관계하면서 소극적인 저항 노선을 취했던 사람, 일제 지배에 적극적으로 참여했던 친일파 그리고 또 하나 간과할 수 없는 것은 영어 문화권 사람들이었다고 보고 있다(한성진, 1986: 34–36; 최상룡, 1986: 147). 오천석, 장이욱, 장덕수, 백낙준, 김활란 등은 영어 구사능력이 탁월했던 교육계 인사들이었다(손인수, 1992: 189–201). 이와 같이 영어 구사 능력이 탁월하고 미국에서 교육받은 인사들이 대거 '한국교육위원회'와 '조선교육심의회'에 포진함으로써 한국적 전통 교육사상에 입각한 자주적이고 민족적인 교육기반 형성에 실패했다고 보고 있다.

또 다른 눈으로 보면 '조선교육심의회' 성원 100명 가운데 28명이 한민당 소속, 7명이 민족청년단 소속, 그리고 31명이 흥사단 소속으로 되어 있었다.[75] 이들 단체의 이념적 성향은 체제 유지적

---

75) 이 명단에는 중복된 위원이 있을 것이다. 왜냐하면 '조선교육심의회' 한국인 위원은 모두 62명이었는데, 위 자료에는 66명으로 나와 있다. 그리고 62명의 한국인 위원 중 42명은 일본과 미국 등 유학경험자로서 해외에서 고등교육을 받았다. 유학한 나라별로 보면 일본 26명, 미국 14명, 독일 2명, 중국 1명, 캐나다 1명 등이다. 손인수 (1992), 앞의 책, p.233.

보수주의와 반공이념, 그리고 온건한 민족주의로 특징지어진다. 이에 따라 '조선교육심의회'를 중심으로 형성된 교육주도세력은 미군정의 현상유지 정책과 한반도를 반공기지화하는 기본 방향을 공고히 하는 데 기여했다는 평가가 가능하게 되었다(역사문제연구소, 1989: 159 - 160).

교육주도세력은 이미 말한 바와 같이 '북아현동 모임'과 '천연동 모임'이 '한국교육위원회'와 '조선교육심의회'라는 자문기관의 활동을 통하여 결합하는 과정에서 탄생된 것이다. 물론 라카드가 오천석을 발탁했기에 가능한 일이었다. 만일 오천석을 발탁하지 않고 다른 경향의 지도자를 발탁했더라면 교육주도세력은 다른 인사들로 채워졌을 것이다. 그렇게 되면 교육정책의 방향이 달라졌을 개연성이 높다. 따라서 오천석이 교육주도세력의 중심에 있었기에 오늘날과 같은 교육제도의 줄기가 형성되었다고 보아 오천석과 그를 중심으로 하는 교육주도세력의 등장은 그 의의가 매우 크다.

4) 교육주도세력 형성과 성격

미군정기 교육주도세력은 1945년 8월 16일에 해방의 기쁨을 나누기 위하여 모인 북아현동 모임에서부터 출발하였다. 이어서 천연동 모임이 1945년 8월 하순에 있었던 것으로 기록되고 있다. 영자신문인 코리아 타임스를 발간하기로 한 북아현동 모임 인사들과 교육현안을 논의했던 천연동 모임의 인사들이 합류하여 미군정에 참여하게 된다. 미군정에 참여하는 방법에는 미군정청 한인 관료로 참여하는 방법과 자문기관의 위원으로 참여하는 방법이 있는데 이러한 과정을 통하여 교육주도세력이 성장하였다.

교육주도세력의 성격은 우선 정치적으로는 한민당 출신이 주류를 이루었다는 점이 특징이다. 이광호는 그 이유로 첫째, 미군정청에 한국인을 추천하는 일을 맡았던 사람은 미군의 윌리엄스 대령과 윔스 대령이었는데, 이들이 모두 한국에 파견된 미선교사의 아들이었으며 그들은 한민당과 밀접한 관계를 맺고 있었다(손인수, 1992: 170, 181 - 184). 둘째, 한민당은 군정에 적극 협력하고 미국의 외교정책에 맹목적으로 편승함으로써 정권장악을 위한 기틀을 마련하고자 하였다. 셋째, 한민당 내에서도 친미적 성향을 지닌 인물들로 구성된 교육주도세력의 정치적 성향은 교육재건과정에서 미국의 정치적 이데올로기를 반영할 수밖에 없었다고 말하고 있다(이광호, 1989: 51 - 53).

교육주도세력의 사회적 성격을 일제시대의 활동과 성향, 그리고 교육 정도와 종교적 측면에서 고찰해 보면 의미 있는 특징을 발견할 수 있다. 이들의 특징은 출신 배경에서는 두 부류로 나눌 수 있는데 첫째, 김성수나 유억겸 등으로 이들은 가계의 지배 계층적 세습성을 바탕으로 일본에 유학 후 국내에 사회적 기반을 구축한 부류로, 이들은 일제와 타협하거나 온건한 민족운동을 표방하였다. 둘째, 오천석, 백낙준, 김활란 등으로 이들은 지배 계층적 세습성 보다는 기독교라는 종교적 배경을 통하여 미국 유학 경험을 하고 (현기영, 1986: 170) 영어를 능통하게 구사할 수 있는 능력을 갖추고 있었다.

위와 같은 이질적인 두 부류의 세력이 제휴할 수 있었던 이유는 어디에 있는가. 일본 협력파와 미국 협력파, 일본 유학파와 미국 유학파, 비종교인과 기독교인이라는 이질감에서는 극한적 대립이 가능한 상황이었다. 그럼에도 이들이 어떻게 힘을 합하여 소위 교육주도세력으로 한국교육의 기초를 마련하는 데 손을 잡을 수 있었을까? 이에 대하여 이광호는 첫째, 두 계열 인사들은 교육적 기반을 연희전문과 보성전문에 두고 있으므로 직접적인 인맥을 형성하고 있었고,[76] 둘째, 지배 계층적 세습파는 국내적 기반을, 기독교적 유학파는 국제 정치적 감각을 지니고 있었으며, 셋째, 한민당의 두드러진 속성으로 드러났던 좌익세력과의 투쟁이라는 공통된 이해관계를 지닐 수 있었다고 보고 있다. 따라서 지배 계층적 세습파는 특권적 지위와 신분유지를 위해, 그리고 기독교적 유학파는 학문적 성장 과정에서 좌익에 대한 견제 속성을 지니고 있었기에 협력이 가능했다고 분석하고 있다(이광호, 1989: 63).

결국 지배 계층적 세습파의 이익과 기독교적 미국 유학파의 성향, 그리고 미국의 대한정책이 교묘히 맞아떨어져 형성된 교육주도세력이 등장하여 우리교육을 주도하였다. 이러한 결과는 해방 정국의 교육 민주화가, 자생적이고 자발적인 민주주의 교육의 발전을 위한 노력과 식민지적 교육체제를 해체하려는 강력한 개혁의지보다는, 미군정의 냉전 이데올로기에 편승하여 모방적, 타율성을 특징으로 전개되었음을 의미한다.

당시로서는 이러한 경향에서 벗어날 수 없었을 것이다. 미군정이라는 강력한 실체에 대항할 힘이 교육주도 세력에겐 없었다. 교

---

76) 유억겸, 백낙준은 연희전문, 김성수와 오천석은 보성전문에 관계하고 있거나, 관계한 바 있다.

육적으로도 그들의 민주교육 실천의지는 냉전이라는 현실 속에서 최우선의 가치로 수용되기 어려웠을 것이다. 이러한 현실은 결국 친일파와 한민당 중심으로 구성된 교육주도세력이 미군정의 정책을 충실히 수행한 반면, 우리의 자주적이며 민족적인 교육정책을 수립하는 데는 실패했다는 주장에 공감이 가게 하는 부분이기도 하다.

눈여겨볼 것은 교육정책에 깊이 관여했던 오천석에게서 자민족 비하적인 성향이 발견된다는 점이다(오천석, 1975b: 61 – 68). 이러한 점을 고려해 볼 때 오천석의 추천을 받아 교육주도세력으로 등장한 인물들의 성향도 크게 다르지 않으리라는 추측이 가능해진다(김정희, 1998: 16; 이숙경, 1983: 47 – 52). 즉 미군정기의 교육주도세력은 미군정에 적극 협력이 가능한 인물들로 구성되었으며, 따라서 이들은 미군정의 정책 방향에 따라 '한국교육위원회'나 '조선교육심의회'를 이끌어 갈 수밖에 없었다. 만약 이들이 미군정에 적극 동의하지 않았다면 미군정은 다른 협조자들을 구할 수밖에 없었을 것이다. 그러나 다행스럽게도 미군정 당국은 이묘묵, 오천석, 백낙준 등이 'The Korea Times'를 발간하여 미군 측에 접근함으로써 노력하지 않아도 쉽게 이들과 접촉할 수 있었다.

주체적이고 확고한 대안을 강력하게 내세울 수 없었던 교육주도세력은 이미 미군정의 기본 계획에 따라 교육정책을 도출해 낼 준비가 되어 있었던 것이다. 오히려 미군의 제안에 따라 능숙하게 미국식 민주화를 또는 민주교육을 정착시켜 나갔다. 그런 상황에서 교육주도 세력들은 민족주의 교육이념이라든가 민족교육이라는 용어를 사용하기는 어려웠을 것으로 보인다(이숙경, 1983: 53).

위에서 지적한 바대로 오천석은 미 협력파, 미국 유학파, 기독교인이라는 특징을 지니고 있다. 이는 미군이 실시하는 군정에 접근하기가 가장 용이한 여건을 갖추고 있으며 실제로 그렇게 하였다. 오천석과 교육주도세력의 '비민족성 경향'에 대한 비판이 없지 않으나 여러 저서를 분석, 종합하여 보면 비교적 오천석은 한국이라는 민족의 입장을 생각하면서 적극적으로 미군정 교육정책에 참여하였다는 점을 알게 된다. 그리고 그 결과가 단기 교육 계획기관인 '한국교육위원회'와 장기적인 교육계획기관인 '조선교육심의회'를 구성·운영하는 것으로 나타났으며, 이를 통하여 교육주도세력이 형성되었다. 오천석은 그 중심에 있으면서 우리 교육의 틀을 제도화하는 데 중심적 역할을 담당하였다.

Ⅲ장을 요약하면 다음과 같다.

해방 당시 우리 교육에 남겨진 것은 모두 일제의 잔재들이었다. 교육이념은 일제의 '충량한 신민'에 머물러 있었기에 우리의 건국이념을 반영한 새로운 교육 이념의 제정이 시급했으며, 대학은 급속하게 늘어난 교육인구의 수용을 위한 획기적인 대책이 필요하였다. 교육방법도 일본 제국주의의 주입식 교육방법이었기에 변화해야 했다. 따라서 외국의 새로운 제도를 도입할 수밖에 없었는데, 그것이 '새교육 운동'이다. 학제는 일본의 제4차 조선교육령에 따라 6·4·3 기본 학제가 복선형으로 운영되고 있었다. 이 또한 조선인 고등교육 억제 정책이었으므로 개선이 불가피하였다.

미군정기 교육정책의 배경은, 미군은 한국에 진주하면서 내린 각종 포고령에서 점령군으로 왔다는 것을 강조하고 있다. 그러나 미군에 대한 한국인의 입장은 해방군이라고 인식하고 있었다는 점이 다르다. 이와 같이 미군과 한국인의 인식의 차이가 나는 상황에서 미군정은 시작되었다. 다만 그들의 각종 포고에는 '민주주의'를 강조하고 있다. 그 당시 소련의 공산주의와 냉전을 하고 있던 미국의 입장에서는 당연한 강조라 할 수 있다.

오천석은 해방 직후 각 모임과 교육자문기관의 활동을 통하여 교육주도세력을 형성해 나갔다. 교육주도세력은 크게 두 부류로 분류가 가능한데 그 하나는 지배 계층적 세습파와 기독교적 미국 유학파라 할 수 있다. 이들의 역할에 대해서는 긍정과 비판적 견해가 있으나, 이들을 중심으로 우리 교육정책이 입안되고 추진되었다는 데에는 공감을 하고 있다. 그 중심에 오천석이 있었다.

Ⅳ

미군정기 교육정책에 관한 연구 관점 분석

이 논문의 Ⅱ장에서는 오천석의 생애와 사상을 정리하였고, Ⅲ 장에서는 미군정 교육정책의 배경을 알아보았다. 이러한 오천석의 생애·사상, 교육정책의 배경은 미군정기 교육정책에 큰 영향을 미쳤다.

이 장에서는 미군정기 주요 교육정책인 '홍익인간의 교육이념', '국립서울대학교 설립', '새교육 운동', '6·3·3·4 단선제 학제' 등 미군정기의 네 가지 주요 교육정책에 관한 그 동안의 다양한 연구 결과를 긍정적 또는 비판적 관점에서 분석하고자 한다.

1. 홍익인간의 교육이념 채택

우리나라 교육의 기본 틀을 규정한 교육법은 1949년 12월 31일 제정된 이래 37회의 개정을 거쳐, 1997년 12월 13일 교육 3법(교육기본법, 초중등교육법, 고등교육법)이 제정되면서 폐지되었다. 교육법이 37차례의 개정이 있었으나 홍익인간의 교육이념은 한 번도 개정되지 않았다. 홍익인간의 교육이념이 도입된 것은 교육법 제정보다 3년 빠른 미군정기인 1945년 12월에 교육심의회를 통과하면서부터였다.

신생 한국의 교육이념으로는 '민주'와 '민족'이념이 주로 논의되었고 이 두 개념을 포함하는 '홍익인간'이 교육이념으로 제정되었다. 홍익인간 교육이념에 관한 긍정적 또는 비판적 관점을 살펴보자.

1) '홍익인간' 교육이념 및 제정 과정

'널리 인간을 복되게 한다'는 홍익인간의 이념은 고조선 이래 우리의 건국이념으로 알려져 왔으며, 1946년 '조선교육심의회'에서 교육이념으로 채택되어 지금에 이르고 있다. 그렇다면 홍익인간의 교육이념은 어떤 의미이며, 어떤 과정을 통해 교육이념으로 제정되게 되었는가?

홍익인간의 교육이념을 제정할 당시 '조선교육심의회' 제1분과(교육이념)위원회를 지배한 사상은 우리 교육이 반드시 민주주의에 그 기초를 두어야 하겠다는 생각이 있었다. 또한 우리 민족이 35년간 일제(日帝)의 지배를 받아 왔던 만큼 우리가 지향해야 할 교육은 반드시 흐려진 국가 관념을 바르게 고취하는 민족적 성격을 띤 것이 되어야 하겠다는 생각을 하고 있었다(중앙대연구소, 1974: 12-13).

이런 생각을 지니고 논의하는 과정에서 위원 중의 한 사람이었던 백낙준이 홍익인간의 교육이념을 제안하였다.[77] 그는 홍익인간을 교육이념으로 제안하면서 그 의의를 다음과 같이 설명하고 있다(문교부, 1988: 58).

'홍익인간'이란 널리 인간을 유익하게 한다는 뜻일 것입니다. 어떻든 교육에 문제가 되는 것은 우리가 어떻게 해야 다른 사람에게 이익을 줄 수 있을까 하는 것입니다. 남에게 이익을 주려면 적어도 남에게 폐를 끼치지 않는, 또한 해되지 아니할 만한 사람이 되어야 할 것입니다. 그러므로 홍익인간을 교육이념으로 할 때에 우선 우리가 다 각각 완전한 인간이 되는 데 목표가 있습니다. 완전한 인간으로 사람노릇을 하려면 근대교육이론에 따라서 지(知), 덕(德), 체(體), 정(情)의 원만한 교육을 받음에 있을 것입니다. 이러한 완인주의(完人主義)의 교육을 하는 것이 홍익인간 이념의 일단입니다.

백낙준의 제안에 대해 당시 교육이념 분과에 참여했던 정인보, 현상윤, 하경덕, 안재홍 등이 그 제안에 찬성을 하였고, 그 후 안호상, 손진태 등이 같은 입장에 섰다.[78] 이들은 주로 홍익인간의 어구적 의미에 주목하였다. 즉 백낙준은 '인간으로서 다른 사람에게 해를 끼치지 않고 사회를 위하여 유익한 일을 하는' 의미로, 안호상은 '인간주의, 인문주의의 이상과 통하는 것'으로 각각 이해하

---

77) 홍익인간의 이념은 통상적으로 백낙준이 제안한 것으로 알려져 있다. 그러나 송덕수는 다음과 같이 증언하고 있다. 홍익인간을 교육이념으로 맨 처음 발의한 사람은 '백낙준'으로 알고 있으나, 일부 학계에서는 민족학자로 이름이 높았던 '안재홍'이나 아니면 '정인보'였다고 주장하고 있다. 그러나 백낙준은 그의 저서 『한국의 현실과 이상』에서 교육이념으로 홍익인간을 본인이 제안했다고 주장하고 있다. 송덕수(1996), 앞의 책, pp.182 - 184.

78) 여기서 이 자료에서 왜 '안호상이나 손진태를 찬성하는 쪽의 예로 들었을까?' 하는 의문이 생긴다. 위 두 사람은 조선교육심의회 위원도 아니고 당시 미군정 학무국 직원도 아니었으므로 여기에서 논의되어야 할 사람이 아니기 때문이다. 이는 '그 후'라는 말을 쓴 것으로 보아 당시의 상황이 아니고 1949년 교육법을 제정할 당시 초대 문교부장관이었던 안호상의 의견이 찬성 쪽이었다는 것을 의미하며, 아마도 손진태도 같은 의미로 해석할 수 있을 것이다.

였다(문교부, 1988: 58). 한기언은 홍익인간을 다음과 같이 설명하고 있다.79)

> 글자 풀이를 보아도 '홍익인간'이란 두 가지 뜻을 가지고 있음을 알 수 있다. 하나는 '널리 인간을 유익하게 한다'는 것이요, 또 하나는 '홍익하는 인간'이라는 것이다. …… 이렇듯 '홍익인간'이라는 말의 뜻에는 어디까지나 바람직한 인간상 내지 바람직한 인간 사회라는 인간상과 사회상이 강조되고 있는 것이다.

즉 한기언은 홍익인간 교육이념의 뜻을 바람직한 인간상과 바람직한 인간 사회 구현이라고 보고 있다. 이항령은 홍익인간의 이념은 제1차적인 단계로서는 인격이 완성되고, 자주적 생활능력과 공민으로서의 자질을 구유한 인간이요, 제2차적인 단계로는 민주국가 발전에 봉사하는 인간이요, 제3차적 단계로서는 인류공영에 기여하는 인간이다고 제시하고 있다. 따라서 이항령은 홍익인간 이념의 구현은 인격완성, 자주적 능력 구유(具有), 민주국가발전에 봉사, 인류공영에 이바지하는 인간의 육성에 있다고 보고 있다(오천석, 1975h: 196 – 197).

홍익인간의 교육이념은 결국 '인간을 널리 복되게 한다'는 전제 하에 개인의 인격 완성, 사회적으로는 국가 발전에 기여하고 인류공영에 이바지하는 인간을 육성하는 데 두고 있다고 볼 수 있다.

교육이념으로서 '홍익인간'으로 채택한 제1분과 안재홍 위원장은 제4차 전체회의에서 홍익인간의 건국이상에 기(其)하여 인격이

---

79) 한기언(1987), 『한국인의 교육철학』, 서울대학교 출판부, p.105. 이돈희(1995), "한국교육의 어제와 오늘", 『광복50주년기념사업위원회6. 교육편』, 한국학술진흥재단, pp.15 – 16.에서 재인용.

완전하고 애국정신이 투철한 민주국가의 공민을 양성함을 교육의 근본이념으로 함이라고 교육이념의 내용을 보고하였다(오천석, 1975d: 24).

그럼, 교육이념은 어떤 제정과정을 통해 확정되었는가?

홍익인간의 교육이념은 '조선교육심의회' 제1분과위원회에서 심의·제안하고 제4차 전체회의를 통과함으로써 확정되었다. 그 과정은 다음과 같다.

> 1945.11.23. 조선교육심의회 제1분과위원회(교육이념) 조직. 위원장: 안재
> 홍, 위원: 백낙준, 하경적, 김활란, 정인보, 키퍼 대위
> 1945.12. 5. 제2차 전체회의 교육심의회에서 격론
> 1945.12.13. 제3차 전체회의에서도 계속 논의, 결론을 내리지 못함
> 1945.12.20. 제4차 전체회의에서 안재홍 위원장의 보고로 수정, 통과

그리고 대한민국 수립 후 교육법을 제정하는 과정에서 다시 홍익인간의 교육이념을 채택하였다.

> 1949. 6. 3. 초안 심사에 착수: 백낙준, 오천석, 유진오, 장이욱, 현상윤의
> 5인과 전문위원 5인에게 그 작업이 위임
> 1949.12.31. 최초의 교육법 제정 때도 홍익인간 교육이념 채택(법률 제86호)
> 1997.12.13. 교육3법 제정 때도 홍익인간 교육이념 채택

교육법은 여러 차례의 개정과정을 거쳐 1997년 12월 13일, 교육3법이 제정됨에 따라 폐지되었다. 교육3법은 교육기본법, 초·중등교육법, 고등교육법이며, '홍익인간'의 교육이념은 교육기본법에 제1장 2조에 제시되어 있는데 그 내용은 다음과 같다.

제2조 (교육이념) 교육은 홍익인간의 이념 아래 모든 국민으로 하여금 인격을 도야하고 자주적 생활능력과 민주시민으로서 필요한 자질을 갖추게 하여 인간다운 삶을 영위하게 하고 민주국가의 발전과 인류공영의 이상을 실현하는 데 이바지하게 함을 목적으로 한다.

교육이념은 법조문상으로 보면 55년 전이나 오늘이나 큰 차이가 없다. 특히 교육은 홍익인간의 이념 아래 모든 국민으로 하여금……이라고 하는 기본 이념 부분은 글자 한자 수정 없이 지금껏 이어지고 있다.

2) '홍익인간' 교육이념에 대한 긍정적 논리

교육이념을 채택하기 위한 '조선교육심의회' 제2차 전체회의(1945.12.5)에 이어 제3차 회의(1945.12.13)에서도 이견은 노출되었다. 그것은 교육이념으로 제의된 '홍익인간'이란 문구를 두고 찬반토론이 격렬하게 벌어졌기 때문이다(송덕수, 1996: 181). 이처럼 치열한 토론을 거쳐 '홍익인간'의 교육이념이 확정되었는데, 여기서는 홍익인간의 교육이념에 대해 긍정하는 논리가 무엇인지 알아보자.

첫째, 건국이념을 계승했다는 주장이다. 홍익인간의 교육이념은 고조선의 건국이념에서부터 시작된다고 보는 경향이 강하다(문교부, 1988: 4 - 5). 즉 본래 '홍익인간'이란 말은 『제왕운기』나 『삼국유사』에 나오는 말로, 『삼국유사』를 보면, 천제(天帝) 환인은 서자 환웅이 천하를 다스릴 뜻이 있음을 알고, 하계를 내려다보니, 삼위태백

(三危太白)이 가히 '홍익인간'할 만한 땅이므로 천부인 세 개를 주어 내려가 다스리게 하였다고 기록하고 있다(교육부, 1998: 58). 전명기는 홍익인간의 이념이 다른 나라에서 빌려 온 것도 아니고, 타국을 배척하는 제국주의 사상도 아닌 건국이념의 사상을 근대사상으로 반영한 것이라는 데 공통 인식을 얻어 채택되었다고 긍정적으로 보고 있다.[80]

일부에서는 홍익인간의 교육이념이 상해 임시정부의 교육이념을 계승한 것이라고 보고 있다. 즉 상해 임시정부에서 표방한 삼균주의(三均主義)는 "협의(狹義)로는 정치·경제·교육의 균등화로 이상 사회를 구현하자는 것이요, 광의(廣義)로는 개인·민족·국가 간의 대동화로 온 세계가 하나의 가족을 이루는 것"으로 보고 있다(손인수, 1992: 294). 상해 임시정부는 1941년 11월 28일에 대한민국 건국강령을 공포하였는데, 여기서도 삼균주의를 표방하고 있다. 이는 정치균등·경제균등·교육균등을 지칭하는 것이다. 따라서 임시정부는 삼균주의에 입각한 교육이념을 아래와 같이 홍익인간에 두고 있는 것으로 볼 수 있다(홍영도, 1956: 350).

> 우리나라의 건국정신은 삼균제도에 역사적 근거를 두었으니……, 국가를 진흥하며 태평을 보유 하리라 함이니, 홍익인간과 이화세계는 우리 민족이 지킬 바 최고 공리(公理)임. '제1장 총강 2항의 건국정신'

위 두 자료를 비교하면 홍익인간 이념을 고조선의 건국이념에서부터 도입하였느냐, 상해 임시정부에서부터 도입되었느냐의 문제가 발생하는데 이는 큰 문제가 아니다. 왜냐하면, 상해 임시정부도 고

---

80) 전명기(1987), 앞의 논문, pp.41 – 42.

조선을 이어받았기에 어떻게 보면 고조선의 교육이념을 계승한 것으로 보아도 무방하다고 보기 때문이다. 따라서 건국이념에서 홍익인간의 교육이념이 도입되었다고 주장하는 것은 교육이념의 뿌리에는 문제가 없음을 의미한다.

둘째, 민주주의 교육이념을 반영했다는 주장이다. 해방을 계기로 한국의 교육은 일제 35년간의 전체주의적 식민지교육에서 벗어나 새로운 민주주의 이념에 입각한 민주교육으로 전환하게 되었다. 그런데 이것은 비단 우리나라에서의 경우뿐만 아니라 2차대전 후에는 공산진영을 제외한 모든 국가의 기본이념이 되었다(오천석, 1975h: 12).

민주주의 교육이념은 당시의 세계적인 교육학의 흐름으로, 이는 자유라는 이름 아래, 아동존중, 개성존중의 교육으로 대표되고 있다. 해방은 그런 의미에서 민주교육을 보급하는 계기를 마련한 것이었으며(교육부, 1998: 55), 새로운 민주국가 건설이라고 하는 국가적 열망과 함께 민주교육에 대한 신념은 급속도로 확대되었다(피정만·김영우, 1995: 474). 따라서 광복 이후 새로운 정치지도이념으로 민주주의를 지향하였으므로, 교육부문에서도 민주주의 이념을 내세우게 된 것은 역사적으로 필연적이었다고 할 수 있다(문교부, 1988: 5).

이러한 민주주의를 지향하는 인식 경향은 광복 이후 한국이 벗어나고자 했던 옛 체제(전제주의와 일본적인 식민교육, 그리고 구시대의 유물인 교육사상)와는 다른 새로운 체제로 나아간 것이 민주교육이었다(문교부, 1960: 77). 따라서 민주교육이념은 당시의 시대상황을 반영한, 이른바 새로운 교육 국가 건설을 위한 교육지표라 할 수 있다.

민주교육이념에 기초하여 그 이론의 도입과 실천에 힘썼던 학자들은 당시 민주교육을 대표하는 미국의 진보주의 교육을 공부한 미국 유학 경험이 있는 교육자들이었다. 그중에서도 미국의 진보주의 이론의 대표적 학자인 존 듀이와 그의 제자인 킬패트릭의 강의를 직접 수강했던 인사들이 중심을 이루었다. 특히 '민주주의 교육'을 논의했던 '천연동 모임' 인사들은(손인수, 1992: 297; 송덕수, 1996: 26) 미군정의 통치체제 속에 교육자문기관의 활동을 통하여 한국교육의 기본 방향을 설정하는 데 깊이 참여하였다.

광복 직후 지향했던 교육이념은 민주주의 교육이념이었음을 알 수 있다. 이렇게 형성된 교육이념은 이후 민족주의 교육이념과 함께 '홍익인간'의 이념으로 명문화되어 광복 후 우리 교육의 방향을 제시한 중요한 요소가 되었다(교육부, 1998: 55).

셋째, 민주와 민족의 이념을 모두 반영했다는 주장이다. 해방 정국에서 우리 민족에게 공감을 얻은 사상 체계는 자유와 평등 속에 살고자 하는 민주주의와 우리 민족 자주의 정신인 민족주의였다. 이러한 '민주'와 '민족'의 이념이 홍익인간의 교육이념 속에 어떻게 해석되고 있는지를 살펴보자.

'홍익인간'이라는 말이 단순히 글자에서 나온 것이 아니라, 민족 생활을 통하여 우리 민족의 이상이 되어 온 것이므로 교육이상으로서 나무랄 데가 없다는 주장에 근거하여 '홍익인간'의 이념을 채택하였다고 보는 것이다(문교부, 1980: 21). 또한 '삼국유사'에서 밝혀진 바와 같이 우리 민족의 건국이상에 기초를 두었으므로 역사적인 민족사상의 성격을 띤 것으로 보아야 한다는 것이다.

다른 자료에서도 한국교육의 재건을 위한 교육목적·이념에 관하여 강조한 것이 '민주주의'와 '민족주의'였음을 밝히고 있다. '민주주의'는 해방 한국이 당시 표방한 정치이념과 맥을 같이하는 것이고, '민족주의'는 수년간 일제의 식민지 지배를 받아 왔던 만큼 앞으로의 교육은 국가와 민족적 의식을 고취하는 방향으로 나아가야 한다는 민족적 자각에 터한 것이었다고 주장한다(문교부, 1988: 5). 이러한 민주주의와 민족주의의 이념을 종합적으로 반영하여 교육이념을 '홍익인간'으로 선정했다는 것이다. 즉 홍익인간은 우리가 지향하고 있는 민주주의와 민족주의 이상을 종합적으로 반영하고 있는 교육의 최고 이상임을 강조하는 것이다(교육부, 1998: 57 - 58).

『교육40년사』에서는 한국의 홍익인간의 교육 이념은 민족주의와 민주주의 이념을 동시에 추구하는 이념이라고 주장한다(문교부, 1988: 8). 그리고 그동안 추구하여 온 이념 중에서 수월성, 효율성, 국가 발전 등의 논리는 민족주의 이념에 보다 가깝고, 교육의 자율, 개방, 기회균등 등의 논리는 민주주의 이념에 보다 밀접히 연결되어 있다고 분석하고 있다.

이상을 정리하면 홍익인간의 교육이념은 건국이념에서 비롯된 것으로 민주주의 이념을 상징하고 있다는 주장과 민주와 민족의 이념이 모두 포함되어 있다는 주장이 모두 나타나고 있다. 이는 해방 후 한국교육의 재건을 위한 기본 이념은 민주주의와 민족주의였다는 것을 의미하기도 한다. 그 이유는 우리 교육의 기초를 민주주의에 두어야 한다는 것과, 일제(日帝)의 지배로 인해 희박해진 국가이념을 앙양시키기 위해서는 민족적 성격을 띠어야 한다는 정서가 반영된 것으로 볼 수 있다.

3) '홍익인간' 교육이념에 대한 비판적 논리

홍익인간의 교육이념이 확정되기까지는 많은 논의가 있었는데, 그 논의의 중심에는 홍익인간의 교육이념이 지니고 있는 '비과학성' 및 일본 제국주의가 내세웠던 '팔굉일우와의 유사성'과 관련된 것이었다.

홍익인간의 교육이념이 비과학적이며 팔굉일우와는 유사하다는 논리는 다음과 같다.

첫째, 홍익인간의 교육이념이 '비과학성'이라는 비판이다. 선행 연구나 기록물을 보면 홍익인간의 교육이념이 비과학적이어서 우리의 교육이념으로는 적합하지 않다는 주장을 여러 곳에서 발견하게 된다. 송덕수의 연구를 보면, 1945년 12월 5일에 열린 '조선교육심의회' 제2차 전체회의에서부터 격론을 몰고 왔던 교육이념 문제는 12월 13일 오후 1시, 군정청 제1회의실에서 열린 제3차 회의에서도 이견 폭을 좁히지 못하였다. 그 이유는 우리 교육의 기조가 될 이념으로 제의된 '홍익인간'이란 문구를 두고 위원들 간에 찬반토론이 격렬하게 벌어졌기 때문이다. 특히 반대 논리의 핵심에는 홍익인간의 비과학성에 있었다. 즉 "홍익인간은 우리나라 고기(古記)에 나타난 것으로 만인을 유익하게 한다는 사상이라고는 하지만 고기 자체가 신화에 가까운 황당무계한 얘기라는 주장이 제기되었다. 과학기술을 바탕으로 새 나라의 재건을 서둘러야 할 처지에 비과학적인 신화에서 우리의 교육이념을 따온다는 것은 어불성설"이라는 것이었다(송덕수, 1996: 181). 이러한 주장에 대해 일부 일본 유학파들도 가세하였다.

『교육30년사』에서도 교육이념으로서 '홍익인간'이라는 말에 대해서는 그것이 과학적으로 증명할 수 없는 고전에서 나온 말이므로 신화에 가까운 비과학적인 것으로 보고 있다(문교부, 1980: 21).

'홍익인간'의 교육이념을 정립하는 과정에서 반대 견해를 보인 사람들로는 오천석 외에 백남운, 허현, 이인기, 장이욱 등이 있었는데,[81] 그들 역시 홍익인간이 지니고 있는 비과학성의 문제를 제기하고 있다.

이러한 반대에 대하여 제안자 백낙준은 다음과 같이 반론을 제기하였다(교육부, 1998: 58 – 59).

> 이 말이 신화에서 나왔다고 하여 비과학적이니 교육이념이 되지 못하느니 하고 평하는 이도 없지 아니하다. 그러나 적어도『제왕운기』,『삼국유사』에 기록된 것이 지금부터 800년 전이요, 전하여 오는 것은 언제부터인지 알 수 없다.『제왕운기』와『삼국유사』의 기록이 오랫동안 전해온 정신이나 이상을 문자화한 것이라고 보았을 때, 그 말이 신화에서 나왔다 하더라도 그 이상이 좋고 더욱이 우리 민족의 이상을 가장 잘 표현하고 있는 이상, 우리 교육의 이념을 삼지 못할 이유가 없다.

위와 같은 백낙준의 견해가 받아들여져 '조선교육심의회' 전체회의에서 '홍익인간'이 교육이념으로 채택되었다. 따라서 그 후에도 비과학성에 대해서는 교육법이 개정될 때마다 논란이 있었으나 지

---

81) 교육부(1998), 앞의 책, pp.58 – 59. 송덕수(1996), 위의 책, pp.181 – 182. 이들 저서에서는 홍익인간의 교육이념을 반대한 위원을 백남운, 오천석, 허현, 이인기, 장이욱이라고 구체적으로 제시하고 있다. 다만 비과학성이라고 하여 반대한 인사는 오천석, 허현, 이인기, 장이욱 등이며, 비과학성과 일본의 팔굉일우와 유사하다고 하여 극구 반대한 위원이 백남운 위원이다. 반대로 이에 찬성한 위원으로는 정인보, 현상윤, 하경덕, 안재홍 등이었다.

금까지 그대로 유지되고 있다.

둘째, 일제의 '팔굉일우'와 유사하다는 비판이다.

홍익인간의 교육이념에 대한 두 번째 반대논리는 홍익인간이 일제가 한국을 비롯한 침략전쟁을 합리화하는 도구로 삼았던 팔굉일우와 유사하다는 점이었다. 즉 팔굉일우(八宏一宇)란 일본 제국이 세계를 통일한다는 야망으로 '팔굉(八宏: 당시는 세계를 8대주로 봄)'을 한 지붕(一宇) 아래로 모은다는 뜻으로 쓰였다는 것이다(송덕수, 1996: 182). 바로 홍익인간이 이것과 유사하다는 것이 당시의 주장이었다.

이와 유사한 주장은 많다. 『교육30년사』에서는 교육이념으로서 과거 일제가 즐겨 쓰던 팔굉일우라는 말과 비슷한 인상을 풍긴다고 기록하고 있으며(문교부, 1980: 21), 일본인들이 즐겨 쓰던 '팔굉일우' 사상과 비슷한 냄새를 풍기고 있기 때문에 홍익인간이라는 말은 언어도단이라고 당시 경성고등상업학교(서울대 상대 전신) 교수이며 철저한 공산주의자로 알려졌던 백남운 위원은 극구 반대하였다는 기록도 있다(송덕수, 1996: 181).

백남운의 주장을 약간 달리하여 기록하고 있는 것이 『교육50년사』인데, 여기서는 '홍익인간'이 내포하고 있는 의미가 일단 일제가 한국민을 일본화하는 데 즐겨 썼던 '팔굉일우'의 재판(再版)이라고 반대하였다는 것이다(교육부, 1998: 59).

또 전명기의 연구에서는 '일본이 내걸었던 팔굉일우와 비슷한 인상을 준다'는 비판을 받았다고 전제하고, 그러나 이러한 비판 속에서도 다른 나라에서 빌려 온 것도 아니고, 타국을 배척하는 제국주의 사상도 아닌 근대사상을 반영한 것이라는 데 공통인식을 얻어 채택되었다고 보고 있었다(전명기, 1987: 41 - 42).

이러한 팔굉일우와 유사하다는 주장에 대하여 반박한 글은 백낙준의 글 이외에는 발견되지 않고 있다. 백낙준은 다음과 같이 반론을 제기하고 있다(송덕수, 1996: 182).

> 홍익인간이란 말이 고기(古記)에서 따온 것으로 개념정립이 좀 모호한 듯도 하고 '팔굉일우'의 재판이라는 인상도 풍기고 있는 것은 사실이나, 팔굉일우 사상은 일본이 그들의 제국주의를 합리화하려는 하나의 위장된 문구임에 반하여 홍익인간이란 글자 자체가 표현하듯 만인을 이롭게 하는 인도주의 사상이라는 점에서 우리가 지향할 민주주의이념과도 부합되는 사상이다.

'조선교육심의회'에서 격론은 있었으나 위원장인 안재홍의 유구한 역사를 지닌 민족으로서 자주의식과 주체성을 가지며, 또 신생민주국가 국민으로서 완전한 인격을 육성하는 데 목표를 두어야 하며, 우리가 추구하는 목표는 원대해야 한다는 주장에 설득되어 통과되었다(송덕수, 1996: 182 - 183).

요컨대 홍익인간이 팔굉일우와 유사성이 전혀 없는 것은 아니나 직접 관련성을 찾을 수 없고, 반대로 우리의 고기(古記)에서 유래했다는 뚜렷한 근거는 있어 격렬한 찬반토의를 거쳐 채택되기에 이른 것이다.

셋째, 미국적 민주주의의 모방이라는 비판이다. 김인회 등은 한국교육의 혼란을 고유한 배경을 갖고 있는 한국사상과 이와는 상반된 미국 사상이 억지로 결합되는 과정에서 빚어진 것이라고 지적하고 있다. 즉 지난날의 홍익인간이라는 이념이 조상들의 교육정신이나 정치이념에서 어떻게 구현되어 나타났는지에 대하여 차분히 검토해 볼 여유를 갖지 못한 채, 홍익인간이 현재적으로는 민주주의다. 그러니 민주주의를 배워야 하고 그 모범은 미국이다는 식의 단순한 논리하에서 미국교육을 무조건 받아들이려는 열망에 사로잡혀 있었다는 지적을 하고 있다(오욱환, 1993: 223).

또 실제로 미군정하에서 '홍익인간' 이념의 구체적 실천은 대체로 존 듀이(J. Dewey)의 생각에 따른 민주주의 교육을 지향하는 것이었다. 그러나 미군정이 끝날 무렵부터 새교육 또는 진보주의 교육사상에 대한 회의와 비판의 소리가 높아지기 시작하여 미군정하의 민주주의는 우리 정부가 수립된 후에 민족주의와의 갈등을 빚게 되었고, 그러한 갈등을 해소하기 위하여 양자를 통합하려고 시도한 것이 '민주주의 민족교육'이었다(문교부, 1980: 21). 이러한 정황을 고려할 때 미군정기 중에는 홍익인간의 이념이 민주주의 이념으로 받아들여졌다는 주장에 공감이 가는 측면도 있다.

또 이 부분은 미군정의 교육이념으로 제시된 홍익인간의 이념과 이를 실천한 민주주의는 우리 신생 정부가 수립되자마자 회의와 비판을 받았다는 표현도 된다. 이것은 어쩌면 미국의 영향을 받은 미국의 유학파에 의하여 설정된 교육이념에 대하여 민족주의자들의 반격으로 볼 수도 있을 것이다.[82]

---

82) 첫째는, 이와 관련된 한준상과 이광호의 논문으로 확인할 수 있다. "천연동모임이 주축이 된 교육주도 세력과 갈등관계에 있었던 인사로는 좌익계와 극우적인 민족주의를 표방한 조선교육연구회의 안호상, 안재홍, 손진태 등도 미군정의 교육정책, 말하자면 천연동 주축의 교육정책에 반기를 들었었다. 이런 이유 때문만은 아니었지만 대체로 이들은 미군정의 학무행정권에서 배제되었을 뿐만 아니라, 교육주도세력의 일원으로서도 철저히 견제되었다." 한준상(1989), 앞의 글, p.553. "한민당에 소속되어 있으면서도 이른바 독일유학파라고 할 수 있는 안호상과 이극로 등은 교육주도세력 형성과정에서 배제되고 있었다. <중략> 이처럼 독일유학파들의 소외는 내적으로는 한민당 내의 미국 유학파들과 미묘한 갈등에 기인한 것으로 보인다." 이광호(1985), 앞의 글, p.517.

이상에서 살펴본 바와 같이 홍익인간의 이념에 대한 비판적 논리의 핵심은 세 가지였다.

첫 번째는 홍인인간 교육이념의 비과학성에 대한 지적이다. 과학을 지향해야 할 신생국가의 교육이념을 신화에서 근거를 삼는다는 것은 비과학적이라는 주장이었다. 그러나 홍익인간의 이념은 오랜 역사 속에서 민족의 삶이 기록된 것이기에 우리 민족의 이념이 반영된 것이라고 보아야 한다는 반론이 제기되었다.

두 번째는 홍익인간 교육이념과 '팔굉일우'와의 유사성이다. 일본의 세계 침략 논리로 이용되었던 팔굉일우와 유사하기에 우리의 교육이념으로 적합지 않다는 주장이었다. 이에 대해서는 '이는 만인을 이롭게 하는 인도주의적 사상'이라는 반론이 제기되었다.

세 번째 미국적 민주주의의 무조건 모방이었다는 주장에는 당시의 상황에서는 민주주의 교육이념을 반영할 수밖에 없었고 이를 포함하는 우리 고유의 이념으로 홍익인간이 채택되었음을 설명하고 있다.

4) '홍익인간' 교육이념에 대한 오천석의 시각

오천석은 홍익인간의 교육이념을 제정할 당시에는 '비과학성'을 내세워 반대하는 입장이었으나, 여러 저서를 종합하여 볼 때 차츰

둘째는, 미국 유학파와 독일 유학파 사이의 갈등으로 볼 수도 있다. 해방 직후 교육 주도세력을 형성되기 시작할 때, 미국 유학파와 기타 세력 간의 싸움에서 미국 유학파가 승리하였는데 이는 당시의 군정이 미군정이었고, 미국식 민주주의 뿌리를 내리려는 당시의 상황으로서는 당연한 결과라고 할 수 있다.

긍정적 방향으로 관점이 변화하고 있는 것을 발견할 수 있다. 그러나 홍익인간의 교육이념 자체에 대해서는 긍정적 변화를 보이면서도 실천이라는 측면에서는 부분적으로 비판적 논리를 펴고 있다.

오천석의 이러한 관점의 변화는 어디서 오는 것이며 그 논리가 무엇인가?

첫째, 홍익인간 교육이념이 비과학성이라는 데 관한 오천석의 시각이다. 오천석은 교육심의회에서 홍익인간의 교육이념에 대해서 '비과학적'이라고 반대한 것으로 기록되어 있다(교육부, 1998: 59).

오천석은 그의 저서 『한국신교육사』에서 '조선교육심의회'의 결의사항 중 가장 주목하여야 할 것은 새 나라의 교육이념에 관한 것과 교육제도에 대한 사항이라고 기록하고 있다. 이 중 교육심의회 제4차 전체회의에서 위원장 안재홍이 보고하여 채택한 교육이념은 '홍익인간'이라는 말에 대하여 상당히 비판적인 논의가 일어났으며 그 이유는 이미 지적한 바와 같이 '비과학성'과 '팔굉일우와의 유사성'이라고 기록하고 있다(오천석, 1975d: 25 – 26). 이 글의 흐름으로 보아 오천석은 교육이념으로서의 '홍익인간'이 타당하지 않음을 간접적으로 시사한 것으로 볼 수 있다. 찬성에 대한 의견 표시는 전혀 없이 반대의 이유만을 기록함으로써 반대의 입장에 서 있었다는 것을 간접적으로 시사하고 있다. 실제로 교육부에서 발간한 『교육50년사』와 송덕수의 글에서도 오천석은 '홍익인간'의 교육이념에 반대한 것으로 기록되어 있다(송덕수, 1996: 181; 교육부, 1998: 58).

특히 『교육50년사』에서는 오천석 등이 반대한 이유로 그 말이 지니고 있는 비과학성의 문제를 제기하였다. 비과학성에 대한 대안으로 오천석은 '홍익인간'이란 말은 단군신화에 의존하고 있으므로, '추상적이며, 신화적'인 어구이기 때문에 보다 현실적이며 구체적인 어구로 표현해야 한다고 개선안의 방향을 제시하고 있다(교육부, 1998: 59).

오천석은 홍익인간의 교육이념 제정 초기에는 분명히 반대의 입장에 섰었다. 그리고 반대의 근거로는 '비과학성'을 지적하였다.

둘째, 홍익인간의 교육이념에 관한 오천석의 관점이 변화하였다. 앞에서 설명한 바와 같이 오천석은 홍익인간의 교육이념에 대하여 제정 시에는 반대하였다. 그러나 시간이 흐를수록 교육이념에 대한 생각이 차츰 긍정적으로 변화하였다. 물론 비판하는 글이 전혀 없는 것은 아니나, 이는 실천에 대한 비판이지 이념 자체에 대한 비판은 아니었다.

오천석은 '조선교육심의회' 10개 분과위원회 중에서 가장 심각하게 의견을 교환한 것이 제1분과인 교육이념 분과인 것으로 기록하고 있다(오천석, 1975d: 24 – 25). 교육의 기본지표를 결정하는 데 있어, 제1분과위원회를 지배한 사상은 우리의 장래를 좌우할 교육이 반드시 민주주의에 그 기초를 두어야 하겠다는 생각과, 우리 민족이 오랫동안 걸쳐 외국의 지배를 받아 온 만큼, 우리가 지향하여야 할 교육은 반드시 흐려진 국가 관념을 강력히 고취하는 민족적 성격을 띤 것이어야 하겠다는 것이었다. 이 글에서는 구체적으로 표현하지는 않았지만 홍익인간의 교육이념에 대하여 호감을 표시하고 있지 않다.

앞에서 이야기했지만 오천석이 '홍익인간' 이념 도입에 반대한다는 입장에 섰었다는 기록은 많이 나온다. 그런 오천석이 대한민국

정부가 수립된 후에 백낙준, 유진오, 장이욱, 현상윤 등과 함께 5
인의 교육법 기초위원으로 활동하게 되면서 교육법 제정에 동참하
게 된다. 이 위원회에서도 '홍익인간'의 교육이념은 그대로 채택되
었는데, 이때 홍익인간의 이념에 대해서는 다음과 같이 기록하고
있다. 이 글은 오천석의 『한국신교육사』에 제시된 몇 편의 논문
중의 하나로 글의 흐름으로 보아 1960년 이후에 쓰였을 것으로 보
인다.[83] 교육법의 성격과 내용을 살펴보면서 중요성을 기록한 것
이다(오천석, 1975d: 51).

> 이것은(이 교육법은) 다른 민주국가의 교육에서 찾아볼 수 없을 정도로
> 민족주의를 강조하고 있다. '홍익인간'이라는 우리나라 고유사상을 교육
> 이념으로 내세운 것이라든지, 나라와 겨레를 사랑하는 정신을 길러……
> <중략> 이 강조는 영년(永年)에 걸친 사대사상에 휩쓸리어 민족의식이
> 빈약하고 주체성이 희박한 우리의 실정에 비추어 당연한 것이라 하겠다.

이 글에서는 분명히 다른 민주국가의 교육에서 찾아볼 수 없을
정도로 민족주의를 강조하고 있다. '홍익인간'이라는 우리나라 고
유사상을 교육이념으로 내세운 것이라든지……고 밝혀, 홍익인간
의 이념에 대해 긍정적인 입장을 표명하고 있다. 그러면서도 홍익
인간의 교육이념 구현에는 문제가 있음을 다음과 같이 지적하고
있다(오천석, 1975d: 52).

---

83) 1963년 이후에 썼을 것으로 보는 이유는 이 글의 출처인 '교육의 민주화를 위한 노
력(오천석(1975d), 앞의 책, pp.68 - 69)' 말미에 다음과 같은 문장이 나오기 때문이다.
"교육자치제가 실시된 뒤로 가장 큰 공적은 의무교육을 적극적으로 추진한 일이라
하겠다. 의무교육은 우리나라 헌법에서 약속된 국민의 특권으로서, 자치제가 실시된
1953년에 학령아동수의 약 73%가 취학 중에 있었는데, 제1공화국 말년인 1960년에
는 95.3%로 늘었다."

홍익인간이라는 교육이념은 하나의 공허한 표어에 지나지 못하는 경향
이 있으며, '인격의 완성'을 궁극적 목적으로 하여야 할 우리 교육은 아
직도 편지주의(偏知主義)에 사로잡혀 있고, 적어도 초등·중등 및 고등학
교 교육에 관한한, 상급학교 진학을 위한 준비 공작에 기울어져 있는 것
같다.

이 글에서는 오천석의 생각을 세 가지로 읽을 수 있다.

그 하나는 '홍익인간의 이념은 실체가 없는 표어일 뿐이다.'라는
생각이다. 그럼에도 불구하고 앞서 예시한 글에서처럼 우리 고유의
민족주의를 반영하고 있음을 강조하고 있다. 이는 오천석 개인의
입장과 교육법 기초위원으로서의 입장이 달랐기 때문일 수도 있다.
'홍익인간'을 '고유사상을 반영한 교육이념'이라고 긍정적인 표현
을 쓴 것은 교육법 기초위원의 일원으로서 정리한 것이되, 실제로
는 본인의 의사와는 반(反)했다는 것을 암시하는 것이다.

두 번째는 편지주의(偏知主義)에 사로잡혀 있고, 상급학교 진학
을 위한 준비 공작에 기울어져 있는 것을 지적함으로써,[84] 오늘날
까지 문제가 되고 있는 대학입시가 하급 학교급의 교육을 좌우하
는 현상이 이미 1960년대 초부터 만연되었음을 진단하고 있다.

세 번째는 이러한 지적을 통하여 교육법, 교육이념, 교육목표 등
이 형식적이었으며, 교육현장과는 동떨어진 구호에 그친 면이 있음
을 또한 지적하고 있다.

오천석은 1975년 그의 『교육사상논문집』을 집대성하면서 펴낸
자서전인 『외로운 성주』에서 교육이념으로서 '홍익인간'을 채택한
것에 대하여 긍정적으로 서술하고 있다. 즉 '홍익인간'이라는 사상

---

84) 편지주의(偏知主義)는 지식 위주의 교육을 의미한다. 즉 상급학교 진학을 위한 지식
중심의 교육이 이미 1960년대에 만연했음을 이 글로 알 수 있다.

은 만인을 이롭게 한다는 인도주의적 사상으로서 우리가 지향해야 할 민족주의의 이념과도 부합되는 것이라고 주장하였다. 또 백낙준 박사는 뒤에 이 말을 'Maximum service to humanity'라고 번역한 일도 있거니와, 하나의 이상으로서는 나무랄 데가 없는 것이라고 하겠다고 긍정적인 평가를 내리고 있다.

또한 오천석은 자서전에서 밝히길 교육이념은 항구성을 띤 것이 이상적이긴 하지만 시대성, 즉 시대의 요청을 무시하거나 초월한 것이 될 수는 없다며, 다음과 같이 진술하고 있다(오천석, 1975: 98 - 99).

> 그 당시로서는 최선을 다했지만, 그로부터 4반세기가 지난 오늘날 되돌아보면, 교육심의회 위원들이 구상하였던 민주교육과 민족교육이 더불어 실패하였다. 초기의 '새교육 운동', 그 뒤를 이은 '민족적 민주교육'과 '건국문교', '독립문교' 정책에도 불구하고, 오늘에 남은 것은 '입시준비' 교육뿐인 듯하다. 민주교육은 일시적인 현상에 불과하였고, 민족교육은 심층을 뚫지 못한 구호로 그치고 만 것이다.

오천석은 이 글에서 민주교육과 민족교육이 실패한 것을 우리의 입시교육에서 찾고 있다. 그러나 이덕호는 그 원인을 일제교육을 청산하지 못한 데서 찾는 반면, 한준상은 미국문화 침투의 결과라고 보고 있다.[85]

오천석의 교육이념에 대한 평가가 가장 긍정적으로 기록된 것은 『한국교육이념 탐구』이다. 오천석은 우리나라 건국이념을 홍익인간 사상에 두고 이를 우리가 지향하여야 할 교육이념으로 삼았다

---

85) 한준상은 "미국의 문화침투와 한국교육"(앞의 글, p.597.)에서 우리 교육이 미국문화의 침투에 효율적으로 대처하지 못하였다고 분석하고 있으며, 이덕호의 『친미사대주의 교육의 전개』(도서출판 다음, 2001, p.98.)를 보면 전편에 흐르는 논리가 친미사대주의 교육이 우리 교육의 실패 원인으로 분석하고 있다.

는 사실에 대해 의미를 부여하였다. 오천석의 다음과 같은 주장은 교육이념으로서의 홍익인간이 교육적 타당성이 있음을 밝히고 있다(오천석, 1975h: 198).

> 홍익인간이라는 말이 과학적 정확성을 결(缺)한 고기(古記)에 나타나 있거나, 그것이 건국 초기의 신화적 성격을 띠고 있다는 비난은 문제가 안 된다. 그것이 우리 고전에 명확히 표현되어 있고, 그 사상을 우리 건국이상으로 삼았다는 전설만으로도, 그리고 그것이 남의 것이 아닌 우리의 생각이었다는 점만으로도 족(足)하다.

이와 같이 오천석의 생각이 변화하고 있음을 알 수 있다. 이러한 변화는 세 가지 정도로 볼 수 있다. 첫째는 초기에는 이념의 비과학성을 지적하였으나 시간이 갈수록 긍정적으로 변화하고 있으며, 둘째는 시간이 지나갈수록 홍익인간의 교육이념에는 긍정하나 이를 교육현장에서 구현에는 데 있어서는 문제가 있음을 지적하고 있다. 셋째는 자신이 교육심의회의 교육이념 제정이나 신생 한국 최초의 교육법 제정에 깊이 관여하였기에 반대하기에는 명분이 약하다고 생각했을 것으로 보인다는 점이다.

정리하면 오천석은 홍익인간의 교육이념에 대하여 초기에는 비과학성을 지적하였으나 차츰 긍정적으로 변화하고 있는 것을 알 수 있다. 더구나 『발전한국의 이념탐구』에서는 우리의 고유사상에 그 근거를 두었다고 말하였으며, 더구나 이것이 아직도 외국의 통치에서 완전히 벗어나지 못하였던 미군정하에서, 우리 교육이념으로 삼아졌다는 것은 해방 직후 우리 지도자들의 예지와 민족의식에 의거한 것이라고 하여 높이 평가하고 있다(오천석, 1975h: 198). 다만 그 실천에 있어서 교육이념에 따르지 못하고 있는 현실을 비판하고 있다.

5) 교육이념에 대한 미군정의 영향

교육이념의 제정에 있어 미군정의 영향은 직접적이기보다는 간접적일 개연성이 높다. 『문교사』에서는 교육이념과 교육방침을 수립함에 있어서는 선진 민주국가의 교육목표를 참작하였던 것도 사실이며, 또 신생 민주 국민으로서의 민족의식과 주체성을 고취하려는 의욕이 작용하였던 것도 사실이라고 하여 미국의 영향을 받아 교육이념을 제정하였음을 간접적으로 시사하고 있다(중앙대연구소, 1974: 12 – 14). 즉 선진 민주국가의 교육목표를 참작하였던 것도 사실이며……는 말에서의 선진 민주국가란 '미국'을 의미하며, 결국 미국의 교육목표를 참작하여 수립하였다고 볼 수 있기 때문이다.

당시 군정당국 내부에서는 신속하게 민주주의 교육을 강화하지 않으면, 민주주의와는 동떨어진 민족주의가 대두된다고 하면서 한국의 민족주의를 민주주의와 대립되는 것으로 파악하여 민족주의를 경계하는 경향이 있었다.86) 백낙준 등이 홍익인간의 이념을 보다 서구적 민주주의의 측면에서 해석하려 노력한 것은 이러한 사정을 배려한 듯하다(최경수, 1994: 69). 그러나 우리의 역사적 · 사회

---

86) 동아일보(1947.10.1일자), 과도정부 문교부 고문 언더우드(H. H. Underwood)의 발언 내용 참조. 전명기(1987), 앞의 논문, p.42.에서 재인용.

적 조건보다는 미국식 민주주의라는 막연한 이념으로 해석돼 버린 홍익인간의 이념이 한국교육의 지표가 됨으로써 민족교육의 의미는 상당히 퇴색하게 되었다는 주장이 제기되기도 하였다(전명기, 1987: 42-43).

또한 미군정기 한국 통치의 정치적 목적을 달성하기 위해 교육을 도구로 중시함으로써(강지영, 2001: 40), 미국지향의 교육이념 제정에 어떤 형식으로든지 영향을 끼쳤을 것으로 보인다.

결국 교육이념으로서 홍익인간의 이념은 미국의 영향을 받고, 일제 식민지적 경험과 독립투쟁의 정신, 그리고 외세에 의한 분단으로 민족정신이 결여된 상태에서 인류공영의 실현이라는 것을 내세웠으나, 그 속에는 민족주의 경향보다는 서구 민주주의 교육이념이 내포되고 있다는 것이다(한국교육연구소, 1993: 393-394). 이는 미군정의 영향하에 홍익인간의 교육이념이 제정되었음을 시사하는 것이다.

이상 1절의 논의를 종합·정리하면 다음과 같다. 널리 인간을 복되게 한다는 홍익인간의 교육이념은 1945년 11월 20일에 교육심의회에서 확정되었다. 홍익인간에 대한 긍정적 논리는 건국이념을 계승하고 민주주의 이념이 적용되었으며, 그 당시 우리 교육상황에 맞추어 민주와 민족이 조화를 이룬 교육이념이었다고 평가하고 있다.

이와 다른 주장으로는 홍익인간의 교육이념이 고기(古記)에 근거한 신화적 비과학성과 일제의 팔굉일우와 유사하다는 비판을 받았으며, 미국의 민주주의 이념의 무조건 모방이라는 비판적 평가도 하고 있다.

오천석은 대체로 초기에는 비과학성이라는 입장에 있었으나 차츰 민족과 민주를 조화롭게 표현한 것으로, 우리 고유사상에 근거를 두었다고 긍정론을 표명하고 있다. 그러나 한편으로는 현장 실천에서는 성공을 거두지 못하고 있다고 지적하고 있다.

미군정은 홍익인간의 교육이념에 직접적인 영향을 끼치지는 않았지만, 민주주의 이념에 바탕을 둔 교육이념이 제정되기를 희망하는 메시지를 전달하는 것으로 '간접적인 영향력'을 행사하였다. 그 결과 민족적 자주성을 결핍한 교육이념이 제정되었다는 비난도 제기되었다.

2. 국립서울대학교의 설립

국대안(國大案)은 1946년 7월 13일 문교부에서 국립서울대학교 설립안을 발표하면서 표면화되기 시작하였다. 당시의 다른 교육정책의 경우에는 대체로 '조선교육심의회' 내에서 격렬한 논의나 쟁론을 거쳐 확정되었으나, 국대안의 경우에는 '한국교육위원회'나 '조선교육심의회'의 논의 없이 발표되고, 1년 동안 국내 질서유지가 어려울 정도의 혼란을 거쳐 서울대학교를 설립하였다.

여기서는 다른 정책에 비하여 온 나라가 혼란할 정도로 문제화됐던 이유를 알아보고, 국대안 입안에서부터 안정을 되찾을 때까지의 과정에서 나타난 쟁점 및 해결과정, 이 와중에서 오천석의 역할은 무엇이었는지에 대하여 분석한다.

1) 국대안 기본 내용 및 추진과정

국대안의 기본 골격은 경성대학과 서울 근교에 있는 관립전문학교를 통폐합하여 국립서울대학교를 신설하는 것이었다. 이 안은 대학 관련자와 학생, 교수의 반대에 부딪혔으며, 좌익세력이 가담하는 등 1년여의 혼란과정을 거쳐 추진되었다. 국립서울대학교 설립을 위한 기본 골격과 이를 추진하는 과정을 살펴보기로 한다.

먼저, 국립서울대학교 설치안이란 무엇인가? 미군정과 오천석은 국대안을 발표하기 전에 유사기능을 가진 둘 또는 세 개의 대학으로 하여금 통합을 권장·추진하였으나 실패하고, 급기야는 국대안을 추진하게 된 것이다. 국대안의 핵심 내용은 다음과 같다(오천석, 1975d: 39 - 41; 교육부, 1998: 47 등에서 요약).

- 국립서울대학교 설치안 (국대안) 공표 (법령 102호, 46.8.22)
- 추진세력: 미군정 학무국, 미군정 한인 관료
- 추진목적: 일제 잔재 청산, 대학운영의 효율성 제고, 종합대학 체제 확립
- 주요내용
- 종합대학교의 설립
  · 경성대학(법문학부, 의학부, 이학부)+9개 관립전문학교(경성법학, 경성경제, 경성치과, 경성이학, 경성광산, 경성사범, 경성여자사범, 경성공업, 수원농림)=국립서울대학교(1개 대학원, 9개 단과대학)
- 대학운영 이사회의 조직: 인사권과 재정권의 관할

국대안의 기본 내용은 경성대학과 9개 관립전문학교를 통합하여 1개 대학원과 9개 단과대학 신설을 주요 골자로 하고 있다. 대학의 인사권과 재정권을 관할하는 이사회를 둔다는 점도 특징적이다.

그렇다면 이와 같은 국대안은 어떤 과정을 거쳐 추진되었는가? '국대안'은 당시 미군정 문교부 차장이었던 오천석의 발의, 라카드와 군정 문교부장이었던 유억겸의 동의 및 러치(Lerch, A. L.) 군정장관의 동조로 계획된 것이다(문교부, 1988: 74).

국대안 추진과정을 서울대학교 홈페이지에서 검색한 「국대안 사건일지」, 손인수의 『미군정과 교육정책』, 송덕수의 『광복교육 50년 - 미군정기 편』, 그리고 오천석의 『한국신교육사(하)』를 중심으로 정리하여 보면 다음과 같다.

1946.07.13. 국립서울대학교 신설을 문교부에서 발표
1946.07.21. 경성공업전문학교 대경학생회 반대성명
1946.07.31. 조선교육자협회 반대결의대회
1946.08.22. 러치 군정장관 군정법령 제102호로 국대안 공포[87]
1946.09.17. 좌익계 교수 주축 '교육자 공동대책위원회'가 반대성명 발표
1946.09.18. 입학식 거행
1946.12.18. 국대안 반대 등교 거부로 문리대, 상대, 법대에 휴교령
1947.01.12. 소련공산당 남로당에 국대안 반대 지령, 맹휴(盟休) 학교 증가
1947.02.09. 각 단과 대학 대표들이 건설학생회 조직, 좌익 맹휴에 반대
1947.05.06. 국대안법 개정(이사회 조항 등 조정)
1947.05.24. 9개 대학장회의 개최하고 제적학생 복학 대책 수립
1947.06.13. 맹휴 문제 일단락, 이사회에서 제적학생 무조건 복교 결정
1947.07.11. 제1회 졸업식
1947.08.14. 국대안 반대학생 무조건 복교(문리대 21명 외 3,497명)
1947.08.   조선교육자 간부 체포령 등으로 좌익세력 약화
1947.10.25. 이춘호 씨 총장 선임으로 분규 일단락

---

87) 국대안 발표일에 대하여 오천석의 한국신교육사(하)에는 46년 8월 27일로, 서울대 홈페이지에는 8월 22일로 기록하고 있다. 손인수의 미군정과 교육정책에는 8월 22일로 기록하고 있으며, 교육부의 한국교육50년사에서도 8월 22일로 기록하고 있다. 따라서 오천석의 8월 27일은 착오인 것으로 보인다.

국대안의 핵심문제는 이사회와 한국인 총장 임명이었는데, 이 문제가 이사회의 구성을 대학 구성원으로 대체하고, 한국인 총장을 임명하는 등 하지의 지시와 관여로 해결되자 국대안 파동은 끝을 맺게 되었다.

2) 국대안에 대한 미군정의 역할

국대안은 당시로서는 엄청난 사건이었다. 많은 기록에서 오천석이 입안하고 미군정의 동의를 받아 추진하였다고 기록하고 있다. 그러나 다른 연구에서는 이와는 다른 측면에서 미군정의 역할을 강조한 논문들이 발견되고 있다. 국대안에 대한 미군정의 역할은 무엇이며, 어떤 영향을 미치고 있는지에 대하여 계획에서 추진에 이르기까지의 내용을 중심으로 살펴보자.

첫째, 국대안 계획 단계에서의 미군정의 역할에 대한 논거들을 종합하여 국대안의 기본 계획 수립에 끼친 미군정의 영향을 파악해 본다.

먼저 『교육10년사』에서는 서울대학교 설립은 원래 일제(日帝)시에는 없는 제도였으나 '미국의 학제에 따라 이를 설치하자는 것'으로 보고 있다(문교부, 1960: 89). 그렇기 때문에 미국을 적대시하는 좌익계열에서 방관할 리가 없다고 보고 있는 것이다.

강명숙은 종대안(宗大案)과 국대안(國大案)을 구분하여 논하고 있다.[88] 즉 국대안의 최초 발의시기를 추정하면 1945년 9월에서

---

88) 강명숙은 1946년 7월 13일 발표된 국립서울대학교 설립안을 국대안이라고 보았다. 이

11월 사이에 발의되었다고 보고 있다(정태수, 1995: 334). 그러나 다른 주장에 의하면 국대안의 원형이 된 종대안이 동년 12월경 학무국에서 고등교육업무를 담당하고 있던 한 미군 장교에 의하여 계획되었다고 기록하고 있다(이길상, 1999: 37). 이 계획은 서울대학장으로 일하고 있던 한 미군장교에 의하여 이루어졌는데 이 장교에게 전적으로 맡겨진 일이 미국식 대학에 기초를 둔 종합대학을 설립하는 것이었으며, 이런 점에서 이 계획이 국대안의 원안이 되었다는 것이다.

미군정기 각종 기록을 분석해 보면 어느 기록에도 종대안이 국대안의 기본이 되었다는 내용은 찾을 수 없다. 따라서 종대안의 내용적 특징이나 종대안의 계획자 및 계획시기, 그리고 학무국내 미국인 관료들의 분위기 등을 종합적으로 고려해 볼 때, 종대안은 신학제 실시에 따른 후속조치의 성격을 띠므로 행정적 편의에 입각해 계획된 종합대학 설립안이라고 볼 수 있는 것이다. 결국, 종대안은 그대로 시행되지 못하였고 대신 국대안으로 변경되어 시행되었다(강명숙, 2002: 177). 따라서 국대안을 구상하는 단계에서 종대안이 참고 자료가 될 수는 있었어도 국대안이 종대안의 연장이었는지의 여부를 판단하기는 쉽지 않다.

그러나 다른 연구에서는 이와 같은 논의와는 다른 분석을 하고 있다. 최혜월은 국대안 정책을 추진한 교육 주체 세력들이 친미보수주의적 이념 성향을 가졌다고 지적하면서 다음과 같이 해석하고 있다(최혜월, 1986: 42 – 43).

에 비해 경성대학을 확장하여 7개 단과대학을 가진 종합대학을 건설한다는 안을 종대안으로 구분하고 있다. 강명숙(2002), 미군정기 고등교육 연구, 앞의 논문, pp.87 – 88.

국대안은 미군정 당시의 재정적 결핍, 시설과 자원의 부족, 교수진의 부족 등의 현실적인 난제들을 풀어 보기 위해 구상된 정책이기는 하지만 당시의 교육 실정과는 유리된 정책이었으며, 국대안의 이면에는 미군정의 지배 이데올로기가 관련되어 있다.

즉 미군정의 지배 이데올로기의 확산을 통한 친미적 교육문화를 형성하고, 장기적으로는 친미적 정치구조를 이루려는 미군정의 의도가 깔린 것으로 보는 것이다.

이길상 역시 국대안에 대해 비판적 입장을 견지한다. 그는 국대안이 학무국 한인 직원에 의하여 구상되고 미국 측은 수동적 위치에 있었다는 오천석의 주장에 대해 다음과 같이 비판하고 있다(이길상, 1999: 36).

한국교육사에 있어서 국립서울대학교의 설립이 갖는 역사적 의미에 대한 긍정적 평가, 그리고 미군정하에서의 교육부문의 상대적 자율성 등을 바탕으로 한 이 주장은 구체적 사료에서 기초해서 볼 때 역사에 대한 의도적 왜곡이거나 아니면 몰이해라고 할 수밖에 없다.

이길상은 국대안이 미군정청 미국인 관리에 의해 최초로 만들어졌고 이의 추진과정을 한인 직원이 담당했던 것으로 보고 있다(이길상, 1999: 37). 즉 1946년 보고서에 의하면,[89] 1945년 12월 12일 서울대학의 총장으로 있던 한 미국인 관리가 대학의 전체 업무를 총괄하면서[90] 시작한 첫 번째 활동이 미국대학을 모형으로 한 종

---

89) History of Bureau of Education, 11 Sep. - 28 Feb. 학무국의 초기 활동 기록인 이 문서의 작성일자는 분명치 않으나, 통상적인 보고 관례로 볼 때, 46년 3월 하순 정도에 작성된 것으로 보인다. 이길상(1992), 『해방전후사 자료집2』, 원주문화사, p.120.

90) Alfred Crofts였을 것으로 짐작된다. 그는 서울대 총장을 거쳐 46년 2월 20일 전후까지 학무국에서 고등교육에 관한 업무를 총괄하면서 국립종합대학안을 기획했던 것으로 짐작된다. 이길상(1999a), 미군정기 교육재정의 실태, 손인수 교수 정년기념 논문,

합대학안을 작성한 것이었으며,[91] 이것이 국대안의 모형인 것으로 보고 있다.

이를 정리하여 보면 크게 네 가지로 나누어 볼 수 있다. 첫째는 국대안은 미국의 제도를 모방하였다. 둘째는 미국인에 의한 종대안이 있었는데 이것을 오천석이 국대안으로 변경·시행하였다. 셋째, 국대안은 한인 교육주도세력에 의해 입안되었는데 거기에는 친미적 교육문화 구축이라는 미군정의 의도가 깔려 있었다. 넷째, 국대안은 미군정 관리가 입안하고 한국인 관리들은 실천하는 역할만 맡았다는 것이다.

둘째, 국대안 추진과정에서의 미군정의 역할에 대하여 알아보자. 오천석은 국대안을 강력하게 시행하였다. 그러던 어느 날 군정장관의 급히 만나자는 연락을 받고 그를 만났다. 군정장관이 다소 양보함으로써 사태를 수습할 방법이 없겠느냐고 물었다. 이때 오천석은 사표를 내어 놓으면서 후퇴할 수 없음을 강력하게 주장하였다. 러치 장군은 다소 놀라는 표정으로 끝까지 스탠바이할 터이니, 잘 해 보시오고 하면서 동요되었던 태도를 바로 하고 공동 투쟁할 것을 다짐하였다(오천석, 1975j: 104 - 105).

여기서 우리는 몇 가지 사실을 시사받을 수 있다. 먼저 국대안 반대 투쟁이 미군정의 치안유지에 영향을 미칠 만큼 강력하고 광범위하게 벌어졌다는 것, 이에 따라 미군정에서는 다소 후퇴하는

　　한국교원대학교, p.37. 주 참조.

91) 이길상(1999), 위의 책, pp.36 - 37. 이와 똑같은 기술이 안귀덕 외(1995), 『한국근현대교육사』, 한국정신문화연구원, pp.349 - 350.에도 기록되어 있음.

방향으로 검토하였으나 오천석의 '사표'라는 강력한 반발에 의하여 지속적으로 추진할 수 있었다는 점이다. 그리고 미군정의 지지를 재확인한 오천석은 그 이전보다 강력하게 국대안을 밀고 나갈 수 있었다는 점이다. 즉 오천석은 국대안 추진에서 미군정이라는 든든한 우군(友軍)의 지원을 받았던 것이다.

그럼에도 불구하고 맹휴(盟休)를 비롯하여 대학 소요가 그치지 않자 러치 장군은 '대책 강구'를 지시하였다. 즉 1947년 2월 13일 법률 102호 조항 중 이사 및 총장에 관한 조항을 개정하도록 군정청 각부처장 회의에서 문서로 지시하였다(안귀덕 외, 1995: 364). 이 지시에 따라 동년 2월 14일 상오부터 열린 문교부와 서울대학교 학처장 연석회의에서 '맹휴요구조건에 대한 처리안'을 결정하였다. 처리안의 핵심은 이사회의 구성 건이었는데, 결정내용은 군정장관 부탁으로 정식 정부가 서기 전(前)이나, 정식 이사회를 10명으로 구성하고 그 선택방법을 수정함으로써 이사회가 관료적이고 독선적인 행동을 할 수 없게 만들었다(송덕수, 1996: 287).

다음 날 오천석 차장은 그 전날 회의 결과를 발표하면서, 이사회 추천 방식을 서울대학교 부처장회의에서 결정하면 입법의원의 비준을 받아 수정하겠다는 내용을 공표하게 된다. 한 걸음 물러선 것이었다. 다만 이렇게 하는 것이 문교부의 독자적인 의견이기보다는 미군정의 의견을 수렴하였다는 것도 함께 언급하였다. 즉 이번 군정장관 부탁으로 개선하기로 하였다는 것이다. 물론 명령이나 지시라는 용어는 사용하지 않았으나, 미군정의 강력한 권고에 의한 것임을 암시하고 있다.

동년 2월 17일, 러치 장군은 입법의원으로 하여금 법률 제102호

수정안을 토의하여 줄 것을 요구하였고, 입법의원의 건의라는 형식을 빌려 군정청 법령 102호는 1947년 5월 6일 과도정부 법률 제1호로 제정·공포되었다. 과도정부 법률 제1호는 군정 법령 제102호의 제7조를 개정한 것으로, 그 내용은 문교부장을 이사에서 제외하는 대신 이사는 서울대 부차장 회의에서 추천하고 군정장관이 임명하도록 명시하고 있다. 그러나 이사 임명과정에서는 남조선과도입법의원의 승임(承任)을 반드시 얻도록 했으며 이사장의 임기는 6년에서 2년으로 단축하였다. 또 군정 기간 동안 잠정적으로 설치·운영키로 되어 있던 임시 이사회에 관한 사항은 전면 삭제하였다(송덕수, 1996: 296). 이 결과 오천석을 비롯한 교육주도세력들이 시도하였던 것으로 알려진 대학 장악 의도는 다소 완화되었고, 상대적으로 서울대 부처장의 권한이 증대되었다. 이와 같은 조정 작업을 러치는 적극적으로 수행하였던 것이다.

이규환·강순원은 국대안에 대해 미군정 관계자들이 미국식 종합대학을 서둘러 추진하려 했던 것이라고 비판하고 있다. 그는 국대안에 대한 반대운동을 정치적인 좌우이념 대립의 상황에서 교육계에 조명된 좌우 이데올로기 대립이 국대안을 둘러싸고 나타난 투쟁이라고 주장하고 있다(이규환·강순원, 1984: 374·375). 따라서 이 주장에 따르면 좌우이념이 대립하는 가운데 대학에서 좌익을 몰아내기 위한 방편으로 국대안을 추진했다는 논리가 가능하다. 미군정이 이러한 입장이었다면, 오천석이 추진했던 국대안을 적극적으로 지지했을 가능성이 매우 높다고 할 수 있다.

이와 같이 국대안 추진과정에서의 미군정의 개입은 비교적 적극적이었다. 그 시기는 1947년 2월 이후로 400여 개가 넘는 학교가 맹휴에 들어가는 등 치안유지가 어려울 정도로 혼란이 계속되었기 때문이었다. 미군정은 국대안을 개선하여 수습하기를 제안하였으나, 오천석은 '사표'로 맞섰다. 그러나 군정장관의 '대책 강구'를 지시받았고, 오천석은 '군정장관 부탁'으로 이사회에 관한 내용을 개정함으로써 학원은 서서히 안정을 찾게 된다. 여기서 혼란 사태 수습을 위하여 미군정의 적극적인 개입을 발견할 수 있다.

또 다른 견해는 학교 교육체제 재편은 미군정의 개입을 통하여 완성되었다고 보는 관점이다. 미군은 점령 직후 친미적인 교육계 인사들을 앞세워 교육제도와 내용·방법까지 빠른 속도로 미국화 시킴으로써 미국식 민주주의 보급이라는 정치사회화 작업을 수행하였다고 보는 것이다(한국교육연구소, 1993: 370).

이상을 정리하면 다음과 같다. 국대안 입안 과정에서의 미군정의 역할은 미국제도의 모방, 오천석이 미군이 준비했던 종대안 모방, 오천석이 입안은 하였으나 미국의 지배이데올로기 반영, 미군정 관리가 입안하고 오천석은 실천 등 네 가지 분석이 성립되고 있다. 여러 정황으로 보아 미군정이 적극적으로 개입하지는 않았지만 또 반대하였다는 기록도 없다. 미군의 입장에서는 좌익세력을 축출하고 미군정의 교육문화가 지배하게 될 국대안을 추진하는 오천석을 소리 없이 지원했을 가능성을 배제하기 어렵다.

그러나 국대안 추진과정에서는 미군정, 특히 러치 장관은 적극적으로 개입하였다. 개입 요인으로는 치안이 매우 불안하여 개입하지 않으면 안 될 지경에 이르렀기 때문이다. 러치는 국대안 중에서 가장 문제가 되었던 이사회와 총장 문제를 부처장 회의에서 건의하는 방법으로 문제를 해결하였다. 즉 미군정은 국대안 설립 진행과정에도 적극적으로 개입하였던 것이다.

3) 국대안에 대한 긍정적 논리

국대안 발표 이후 찬성하는 세력과 반대하는 세력 간에 극심한 대립과 투쟁이 지속되었다. 국대안에 대한 긍정론은 대체로 교육당국의 문교기록과 오천석의 저서에서 확인해 볼 수 있다. 그렇다면 국대안 발의에 대해서는 어떤 긍정적 논리가 있는지 살펴보기로 한다.

국대안은 오천석이 발의하였다는 기록은 많이 있으며, 오천석 스스로도 자신이 국대안을 발의하였다고 주장하고 있다.

다음 연구자들은 '오천석 발의설'을 입증하고 있다.

우선 김기석은 국대안은 조선학술계를 대표할 거대한 종합대학의 설립 필요성에 의하여 몇 주일에 거쳐 구상을 다듬어 오천석이 상사인 유억겸 부장에게 제의하고 라카드의 즉각적인 동의를 얻어 발의하였다고 주장하고 있다.[92] 또 강명숙도 국대안은 1946년 3월경 오천석에 의해 발의되었는데, 국대안이 추진된 이유는 일제 잔재 청산, 정부재정의 효율적 사용, 종합대학의 교육적 이점, 학교

---

92) 김기석(1996), "해방 후 분단국가교육체제의 형성", 『사대 논총』 제53집, 서울대학교 사범대학, p.6.

운영에서의 패권주의 극복 등이었다고 분석하면서, 오천석의 발의설에 동의하고 있다(강명숙, 2002: 177-178). 『문교사』에서도 국대안의 조직에 관한 설계는 발의자인 문교차장 오천석에게 맡겨졌다. 오 차장에게는 이미 복안이 있었던 터라고 기술하고 있다(중앙대연구소, 1974: 1).

오천석 자신이 국대안 입안자라는 진술을 여러 저서에서 기록하고 있다.

> 국대안이란 우리나라의 고등교육기관을 재건하려는 시도의 일환으로 나의 발상에 의하여 제기된 것이다. 이 안의 이유와 구상을 자세히 들은 유억겸 선생은 혼연히 동의하여 주었다(오천석, 1975f: 401-402).

> 우리나라에 우리나라를 대표할 만한 최고학부를 세우고 싶은 욕망이었다. 종합 대학안을 마음에 두고 몇 주일에 걸쳐 구상을 더듬어 보았다. 마침내 나는 발의할 때가 왔다고 생각하고 상사였던 유억겸 부장에게 이를 제의하였다. 유억겸은 즉시 찬의를 표하여 주었다. 라카드 대위도 우리의 복안에 동의하였다. 일의 중대성에 비추어, 우리는 군정장관인 러치 장군을 찾아 그의 동조를 요청하였다. 그 역시 찬동하여 주었다(오천석, 1975j: 99).

이러한 기록은 국대안이 오천석 개인의 구상과 발의에 따라 계획되었다는 주장을 뒷받침하는 것이라 할 수 있다. 오천석은 국대안이 발의되어야 했던 불가피한 이유를 다음과 같이 들고 있다(오천석, 1975j: 99-100).

> 같은 국가의 재원(財源)으로 동일한 성질의 교육을 하는 기관이, 이중 또는 삼중으로 있을 필요가 없었다. 또 극심한 인적 자원의 부족현상이 나타나 어려움이 크다. 그리고 프랑스의 파리대학, 독일의 베를린대학, 중국의 북경대학에 비견할 만한 명망 높은 대학을 가지고 싶은 생각이 있었다.

결국 오천석은 당시 상황에서 고등교육기관의 재정적·인적 문제 해결의 최적방안으로 국대안을 발의한 것이다. 그리고 다른 한편으로는 선진(先進)의 대학 육성에 대한 희망을 국대안에 반영하고 있었던 것이다.

오천석이 국대안을 발의한 이면에는 또 다른 이유가 있었다고 볼 수 있다. 즉 해방이 되고, 일본인이 돌아가자 한국인 하부직원과 연고자 및 졸업생들을 중심으로 자치회가 조직되어 학교 재산을 관리하는 경우가 늘어났다. 이후 자치회들은 학교 운영권까지 주장하고 어떤 학교의 경우에는 학무국에서 임명한 학교책임자의 취임을 거부하는 태도를 보이기도 하였다. 이는 종래 연고자나 자교(自校)졸업자로 학교를 운영하려는 배타적인 색채를 보이는 것이기도 하였다(오천석, 1975d: 38). 따라서 오천석은 국대안 발의를 통하여 배타적인 권력행사를 시도하는 학교자치회를 무력화시키려는 의도를 포함하고 있었던 것이다.

한준상·김성학도 오천석의 발의론에는 동조하면서도 다른 논리를 전개하고 있다(한준상·김성학, 1990: 118 – 119).

> 미군정 학무국 한국인 관료 나름대로 미국무성이나 미교육국의 교육적 지시가 결여된 상황을 최대한 이용해서 내린 결정 중의 하나가 바로 국립 서울대 설립안이었다. 국립 서울대 설립안은 1946년 7월 13일 전격적으로 결정 발표되었다. 이 결정의 성격을 이해하기 위해서는 몇 가지 짚고 넘어가야 할 부분이 있다. 라카드는 고등교육제도를 본격적으로 미국교육제도에 기초해서 결정하기로 한 사람이었으며, 신임 피텐저(A. O. Pittenger) 학무국장 역시 같은 생각을 갖고 있었다. 미국에는 국립대학제도가 없다는 점과 '한국교육위원회'나 '조선교육심의회'가 국대안을 발의한 적도 없었다는 점에 주목해야 한다.

이 글을 보면, 국대안은 미군정 관계자들의 복안과는 전혀 관계가 없다는 이야기가 된다. 오천석에게는 국대안이 미군정 문교부에서 공식적으로 논의되기 전에 이미 상당한 복안을 가지고 있었던 것이다. 그러나 미국에도 없고 교육심의회에서도 논의된 바 없는 국립대학안을 들고 나온 것으로 보아 오천석 개인의 복안이었을 것으로 보고 있다(한준상·김성학, 1990: 118-119). 왜냐하면 그 당시 교육주도세력이 주로 사립학교 관계자들이었다는 점에 관심의 초점을 맞춘다면, 교육주도세력의 입장에서는 국대안을 반대했을 개연성이 높기 때문이다. 오천석의 입장에서는 국대안으로 국립대학교가 발전하게 되면 상대적으로 피해를 보게 될 '사립학교와 관계 있는 교육주도세력'과는 논의하지 않고 독자적으로 추진했을 가능성을 배제할 수 없다.

그렇다면 오천석의 입장에서 국대안의 논거는 과연 무엇이었는가를 살필 필요가 있다.

오천석의 고등교육구상은 처음에는 개별 통합이었다. 그러나 이 노력이 실패하자 전체통합으로 선회하였던 것이다. 오천석은 부분통합을 주선하면서 경성대학 의학부와 경성의학전문학교 책임자를 불러 통합을 종용하였으나 실패하였다. 이 경험으로 당사자들의 합의를 통한 학교통합이 불가능하다고 판단한 오천석은 비록 비민주적 수단이기는 하지만 문교부가 독자적으로 이를 결행하는 도리밖에 없다는 결론을 내렸다(오천석, 1975j: 101).

이후 오천석은 통폐합 방법을 취할 것이냐 신설하는 방법을 취할 것이냐를 두고 논란을 벌인 끝에 과거의 전통과 기득권, 그리고 일제의 유물과 전통을 깨트리고 새로운 이상을 구현하기 위하여 신설하기로 결정하고, 1946년 7월 13일 문교부 출입기자를 불러 이 안을 발표하기에 이르렀다.

여기서 신설이라는 용어의 의미가 깊은데 통폐합과 통합신설과는 그 뜻이 다르기 때문이다. 국대안 추진세력은 애당초부터 통합하여 신설하는 것으로 추진하였는데, 그 첫 번째 의도는 일제의 전통을 이어 가지 않겠다는 것이며, 두 번째는 구대학이나 전문학교는 폐지하고 새로 국립대 신설을 통하여 교수와 직원을 재임용하는 절차가 있게 되고, 이때에 소위 학문적 무능력자나 좌익계열의 인물들을 제거하려는 의도가 있었던 것이다. 이 외에도 새로운 이상과 구상으로 새롭게 출발하는 것이 우리 교육의 장래를 위해 옳다고 생각했을 것으로 판단된다(오천석, 1975j: 102 - 103).

당시 문교부가 내세운 개편의 또 다른 이유도 주목할 만하다(오천석, 1975d: 40 - 41).

> 현재 각 학교가 분립하여 수용할 수 있는 학생 수보다 배(倍)를 더 많이 수용할 수 있는 동시에, 교육의 질을 높일 수 있을 뿐만 아니라, 종합대학을 신설함에 따라, 각 학교의 기존건물과 설비를 최대한 활용할 수 있다는 장점이 있고, 교수(敎授)와 기타 전문기술자를 최대한으로 활용할 수 있으며, 국가재정상으로 보아 합리적인 이익이 있다.

요컨대 국대안 발의 논리는 재정의 효율적 사용, 극심한 인적자원 부족현상, 명망 높은 대학 설립 희망, 일제 잔재 청산, 종합대학의 교육적 이점, 학교 운영에서의 패권주의 극복 등에 있었다.

그리고 각 대학을 통합 신설하게 된 또 다른 이유는, 과거의 전통과 기득권, 그리고 일제의 유물과 전통을 깨트리고 새로운 이상을 구현하기 위하여 신설하기로 하였던 것이다. 여기에는 일제의 전통을 이어 가지 않겠다는 것, 직원을 재임용하는 과정에서 학문적 무능력자나 좌익계열의 인물들을 제거하겠다는 의도도 반영되어 있었다.[93] 이와 같이 통합신설과 통폐합이라는 용어의 선택은 당시로서는 상당한 정치적 배경이 깔린 선택이었으며 이는 용어의 선택에 따라 국대안 시행방법과 과정 및 결과가 다르게 나타나기 때문이었다.

4) 국대안에 대한 비판적 논리

국대안이 발표되자 찬성보다는 반발과 투쟁이 이어지고, 1년간 혼란이 거듭되었다. 오천석을 중심으로 하는 한국인 교육주도세력과 이에 반대하는 세력 간의 이해관계가 첨예하게 대립하고 대학을 비롯한 학원은 맹휴, 휴교, 제적 등의 혼란에 빠지게 되었다.
국대안을 반대하는 세력이 제시한 비판적 논리를 살펴보자.

1946년 7월 13일, 오천석은 기자들을 모아놓고 국대안을 발표하였다. 이에 반대운동이 일어났다. 이러한 반대운동에 담긴 핵심 주장은 학생 수용능력이 축소될 것이라는 우려와 통합으로 인하여 교수의 수가 줄어들면 교육의 질이 저하된다는 것이었다. 이에 대해 오천석은 어불성설이라고 부인하였다. 오히려 진정한 반대 이유

---

93) 오천석은 이 부분에 대하여 다음과 같이 말하고 있다. "소수의 무능력한 교수들은 그들이 기득권을 상실을 염려하였고, 좌익교수들은 그들이 대학으로부터 제거될 것을 두려워하였던 것이다." 오천석(1975j), 위의 책, p.103.

는 다른 데 있다고 보았다. 즉 대학의 교수는 자신의 지위를 이용하여 학생들에게 좌익운동을 하고 있었는데, 종합대학이 신설되는 경우 자신들의 재채용이 불가능하다는 판단에서 반대운동을 펴고 있다고 생각하고 있었다(오천석, 1975j: 102 - 103).

국대안을 접한 각 정파의 초기 반응은 대체로 우려와 부정적인 입장을 표명하면서도 합리적으로 해결되기를 바라는 정도였다. 이러한 입장 내지 태도는 당시 정치적 입장을 불문하고 대개 비슷하였던 것 같다. 그러나 시일이 지남에 따라 국대안에 대한 각 정파의 반응은 정치적 입장에 따라 상반된 반응을 나타내게 된다. 특히, 좌익 측에서는 국대안을 문교부의 독단, 비민주적인 행정 운용, 대학의 관제화 등을 도모하고 전제적 교육안으로서 조선의 학문 발전을 억누르는 결과가 있을 것이라고 주장하였다(김용일, 1994: 140 - 141). 그러나 당시의 우익정당인 한민당은 국대안에 대하여 찬성을 표시하였다. 선전부 이름으로 발표된 성명을 보면, 국대안에 대한 반대 내지 반대세력은 기득권을 유지하려는 행위임과 동시에 대학의 특권을 유지하려는 세력의 행동으로 규정하고 있다(심지연, 1882: 219 - 220).

1947년 봄이 되자 좌익의 투쟁은 더욱 결렬해져서 초등학생까지 국대안을 거부하고 시위에 가담하는 등 사태가 더욱 악화되었다. 서울대학교의 각 단과대학의 동맹 휴학, 직원과 교수의 반대 결의 후 사퇴서 제출, 조선교육자협회 소속 교사들의 총궐기 성명, 정당·사회단체 대표들의 '국대안대책협의회' 결성 및 성명서 발표 등으로 사회혼란이 극에 달하였다. 이에 러치 군정장관은 동년 2월 6일 부처장 회의를 긴급 소집하고 국대안에 대한 별도의 방안을 논의하였다. 이날 부처장 회의에서는 서울대학교 이사회의 이사 선택방법과 총장을 조선인으로의 교체하는 것이 문제해결의 실마리라는 점을 깊이 인식하고, 이를 문교부 수뇌부와 서울대 학처장급 간의 협의를 거쳐 대책을 강구토록 하였다(송덕수, 1996: 287).

국대안과 관련된 일련의 과정을 통해 우리는 다음과 같은 특징을 발견할 수 있다. 그 하나는 국대안이 발표된 것이 1946년 7월이었는데 1947년 2월까지도 미국인 총장을 유임시키고 있었다는 점이다. 이는 국대안으로 미군정청이 한국의 고등교육을 장악함으로써 미국식교육제도를 정착시키려는 의도가 있었고 이러한 미국의 의도에 오천석을 비롯한 당시의 한국인 관리들이 동의하고 있었던 것은 아닌지 의구심이 가는 점이고, 또 하나는 미군정청이 국대안으로 인한 문제점을 제대로 인식하고 문제 해결방법에 대한 유연성을 지니기 시작했다는 점이다. 즉 서울대학교 이사회의 이사 선택방법과 총장 교체 문제를 혼란 해결의 실마리로 인식하기 시작하였다고 보는 것이다.

국대안은 광범위한 반대여론과 1여 년에 걸친 교수·학생의 반대 투쟁이 전개되었지만, 결국 1천여 명의 학생과 380여 명의 교수가 학교를 떠난 채[94] 이사회 개편과 미국인 총장의 경질 등과 같은 지엽적인 보완을 거쳐 미군정의 의도대로 관철되었다.

국대안 설립과정에서의 반대 논리의 핵심은 이사회의 구성이었다. 즉 이사회 구성을 통해 대학을 장악하려고 한다는 데 있었다. 특히 초기의 임시이사회 구성원이 미군정청 관리로 되어 있었으므로 기득권자나 무능력자, 좌익인사들은 당연히 불안하였을 것이다.

---

94) 이종태(1985), "미군정기 국대안의 문제와 재음미", 『민중교육』 2 , 푸른나무, p.218.

이러한 불안이 맹휴를 비롯한 투쟁의 수위를 높이는 요인이 되었을 것이다.

또 다른 비판은, 이사회 지배를 통해 대학을 장악하고, 대학자치권을 박탈하려는 의도가 있다는 비판이다. 이에 대해서는 앞에서도 논의했지만 국대안 반대 논리의 핵심은 문교부의 대학장악 의도에 있었고, 그 핵심에 이사회가 있었다고 보는 것이다.

국대안이 발표되자, 국대안 반대투쟁5인소위원회를 구성하고 대학별로 투쟁위원회를 구성케 하였다(이길상, 1999: 44). 9월에 접어들자 등록거부, 등교방해, 동맹휴학, 시위 등이 빈번해지고 각 대학별로 결의문을 발표하는 등 국대안 반대 투쟁은 더욱 치열해 갔다. 이때 발표된 결의문 중에서 국대안 이사회를 반대하는 문항은 모든 결의문에 제시되어 있었다(송덕수, 1996: 278 - 279).

『교육50년사』에서는 특히 '대학자치'라는 문제에 관심을 보이고 있다. 미군정은 대학운영을 학무국의 영향하에 두려 하였고, 당시 각 대학에서는 대학자치를 허용할 것을 요구한 것이 결국 국대안에 대한 찬반으로 나타난 것이다. 특히 일제의 대학운영 방식에 적응되어 있던 당시의 대학 구성원들에게 '이사회'라는 조직은 생소했을 뿐만 아니라 대학을 장악하려는 기구로 인식하고 있었다.

국립서울대학교 설치 계획 중에는 대학의 의사결정 기구로 이사회를 구성한다는 내용을 포함하고 있었다. 여기서 중요한 것은 민선 이사회가 조직될 때까지 군정기간의 잠정적 조치로 미군과 한국인의 문교부장, 문교부 차장, 고등교육국장 등 6명으로 구성된 임기 6년제의 임시이사회를 두며 그 아래에 총장, 부총장, 사무국을 둔다는 조항이었다(송덕수, 1996: 261 - 262). 아울러 이사회의 권한에 대한 설명으로 이사회는 대학의 자주성과 학문의 자유를 보장하기 위해 최고 정책결정기관으로서 민간인으로 구성한다고 설명하고 있다.

이에 대한 반발로 7월 21일, 경성공업전문학교의 재경학생회, 경성대 의학부, 조선교육자협회 등에서는 학원의 자주권을 탈취하고 학원의 민주화를 유린하는 것이다고 하여 강한 반발을 하였다(안귀덕외, 1995: 360; 송덕수, 1996: 270).

국대안에 대한 사회 각계각층의 반대가 드세지자 동아일보와 서울신문은 국립서울대학교의 재편성을 기도한 문교부의 방안은 그 윤곽과 내용이 후련하므로 앞으로 그 추진에 대한 기대가 많다. 그러나 대학의 운영기관으로 소수의 이사회를 구성하여 그 운영을 일임하게 되면 그 이사회의 권한이 과대하여 그 운영상 폐단을 예상할 수 있다고 하여 국대안 자체에 대해서는 찬성하고 있으나, 이사회에 대해서는 염려를 하고 있다(한준상·김성학, 1990: 121).

문교부는 국대안 중에서 특히 임시 이사회 구성에 불만의 소지가 많다는 것을 직감하고 이의 설득작업에 총력을 기울였다. 그리고 유억겸 문교부장은 1946년 8월 1일, 국립서울대학 이사회의 이사 임명에 대해 임시로 군정관리가 일하게 된다고 해명하였으나, 이는 말 그대로 해명에 그치고 말았다.

결국 그 이듬해 러치 군정장관의 법령 수정 요청과 입법의원 건의에 따라 국대안의 임시 이사 조항을 삭제한 법률을 공포하였다. 이로 인해 조선인만으로 이사회를 구성함으로써 미군정과 교육주도세력의 대학 장악 의도를 담고 있던 임시이사회제도는 폐기되었으며 이를 계기로 급속도로 대학은 안정을 찾게 되었다(송덕수, 1996: 295-296).

대학 주체들 간에도 국대안을 반대하는 논리에는 시각차가 있었다. 국대안이 발표되자 대학 구성 주체, 즉 교수, 학생, 직원 등이 반대운동을 전개하였다. 특히 좌익계 학생들은 그들의 조직을 통하여 국대안 반대성명을 발표하였다. 그들의 반대 이유는 미국의 한국에 대한 식민지정책 수행을 적극 지지하는 주구(走狗)를 양성하려는 음모에 의하여 기설학원을 강제로 파괴하려는 것이라고 반대하였다(문교부, 1960: 89).

학생과 교수의 반대 이유를 정리해 보면 첫째, 독립정부가 수립된 후에 해도 된다. 둘째, 이사회가 교수의 임명권을 가진다는 점에서 교수의 자치권이 말살된다. 셋째, 국대안에 대하여 교수들과 상의도 없다는 점은 비민주성의 폭로이다. 넷째, 교육행정가가 교육자를 좌우할 수 없다. 다섯째, 외국의 모방은 금물이다. 여섯째, 현 조선에는 대학이 범람하여 대학의 질이 저하되고 있다. 대학교육의 확충보다는 초등교육의 확충이 더 급하다 등이었다(문교부, 1988: 75).

오천석은 '전문대학교수단연합회'가 '고등교육기관의 자치권 박탈', '사실상 경성대학 이공학부·정경상학부·경제전문·관상전문·의전 등의 폐지 내지는 축소' 등의 이유를 들어 반대성명을 발표했다고 기술하고 있다(오천석, 1975d: 41). 이는 대학교수들의 입장에서는 대학의 자치권 박탈과 대학의 축소가 반대 이유임을 반증하는 것이다.

1947년 2월 9일, 우익학생들이 각 학교별로 '건설학생회'를 조직하고, 좌익학생들의 맹휴에 맞서서 활동하였다. 건설학생회의 호소문을 보면, 우익 학생들의 시각이 어떠했는지를 알 수 있다(손인수, 1992: 391).

친애하는 학도여! 국대안 반대는 좋으나, 우리에게는 좀 더 큰 과제가 있다. 배움이 없는 민족에게 국권이 무슨 소용이 있으랴. 맹휴를 구실삼아 오락장 출입을 말고, 진정한 배움을 찾자. 양심적인 학도는 학원을 사수하자.

특히 국립서울대학교 건설학생회는 '전국 남녀 학생에게 격(激)함!'이란 유인물로 좌익의 과장된 선동과 사주로 일어나고 있는 맹휴를 막아야 한다는 격문을 발표하였다.[95] 좌익학생들의 주장과는 상반된 주장을 하고 있는 것이다.

1947년 봄에 들어서면서부터 좌우 학생 간의 대립현상이 두드러지게 나타나기 시작하였다. 좌익계 학생들은 각종 학생조직을 활용하여 저항활동을 전개하였는데, 이때의 단체명은 이름만 내세운 것이 많았고 실제로는 단체가 조직되어 활동하는 것은 많지 않았다. 이때 국대안 반대운동을 선동하는 민주돌격대의 격문(檄文) '팟쇼 교육제도의 표본 국대안을 분쇄하라!' 등이 발표되었다(심지연, 1986: 418-419).

개학과 더불어 동맹휴학은 급격히 확산되었다. 사회 질서 회복을 위하여 검찰, 경찰, 문교부장이 모여 회합을 하는 등 대책 마련에 노력했으나 시위는 오히려 격화되었다. 대부분은 좌익계 학생단체가 주동하고 있었다. 3월이 되면서 등록 방해가 극에 달했으며 일부 극렬분자에 의하여 희생자가 발생하였고,[96] 오천석은 암살

---

95) 좌익의 맹휴는 북한주둔 소련군사령부 교육담당관 니코라이 구즈노프 소령으로부터 남노당위원장 허헌 앞으로 보내 온 "각 학교의 맹휴를 제1단계로 하여 폭동을 선동 야기하라."(47년 1월 22일 자)는 비밀지령에 의거하여 남로당이 적극적으로 맹휴를 선동하였기 때문이라고 한다. 김용일(1994), 앞의 논문, p.144. '주(註)' 참조.

96) 당시 서울대 사범대 부학장이던 신기범 교수의 피살, 언더우드 연세대 총장의 모친의 총기 살해, 사범대학장 장이욱 교수의 피격, 공과대학의 김동일 교수의 피습 등이 그 예이다. 송덕수(1996), 앞의 책, p.294. 참조.

위협을 받기도 하였다.[97]

대학 구성원들의 국대안에 대한 반대운동은 몇 가지로 분석해 볼 수 있다. 첫째, 학생은 초기에는 반대운동을, 후기에는 좌익학생의 반대운동과 우익학생의 찬성운동이 함께 일어나고 있음을 알 수 있다. 좌익학생은 반대운동을 지속적으로 벌였다. 둘째, 교수를 포함한 교직원은 대부분 계속해서 반대운동을 전개하였다. 이들이 내세운 이유는 대학자치권이 박탈된다는 데 있었다. 그리고 교수자치권 박탈과 대학과 협의 없이 발표한 국대안 발의 과정의 비민주성을 반대논리로 내세우고 있다.

그러나 『교육50년사』의 국대안을 보는 논리는 다른 문교기록과는 다르다는 점에 주목할 필요가 있다(교육부, 1998: 47 - 48). 즉 '국대안 파동'을 일제 패망 후 식민지 고등교육의 청산에서 개혁의 주도권을 장악하기 위한 집단 간의 경쟁과 대립의 산물로 보고 있다. 학무국 미군관리, 우익정당 소속 한국인 관리, '제대벌(帝大閥)[98]'로 알려진 제국대학 출신 대학교수, 소위 친일파와 그 비판세력 등은 식민지 고등교육의 청산에 대해여 상반된 견해를 가지고 있었다. 국대안 반대를 주도한 교수의 상당수는 진보적 지식인이었기 때문에 좌우 이념대립이 작용하기도 하였다. 그러나 실질적인 쟁점은 일본 제국대학에서 관행화된 '대학자치'의 실현 여부였다. 대학자치란 교수회의가 대학의 인사 및 재정권을 독점적으로 행사하는 일본 제국대학 특유의 관행이었다. 그러나 국대안은 교수

---

97) '너는 언제고 인민재판에 부칠 것이다.' '네 목은 안 걸릴 것 같으냐' 등의 현수막이 서대문 로터리에 나붙었다. 오천석(1975j), 앞의 책, p.103.

98) 경성제국대학 출신들을 그렇게 불렀다.

회의의 권한은 물론 그것의 근거인 대학자치를 허용하지 않았다. 학무국 관리들은 대학자치를 허용하는 것이 청산되어야 할 식민지 교육의 폐습으로 본 반면, 반대하는 교수들은 그것을 대학의 본질이자, 교육민주화의 요체로 보았다. 그런데 국대안 반대의 지도적 역할을 담당한 교수들의 상당수는 일본 제국대학이나 경성제국대학 출신이었고 동시에 진보적 정당의 당원이었다.

이와 같이 『교육50년사』에서는 앞서 제시한 다른 문교기록과는 상당한 견해 차이가 있음을 보여 준다. 먼저 국대안 파동에 대한 견해 차이이다. 『교육50년사』에서는 국대안 파동을 일제 패망 후 식민지 고등교육의 청산에서 개혁의 주도권을 장악하기 위한 집단 간의 경쟁과 대립의 산물이었다고 주장하고 있다(교육부, 1998: 47). 이는 『문교사』및 『문교40년사』에서 '일본 잔재 일소', '인적 물적 자원 최대 활용으로 고등교육의 질 향상'으로 보는 경향과는 많은 차이를 보이고 있다(문교부, 1988: 76).

또 학무국 미군관리, 우익정당 소속 한국인 관리, '제대벌(帝大閥)'로 알려진 제국대학 출신 대학교수, 소위 친일파와 그 비판세력 등은 식민지 고등교육의 청산에 대하여 상반된 견해를 가지고 있었다고 하여 국대안 파동은 교육주도권 싸움이었다고 말하고 있다. 국대안 추진세력을 친일파라 하였고 반대한 세력을 '그 비판세력'이라고 하였는데, 그 비판세력이란 '국대안 반대를 주도한 교수의 상당수는 진보적 지식인' 또는 '국대안 반대의 지도적 역할을 담당한 교수들의 상당수는 일본의 제국대학이나 경성제국대학 출신이었고 동시에 진보적 정당의 당원'으로 보고 있다(교육부, 1988: 48). 반면, 『문교사』에서는 '좌익분자', '좌익단체' 그리고 『문교40

년사』에서는 '교내외 좌익분자들의 책동'이라고 기록하고 있다.

이는 『교육50년사』의 기록이 이전의 다른 기록과는 국대안을 보는 시각에 큰 차이를 보이고 있다. 즉 '친일파'와 '그 비판세력', '좌익분자'와 '진보적 지식인'이라고 보는 등 시각의 엄청난 차이를 나타내고 있다. 이는 사회와 사조의 변화에 따른 분석 차이기도 하지만, 1980년대를 분기점으로 하여 국대안에 대한 관점의 변화가 구체적인 기록으로 나타난 것으로 볼 수 있을 것이다.

5) 국대안에 대한 오천석의 시각

오천석은 그의 여러 저서에서 국대안의 발의자가 자신임을 주장하고 있다. 그리고 또 이를 증명할 수 있는 상당한 설명도 하고 있다. 일부 다른 저자의 논문도 이를 뒷받침하고 있다. 국대안 추진도 마찬가지이다.

이와 같은 오천석의 국대안 발의와 추진 논리는 국대안에 대한 '긍정적 논리'에서 다루었으므로 여기서는 반대론자들에 대한 오천석의 반론 경향과 국대안 추진과정에서 오천석을 지원했던 세력에 대해 알아본다.

우선, 국대안 반대운동에 대한 오천석의 인식 경향에 대하여 알아보자. 오천석은 국립서울대학교(안)에 반대하는 세력에는 두 부류가 있다고 보았다.[99] 그 하나는 좌익분자들로, 이들은 미군정을

---

99) 이 외에도 여러 부류가 있었는데 주로 활동한 부류를 '적색분자'와 '효율성을 따지는

궁지에 빠뜨리려 하는 의도와 각 단과 대학에 상당한 세력을 차지하고 있던 공산분자 교수를 스스로 보호하기 위하여 반대하는 것으로 보았다. 반대세력은 '사려(思慮) 있는 교수들과 학생들'이었다 (오천석, 1975d: 42). 이들에게는 정당한 이유가 있었는데, 첫째, 국대안이 관계자들과 협의 없이 문교부에 의하여 독단적으로 단행되었다는 것과, 둘째, 우리나라 사람과 같이 집단생활의 경험이 부족한 실정에 있어서는 종전의 단과대학을 보존하여 이를 독자적으로 발전시키는 것이 현명하다는 것이 반대 이유였다. 이처럼 오천석은 순수한 반대운동에 대하여 구별하여 논의하고 있다.

오천석은 국대안을 반대하는 사람들이 내세운 국대안 반대 이유를 '학생 수용능력 감소', '교육의 질 저하', '무능한 교수와 좌익교수의 선동'을 들었다. 오천석은 첫째와 둘째 이유는 별문제가 아니고, 실제적인 이유는 세 번째로서, 이는 좌익교수들의 선동에 의한 것으로 보고 있다. 사실 미군정하에서 대학개편을 한다면 미국식 민주주의를 교육이념으로 할 것이고, 따라서 좌익교수들은 도태될 것이 뻔한 일이므로 반대할 수밖에 없었을 것으로 보는 것이다. 오천석은 다음과 같이 자신의 뜻을 숨기지 않고 있다(오천석, 1975j: 102 - 103).

> 그들(左翼敎授)은 대학교수라는 지위를 이용하여 학생들에게 좌익운동을 하고 있었다. 종합대학의 신설로 인하여 그들의 지위가 위태롭게 된 것이었다. 신규 채용과정에서 그들은 재채용(再採用)될 가능성이 희박해진 것은 사실이다.

순수 교육적 배려를 하는 교수·학생들'로 제시하고 있다. 오천석(1975d), 앞의 책, p.42. 참조. 당시에는 '사상적 자유'함이 가장 충만했던 시기에서 민주주의 이념으로 옮겨 가는 과정이었다.

오천석의 언급을 정리해 보면, 좌익교수의 제거가 국대안의 목적은 아니라 하더라도 부수적인 효과는 기대한 것이었다는 분석을 가능하게 한다.

오천석의 이러한 인식논리는 대학 구성원 전체를 하나의 대화의 상대로 보는 것이 아니라 이미 접근가능성과 불가능을 전제로 하여 인식하고 있음을 알 수 있다. 이는 결국 국대안을 통하여 좌익세력을 제거할 의도를 가지고 있었다는 추정을 가능하게 한다.

국대안 추진과정을 보면 오천석에게는 두 지원세력이 있었다.

국대안은 오천석이 입안하고 문교부, 더 나아가 미군정의 정책으로 결정되어 추진되는 것이지만 오천석은 개인적으로 엄청난 어려움을 겪으면서도 끝까지 추진하였다.

오천석은 국대안 반대론자들의 테러 위협에 노출되어 있었다. 이때 공격 목표는 물론 문교부였지만, 개인적으로는 오천석을 장본인으로 몰아 공격의 화살을 던졌다(오천석, 1975j: 103 - 104). 그러나 국대안 반대운동은 차차 미군정에 대한 반대운동으로 목표가 옮겨가고 전국적으로 치안유지를 곤란케 할 정도로 미군정에 시련을 주고 있었다.

오천석이 이와 같은 어려움을 겪으면서도 끝까지 밀고 나간 것은 미군정과 그의 상관인 유억겸이라는 지원세력이 있었기 때문이었다. 유억겸은 국대안에 혼연히 동의하여 주었을 뿐만 아니라, 반대운동이 확대되는 시기에도 일관된 지지입장을 다음과 같이 밝히고 있다(오천석, 1975f: 401 - 402).

단호히 나의 편에 서서, 신변의 위험을 무릅쓰고 반대자들과 싸워 주었다. 국대안을 둘러싼 좌익과 불평분자들과의 투쟁은 거의 1년을 끌었다. 이 동안에도 유억겸 선생은 그의 의연한 태도를 견지하였다. 그의 적극적인 지지와 신의에 나는 감격하지 않을 수 없었다. 이러한 상사를 모신 나의 행운에 감사를 느끼지 않을 수 없었다.

직속상관인 유억겸이 반대하였다면 둘 중의 한 사람은 그 자리를 떠나야 했을 것이다. 다행히 두 지도자는 뜻을 같이하고 미군정을 설득하였다. 물론 이렇게 하는 데는 교육주도세력을 형성하려는 강력한 지원세력이 존재했기에 가능하였을 것이며, 국대안의 승리가 천연동 모임의 기반을 더욱 확고히 하는 계기가 되었을 것이다.

또 하나의 지원세력은 미군정이다. 국대안 반대운동으로 질서유지가 어려울 정도로 혼란이 거듭되자 군정장관의 호출이 있었다. 이때 군정장관은 국대안을 다소 양보하여 사태를 수습하려고 하였다. 오천석은 사표를 내보이며 불가함을 주장하였고 이에 대하여 군정장관은 실정을 들어 보니 지금 와서 우리가 후퇴할 수는 없는 일이오. 잘해 보시오라고 하여 공통 투쟁할 것을 다짐하였다(오천석, 1975j: 104 – 105). 이에 오천석은 태도를 강화하여 서울대학교 휴교를 선언하는 동시에 동맹휴업에 가담한 학생을 정학시킬 수 있었다.

또 미군정으로서는 장기적으로 한국의 교육계를 친미주의자로 조직하는 데 유리하다는 판단에서 적극적 지원세력이 되었을 가능성이 높다. 즉 미군정으로서는 고등교육기관에서 교육을 통하여 민주주의를 가르쳐야 하고 거기서 배출된 인물들이 교사 또는 사회 인사가 되어 역시 미국식 민주주의를 온 국민들에게 가르치고 선도해 나가도록 해야 하는데, 당시의 대학에는 좌익분자들이 들끓었기 때문에 이들을 몰아내지 않고는 뜻을 이룰 수가 없었다. 이를 위한 전략이 국대안이었을 것이다. 여기서 당시 미군정이 오천석과 뜻을 같이할 수밖에 없는 필연성이 확인된다.

결국 오천석은 국대안 추진과정에서 직속상관인 유억겸의 절대적인 지지와 미군정의 후원에 힘입어 치열한 반대운동을 전개하였던 좌익을 제거하고 국립서울대학교를 설립하는 데 성공하였다. 유억겸의 지지는 상관으로서 당연한 것이라고 보겠으나, 미군정의 경우에는 오천석의 구상이 그들이 지향하는 목표와 일치한다는 점에서 지원의 성격이 다르다고 할 수 있다.

지금까지 2절의 논의를 종합하면 다음과 같다.

국대안 입안과정에서의 미군정의 역할은 구체적인 개입 자료는 없지만 여러 정황으로 보아 미국의 교육문화가 지배하게 될 국대안을 추진하는 오천석을 소리 없이 지원했을 가능성을 배제하기 어렵다. 국대안 반대운동으로 혼란이 극에 달하자 러치 장관은 이사회와 총장 문제를 해결하는 등 국대안 진행과정에 적극적으로 개입하였던 것이다.

국대안 발의 논리는 재정의 효율적 사용, 극심한 인적 자원의 부족현상의 타개, 명망 높은 대학 설립 희망 등이었으나, 그 이면에는 좌익축출이라는 부수적인 효과도 추구하였다. 그리고 각 대학을 통합하지 않고 통합신설하게 된 실제 이유는 직원을 재임용하는 과정에서 학문적 무능력자나 좌익계열의 인물들을 제거하겠다는 의도가 깔려 있었다.

국대안 설립과정에서의 반대 논리의 핵심은 이사회 구성이었다.

초기의 임시이사회 구성원이 미군정청 관리로 되어 있었으나 극심한 반대로 이 안은 폐기되었다. 교직원, 학생 등 대부분의 대학 구성원들은 국대안 반대운동을 전개하였다. 그러나 후기에 이르러 우익학생의 찬성운동이 함께 일어났다.

교육50년사의 기록은 이전의 문교기록과는 국대안을 보는 시각의 차이가 크다. 즉 국대안 주도세력을 '친일파'로, 반대세력을 '그 비판세력' 또는 '좌익세력'과 '진보세력'으로의 표현이 그것이다.

오천석은 국대안 반대운동에 대한 인식 경향은 좌익세력이 전개하는 반대운동이고, 다른 하나는 사려 깊은 학생과 교수들의 전개하는 반대운동이었다. 또 오천석은 국대안 추진과정에서 직속상관인 유억겸의 절대적인 지지와 미군정의 후원에 힘입어 국립서울대학교를 설립하는 데 성공하였다.

3. '새교육 운동'의 전개

미군정은 우선 이념적으로 민주주의 교육을 추진해야 했고, 이 이념에 가장 적합한 교육운동으로 존 듀이의 진보주의 이론을 도입하였다. 이 교육운동에 붙여진 이름이 '새교육 운동'이며, 일제의 교육 잔재를 청산하기 위한 새로운 교육방법론이 절실할 때 교육방법 개선 운동으로 등장하였다. 물론 이 과정에서 오천석의 역할은 지대하였다.

'새교육 운동'의 시작은 1946년 9월 12일 문교부가 남한의 교육자를 망라하여 '신교육연구회'를 창설키로 한 것에서 출발한다.[100] 이렇게 시작된 '새교육 운동'은 미군정 기간 동안에는 활발한 활동이 전개되었으나, 1950년대에는 비판을 받게 된다. 이처럼 '새교육 운동'은 그 추진내용의 정당성과는 무관하게 활동기간이 아주 짧았다.

여기서는 이 운동의 탄생 배경과 기본 이념, 추진과정, 지향하는 방향에 대하여 살펴본다.

1) '새교육 운동'의 기본정신과 추진과정

해방 직후에는 교수·학습방법 개선에는 신경을 쓸 여유가 없었다. 그러나 학교가 문을 열고 학생이 증가하며 점차 안정되어 갈 때 문제가 되는 것이 일제(日帝)식 교수-학습방법이었다. 교육이념은 홍익인간의 이념이고, 민주주의 교육을 시행해야 하는데 여전히 제국주의 교육방법으로 수업이 이루어지고 있었던 것이다. 이에 새로운 교육방법의 모색되었는데 이것이 바로 '새교육 운동'의 시초가 된다.

첫째, 새교육 운동의 기본 정신과 등장 배경에 대하여 알아보자. 해방 첫해가 지나가고, 다음 해에 접어들면서부터 문교부와 일선 교육자들 사이에서는, 전통적 교육을 개혁하려는 기운이 나타나기 시작하였다. 여기서 소위 '새교육 운동'이 본격화되기 시작한 것이

---

100) 조선일보, 1946년 9월 12일자 보도. 중앙대학교한국교육문제연구소(1974), 앞의 책, p.92.에서 재인용.

다. 이 운동에 대하여 당시 그 주창자였던 오천석은 다음과 같이 기록하고 있다(오천석, 1975a: 116 - 117).

> 우리는 아무런 준비도 없이 해방을 맞게 되었다. 이것은 교육에 있어서도 마찬가지였다. 아무런 준비도 없었지마는, 우리는 반항정신으로 용감히 출발하였다. 우리는 그때까지의 전통적인 교육에 대한 끓어오르는 적개심이 있었다. 새 나라를 건설함에 있어, 옛 교육으로는 불가능하다는 굳은 신념이 있었던 것이다. 새로운 사회의 건설은 오직 새로운 교육으로써만 가능하다는 믿음이 있었던 것이다. 이처럼 옛 교육에 반항하는 교육, 새로운 사회를 세우는 데 요구되는 교육을 우리는 '새교육'이라고 불렀던 것이다.

말하자면 '새교육 운동'은 일제 식민지교육의 잔재를 청산하고 민주주의에 입각한 새로운 교육을 지향하는 교육개혁운동이었다. 이를 철학적으로 뒷받침한 것은 미국의 진보주의 교육이론, 특히 존 듀이의 교육이론이었다. 존 듀이의 교육철학이 광복 한국의 교육개혁의 사상적 지주가 된 데에는 그것이 세계적인 교육 이론이었다는 데에도 이유가 있겠으나 특히 당시 교육철학의 대가로 손꼽히고 있던 오천석의 영향이 크게 작용하였다(오천석, 1975j: 107).

그는 존 듀이가 재직하였던 미국의 컬럼비아대학에서 듀이의 강의를 직접 듣고 듀이의 이론에 심취하였으며, 광복 전부터 듀이의 철학을 소개해 오던 터였다. 따라서 광복 후 교육계에 영향을 미칠 수 있는 위치에 서게 되자, 새로운 국가건설에 걸맞은 존 듀이의 교육이론을 적극적으로 수용하고자 했던 것이다.[101]

---

101) 오천석은 그의 자서전 『외로운 성주』(p.54)에서 이렇게 기록하고 있다. "듀이의 사상은 너무도 비약적이었고, 너무도 새로운 것이었으며, 너무도 이질적인 것이었다. 나는 마치 하나의 새 세계를 발견한 듯싶었다. 나는 다른 학설을 돌아봄 없이 이에 도취하여 버렸고, 언젠가는 우리나라에서 이러한 교육을 실시할 수 있는 기회가 주어

게다가 듀이가 강조한 민주주의 교육론은 민주주의를 지향하는 광복 한국의 입장에서 볼 때 더없이 적절하게 설명될 수 있는 것으로 받아들여질 여지가 다분했다. 미국식 교육이념을 도입하고자 하는 미군정의 정치적 이해에서 볼 때도 만족스러운 교육이론이기는 마찬가지였다.

이와 같은 상황에서 시작된 교육개혁은 교육방법의 변화를 추구하기 시작하였다. 그리고 교육과정의 민주화는 종래의 교사 중심의 수업방식으로부터 아동 중심의 수업방식으로 전환하고, 기존의 서적 중심의 수업으로부터 생활 중심의 수업방식으로 옮아 가는 일로 시작되었다.

둘째, '새교육 운동'은 어떤 과정을 통하여 추진되었는지를 알아보자.

송덕수의 『광복50년 미군정기 편』, 손인수의 『미군정과 교육정책』, 오천석의 『외로운 성주』 등을 참고로 하여 정리한 '새교육 운동' 전개일지는 아래와 같다.

45. 09, 10, 11월: 조선어학회 제1차·제2차·제3차 한글 강습회 개최.
45. 12. 21 - 12. 30: 초등교원강습회, 미군정청 학무국 주관, 수송초등학교.
46. 01. 09 - 01. 18: 중등교원강습회, 서울 경기고녀, 262명 참석.
46. 08: 민주교육연구회 결성, 안호상, 미국편향 교육의 비판세력으로 등장.
46. 09. 12: 신교육연구협회 창설, 미군정의 관변단체, 강연회, '새교육' 발간.
46. 10. 25: 새 교수법연구회, 서울 효제초등학교, 전국규모의 발표회, 효제초등학교장 윤재천 '신교육 서설' 발간, 미국의 교육과정과 교수법 최초 소개.

지기를 바라는 마음 간절하였다." 오천석의 이러한 기원은 결국 해방 후 그의 뜻을 펼 수 있는 위치에 있게 되자, 꿈을 이루게 된다.

46. 10: 교육과정운영연구발표회, 효제국교 교장 윤재천 주최, 700여 명 참석, 공개수업 및 학예회, 전시회 개최.

46. 11: '민주주의 교육의 건설' 발간, 오천석 저. 듀이 교육사상 최초 소개.

46. 11: 신교육건설전람회, 문교부 주최, 서울 중앙중학교, 전국 여러 학교로부터 시도된 보고 자료 전시, 전국 주요 도시에서도 개최됨.

46. 11. 08 - 11. 10: 민주교육연구강습회, 민주교육연구회 주최, 경성대학 강당, 전국 초중등 교원 1,000여 명 참석. 청주, 대구, 광주에서 지방강습회 개최.

47.02.17: 페스탈로치 탄생 201주년 기념 강연회, 문교부와 민주교육연구회(조선교육연구회로 개명) 공동 주최.

47. 11. 23: 조선교육연합회 출범, 회장 최규동, 명예회장 오천석, 사무소는: 문교부 사범과 사무실 사용. 1948년 대한교육연합회로 개칭, 새교육지 창간.

48. 04: 한국교육문화협회 창립, 회장 백낙준, 2 - 3차례 교원 강습 개최.

48. 08. 03: 중앙교원훈련소(Teacher Training Center, T.T.C) 설치.

48. 08. 03 - 09. 24: 중앙교원훈련소 제1기 교육, 수강자는 각 도학무국에서 추천한 초중등학교 및 사범학교 교장, 교감, 일반교사와 장학사(관).

48. 9. 30: 새교육협회 창립, 오천석 중심.

48. 10. 01 - 11. 25: 중앙교원훈련소 제2기 교육, 1,2기 합쳐 567명 교육.

'새교육 운동'으로 연결된 미국과의 교육교류는 1947년 이래 지속되었으며, 대규모 미국 유학으로 인한 외국 교육이론의 지식 편식 현상이 나타났기 시작하였다. 그리고 '새교육 운동'은 신생 한국이 출범하면서 비판이 제기되어 1950년대에는 집중적인 공격을 받게 된다. 그럼에도 불구하고 '새교육 운동'의 기본정신, 즉 아동 중심, 활동 중심의 교육은 오늘날 우리 교육에도 큰 영향을 끼치고 있다.

2) '새교육 운동'에 대한 긍정적 논리

'새교육 운동'은 해방 이후 최초의 교육방법 혁신운동이었다. 그
후에 여러 가지 교육방법이 도입되어 학교 현장에서 적용, 변신,
소멸 등을 거듭하여 왔다. 그럼에도 불구하고 '새교육 운동'에서
주장하였던 핵심 내용인 '아동 중심', '활동 중심'이라는 큰 명제에
는, 강조점의 차이는 있어도 아직도 학교 현장에서 유효한 것으로
인정되고 있다. 여기서는 '새교육 운동'의 긍정적인 내용과 그 논
리에 대하여 알아보자.

첫째, 새교육 운동이 학교 급에 따라 다른 활동 경향을 보이고
있다. 『교육10년사』에는 초등·중등·고등교육으로 분류하여 제시
한 것 중에서 초등교육의 교육방법과 관련이 있는 부분을 정리하
고 있다. 특히 일본이 남기고 간 전체주의적, 군국주의적인 교육체
제를 기반으로 하였던 교육방법을 일소하고 새로운 체제에 의한
교육방법으로 전환하는 것이 가장 중요한 과제 중의 하나였다.

학습지도 면에서 교사 중심의 학습지도에서 아동 중심의 학습지
도로 전환하게 되었는데, 이것이 교육 변혁의 기본 원칙이었다. 또
주입식이며 암기를 중심으로 하였던 학습지도에서 아동의 개성을
존중하며 경험을 토대로 아동 스스로가 상호간 협의할 수 있는 분
담수업(分擔授業)이 새로운 학습지도방법으로 등장하였고, 더욱이
'사회생활과'가 새로이 생기게 됨에 따라 이러한 교육방법은 더욱
활발히 전개되었다(문교부, 1960: 82 - 83).

교육의 민주적 체제 정비와 더불어 초등학교 교육에서는 교육과
정의 민주화를 위한 노력이 시작되었다. 종래의 획일적, 억압적,

주입식 교수방법인 교사 중심의 수업방법을 대신하여 아동의 경험과 자발적 활동을 존중하는 교육과정이 소개되었다(문교부, 1980: 23). 즉 교육방법의 민주화를 위해서는 주로 초등학교에서 노력한 것으로 기술(記述)하고 있으며, 당시로서는 중등교육과 고등교육에서는 주로 학생 수용능력 확충에 더 많은 관심을 보였다. 따라서 초등교육에서는 학습지도방법이나 교육과정 운영의 민주화에 이르기까지 활발한 '새교육 운동'이 전개된 것으로 볼 수 있다.

당시 중등교육 영역에서의 교육방법은 초등교육에서와는 다소 다른 양상을 보이고 있었다. 즉 초등에서는 비교적 새교육 방법에 대한 연수가 상당한 성과를 거두었으나, 중등에서는 그 변혁의 속도가 매우 느린 것으로 기술(記述)하고 있다. 학습지도의 면에서 고찰하면 초등학교에 비하여 중등학교의 지도방법은 구습을 청산하지 못하고 여전히 교사 중심, 교과서 중심의 지식 편중의 주입식 교육이 타성적으로 행해졌으나, 약간의 발전과 개혁이 싹튼 것만은 사실이었다고 중등교육은 큰 변화가 없는 것으로 보고 있다.

그러나 중등의 교사 중심 지도방법은 여러 가지 면에서 반성이 일어나 학습자의 필요와 욕구에 적응하려는 운동으로 변화되기 시작하였다. 그 내용은 주로 선택과목의 확장, 특별활동의 중시, 개별지도의 확충, 시청각재료의 활용 그리고 학습내용의 생활화 등으로 나타났다. 또한 교과서 중심의 교육방법은 지역사회의 요구와 학습자의 개성과 능력에 적응하려는 방향으로 조금씩 옮겨 가게 되었다(문교부, 1960: 87-88). 그러나 중등교육의 지도방법은 여전히 과거를 답습하고 있는 현상이 지배적이었다. 그것은 교사의 교육적 배경과 지도경험을 개선하기 위한 재교육의 기회가 너무나 부족한 데도 그 원인이 있었다.

정리하면, 중등학교에서는 수업방법 개선을 위한 '새교육 운동'의 성과가 가시적이지는 못하였다. 다만 교육과정 운영을 위한 제도나 학교경영 방법에서는 새로운 내용이 다양하게 도입되었으며, 교육 과정과 이를 실천하기 위한 시간운영계획에는 큰 변화가 있었다.

이와 같은 초·중등 간의 학습지도방법의 차이는 지금까지도 영향을 주고 있어서 초등은 아동 중심의 교육활동이 활발함에 비하여, 중등은 상대적으로 일제(日帝)의 제국주의적 교육형태가 최근까지 상당히 남아 있다.102)

미군정기 고등교육기관과 사범교육기관에서의 교육방법도 상당한 변화를 가져왔다. 그러나 교수들의 강의방법은 해방 직후, 참고도서의 부족으로 인하여 대개 필기를 채택하였던 것으로 보인다. 따라서 이러한 필기교수법은 진도에 큰 영향을 주기 때문에 가급적 피하도록 요청하고 있다(문교부, 1960: 93).

교수방법에 있어서는 새로운 민주교육 사조를 받아들여 이것을 열심히 연구하고 실천에 옮김으로써 새교육 발전의 기초를 닦았다. 사범교육기관에서의 이와 같은 활동은 많은 교육자에게 각성과 반성을 주었으며 새로운 교육운동, 즉 작업과 경험을 중심으로 하는 교육, 분단 개별지도와 개성을 존중하는 교육활동이 활발하게 전개되었다. 새교육 사조의 근원인 교육의 과학화는 진지한 실천에 따라 상당한 성과를 보였으나, 미국 방식의 형식적인 모방에 치우친

---

102) 예를 들어 수업시작과 끝에 선생님께 인사하기 위하여 대표가 실시하는 '차렷', '경례' 구령과 이에 따라 일제히 인사하는 것은 일제의 잔재(殘滓)이다. 이와 관련된 기사를 보면 다음과 같다. '차렷, 경례!' 교실서 퇴출; 서울 초중고 내달부터(2004. 6. 10. 조선일보 A13면).

감이 없지 않았다.

둘째, 학무 당국과 민간의 교육연구회 활동을 통한 새교육 운동이 전개되었다. '새교육 운동'은 크게 두 갈래로 전개되었다. 하나는 당시 미군정 교육당국인 학무국 차원의 활동이고 또 하나는 연구회나 개인 차원의 민간 활동이다.

먼저 학무국 차원의 '새교육 운동'은 1946년 9월 12일 문교부가 남한의 교육자를 망라하여 '신교육연구협회'를 창설한 것으로부터 공식적인 '새교육 운동'이 시작되었다. 당시의 신문에서는 새조선 건설에 있어서 무엇보다도 긴급을 요하는 새교육 실시에 만전을 기하기 위한 방도로서 문교부에서는 이번에 남조선 내의 교육자를 망라하여 신교육연구협회를 창설하기로 하였다라고 보도하고 있다 (조선일보, 1946. 9. 12일자 보도). 창립 이후 이 협회는 중요한 행사로서 인천, 개성, 춘천을 비롯하여 각 도청소재지에 강사를 파견하여 신교육의 취지와 의의를 강의하는 한편, '새교육'이라는 기관지를 발간 · 배부할 계획을 가지고 있었다. 이런 일련의 과정에서 '새교육 운동'은 정부의 강습회, 연구발표회 등의 활동을 전개하게 된다.

한편 민간인들로 구성된 연구단체를 통해서도 '새교육 운동'은 전개되었다. 대표적인 단체로는 안호상을 중심으로 한 '조선교육연구회', 백낙준을 중심으로 한 '교육문화협회', 오천석을 중심으로 한 '신교육연구협회',103) 심태진과 김기서를 중심으로 한 '아동교

---

103) 송덕수(1996), 앞의 책, p.220. 손인수(1992), 앞의 책, p.340.에서는 '새교육협회'라고 제시하고 있으나, '새교육협회'는 1948년 9월 30일, 오천석에 의해 창설된 단체이다. 따라서 1946년에 발족한 새교육을 위한 단체는 '신교육연구협회'라야 한다. 한준상 · 김성학(1990), 앞의 책, pp.117 - 118. 한준상 · 김성학은 이를 증거하는 연구물로 Abe, H. S.(1985). "U.S educational policy in Korea", East West Education, 6(1), pp.25 - 33. 외 두 편의 논문을 제시하고 있다.

육연구회' 등 4개 단체의 활동이 활발하였다(송덕수, 1996: 219).

백낙준이 회장으로 있던 '교육문화협회'는 당시 서울 덕수초등학교 교감으로 있던 박기서가 주축이 되어 여름·겨울방학을 이용하여 덕수초등학교에서 2~3차례의 교원 강습회를 열었던 것이 유일한 업적으로 남아 있다.

심태진과 김기서를 중심으로 한 '아동교육연구회'는 1946년 '국대안'에 의해 경성여자사범학교가 서울대학교 사범대학으로 출발됨에 따라 경성사범부속국교에서 발행하던 『조선의 교육 연구』와 경성여자사범대학 부속국교에서 발행하던 『조선교육』을 통합, 『아동교육』을 2호까지 발행하는 데서부터 시작되었다. '아동교육연구회'는 『아동교육』을 2호까지 발행하는 외에 몇 차례의 교원강습회와 연구발표회를 가진 바 있다.

'민주교육연구회'는 안호상을 회장으로 송근영, 김수선, 윤태영, 심태진 등이 중심이 되었으며 당시의 4개 교육연구단체 중에서 가장 많은 업적을 남기기도 했다. '민주교육연구회'는 서울에서 '민주교육연구강습회'를 열었으며, 이어 청주, 대구, 광주에서 지방 강습회를 열었다. 또한 1947년 2월 17일에는 '페스탈로치' 탄생 201주년 기념 강습회를 문교부와 공동으로 개최하는 등 그 활약상이 두드러졌다(송덕수, 1996: 220 - 221).

셋째, '새교육 운동'은 초등학교 교육을 중심으로 전개되었는데 초등 중심으로 전개된 이유에 대하여 알아보자. '새교육 운동'은 학교급에 따른 활동에서 살펴보았듯이 초등 중심으로 전개되었다. 이는 새교육이 아동 중심, 활동 중심이라는 특징이 초등학생에 적합한 활동이었기 때문일 것으로 보인다. 학습지도법을 관(官) 주도가 아닌 민간 주도로 활발하게 연구하고 실천한 학교는 수송초등학교와 서울 효제초등학교, 그리고 서울대학교 사범대학 부속초등학교였는데 그 활동이 매우 활발하였다. 수송초등학교 교장 이규백은 1946년 2월 2일 6학년 학생을 대상으로 새교육 방법에 의한 학생자치회를 실시하였다(조선일보, 1946. 2. 2일자 보도). 당시 신문에서는 수송초등학교 자치회에 대해 학생들은 자기의 의견을 당당히 발표하고 반드시 실행하자고 굳게 약속하는 모습으로 소개하고 있다.

윤재천 교장이 근무하고 있는 효제초등학교에서는 1946년 10월에 전국에서 모인 700여 명의 교육자들 앞에서 신과정표 운영 연구발표회(新課程票 運營研究發表會)를 열었다. 새 교육방법에 의한 이과, 국어, 사회생활과의 공개수업을 실시하고, 학예회와 전시회를 열어, 새교육의 모습을 보여 주었다. 이 회합에 대하여 당시의 일간신문은 아동들은 각자의 토론에 있어서 때로는 맹렬한 논쟁을 거듭하였다. 이날의 교수방법은 대체로 보아 좋은 성과를 거두었다고 보도하고 있다(조선일보, 1946. 11. 8일자 보도). 또 이 연수회에 참석한 당시 학무국장 유억겸은 장차 남한의 각 초등학교에서 채택할 만하다고 말한 것으로 보도하고 있다.

위의 신문보도가 말하는 것처럼, 이 공개수업은 새교육이 지향해야 할 수업 모형을 보여 줌으로써 당시 우리 교육계에 많은 자극을 주었다. 그리하여 각지의 적지 않은 초등학교에서 이와 같은 수업방법의 도입을 시도하기 시작하였다. 한편 서울사대부속초등학교에서도 『아동교육(兒童敎育)』 등의 발간을 통하여 새교육 활동을 전개하였다(문교부, 1988: 50－51).

강일국은 교육개혁의 일환으로 추진된 '새교육 운동'에 대하여 해방 직후의 교육개혁 중 대표적인 것이 새교육 운동이다. 새교육을 주장한 사람들은 주로 초등학교 교사나 교사 출신 문교관리였다. 이들은 해방 직후부터 새로운 교수법을 소개하고, 아동을 존중하는 방식으로 노력하였다고 하여 '새교육 운동'이 초등교육을 중심으로 전개되었음을 확인하고 있다(강일국, 2002: 253).

이상의 '새교육 운동'에 관한 긍정적인 논의를 정리하면 다음과 같다. '새교육 운동'은 초등에서는 활발하게 전개되었다. 그러나 중등교육에서는 실제 교수·학습방법의 변화는 거의 없이 대부분 일제(日帝)의 방법을 따랐다. 따라서 '새교육 운동'은 초등 중심의 교육방법 개혁운동이었다고 할 수 있다.

'새교육 운동'은 군정 당국의 '신교육연구협회'와 민간조직인 '조선교육연구회', '교육문화협회', '아동교육연구회'를 통해 전개되었다. 이 중에서 '조선교육연구회'가 가장 활발한 활동을 전개하였다.

3) '새교육 운동'에 대한 비판적 논리

국대안에 대해서는 1980년대에 비판이 본격화되고 관점이 변화하였지만 '새교육 운동'에 대한 비판은 1950년대부터 활발하게 전개되었다. 1946년부터 본격화되기 시작한 '새교육 운동'이 왜 시행 직후부터 비판을 받게 되었을까? 여기서 1950년대의 새교육 운동에 관한 비판논리가 무엇인지 살펴보자.

첫째, '조선교육연구회'의 '새교육 운동' 비판 논리는 무엇이었나를 알아본다. '조선교육연구회'는 민간 새교육 연구단체로서는 가장 활발한 활동을 전개한 단체이다. 이 단체는 미국 중심의 '새교육 운동'에서 차별화하여 유럽의 교육방법 도입에도 관심을 갖고 있었다.

'조선교육연구회' 활동을 상세하게 밝히고 있는 연구에는 김인회의 연구가 있다. 김인회는 새교육이 미국식 민주주의 교육이 아니었다는 주장을 하고 있다. 그는 '조선교육연구회'와 새교육을 관련지어 연구한 글에서 다음과 같은 새로운 사실을 밝히고 있다.

김인회는 안호상이 '조선교육연구회'를 조직하게 된 동기가, 미군정 당시 교육개혁의 방향으로 제시된 이른바 '새교육'을 미국식 민주주의 교육 일변도가 아닌 보다 주체적인 입장에서 받아들이려한 것이었다는 점을 안호상과의 면담 기록을 통해 밝히고 있다.[104] 이 면담에서 안호상은 미국식 민주주의는 미국이라는 다민족 국가를 유지·발전시키기에는 적합하나 우리나라와 같은 단일민족 국가에서는 바람직한 이념이 아니라고 비판하고 있다. 우리의 도덕이나 전통을 파괴하고 그들의 민주주의를 이식하게 되면 우리나라 국민들은 미국식 민주주의를 잘 모르는 탓에 그들을 따라갈 수밖에 없다고 주장하였다.[105]

이와 같은 '조선교육연구회'의 성향으로 볼 때, 미군정이나 미군정과 함께하는 교육주도세력과는 다른 교육철학을 주장했을 것으로 추측된다. 즉 이들은 미군정에 의한 자본주의적 경제 체제와

---

104) 1981년 8월 6일, 안호상과의 면담 내용. 김인회(1983), "한미수교 100년을 통해 본 교육목적관의 변천과정", 『한국정신문화원 연구보고논문』, p.70.
105) 김인회가 조선교육연구회를 조직하고 그 대표로 활동하였던 안호상을 찾아가 면담한 것은 1981년 8월 6일이었다. 김인회(1983), 위의 논문, p.70.

냉전의 이데올로기가 점차 강화되어 감을 직시하고, 이를 극복하기 위한 새로운 이데올로기 방향을 모색하려 했던 것이다. 따라서 이들은 미국지향 일변도의 교육이론의 소개에 식상하여 유럽의 교육이론을 도입하려 하였다. 교육의 핵심 주도세력이 미국의 존 듀이와 진보주의 이념 도입에 치중하고 있었던 반면에, '조선교육연구회'는 페스탈로치의 교육사상을 도입하고자 하였던 것이다(이광호, 1985: 520 – 521).

이러한 입장이 고려되어 연구회(研究會)의 명칭도 변경하였다. 1946년 8월에 '민주교육연구회'라는 이름으로 시작했다가 그해 12월에 '조선교육연구회'로 변경되었는데 그 이유는 우리나라 사회에서는 민주주의 때문에 우리나라 전통적 가치관과 도덕관이 흔들리고 있었을 뿐만 아니라 모든 정당, 심지어는 공산분자들까지 민주주의를 내세워 학원에 침투하여 파괴공작을 일삼았기 때문이라고 안호상은 회상하고 있다.[106]

오천석을 중심으로 한 존 듀이의 '새교육'과 안호상을 중심으로 한 유럽파가 강조하는 유럽 교육사상 간에는 서로 학문성향의 차이로 인해 합해질 수가 없었다. 이광호는 미국지향 일변도의 교육이론 소개에 식상하여 '조선교육연구회'의 독일유학자들을 중심으로 독일과 유럽의 교육이론이 도입되었으나, 양자 간의 학문적 성향은 융합되지 못하고 대립적 성격을 띨 수밖에 없었던 것을 미군정 교육이 낳은 특성으로 지적하고 있다(이광호, 1985: 528).

이와 관련하여 새교육을 보다 폭넓게 보려는 경향이 있기도 하

---

106) 1981년 8월 6일, 안호상과의 면담 내용. 김인회(1983), 앞의 글, p.77. 홍웅선(1991), 『광복 후의 신교육 운동』, 대한교과서 주식회사, p.216.에서 재인용. 김인회(1989), 『교육과 민중문화』, 한길사, p.105. 참조.

다. 즉 해방 직후 새교육론은 우익의 자유민주주의에 입각하고 아동 중심주의와 생활 중심주의를 바탕으로 하고 있지만, 이것이 미국의 진보주의를 일방적으로 수입한 것이라기보다는 소위 선진국의 민주적 교육론을 폭넓게 받아들이려는 경향이 있었다고 보는 시각이다. 예컨대, 소련이나 독일의 교육 역시 아동 중심·생활 중심의 새교육론과 상통하는 것이라고 주장을 하기도 하였다(강일국, 2002: 253).

이와 같이 '조선교육연구회'는 미국식 민주주의 이념중심의 새교육을 지양하고 민족주의적 새교육을 주장하였다. 두 주장의 차이는 무엇을 수단으로 보고 무엇을 목적으로 보느냐에 있었다. 미국 측의 입장을 지지하는 쪽은 민족주의를 민주주의 목적을 이루는 수단으로 보았고, 민족교육을 강조했던 쪽에서는 민주주의를 민족과 자주성 회복을 위한 수단으로 보았던 것이다.

이 같은 대립적 성향은 그 후 한국교육의 발전과 학문적 성장에 영향을 미치는 구조적 요인으로 작용하는 결과를 가져왔다. 아울러 양자 간의 대립은 민주교육이나 민족교육의 교육적 속성을 그 사회적 상황에 따라 지나치게 강조하거나 축소시켰다. 이로 인해 교육의 주체를 확인하는 노력은 상대적으로 위축되거나 지연될 수밖에 없었다.

결국, '조선교육연구회'는 미국 일변도의 새교육을 비판하면서 교육방법의 다양화에는 다소 공헌하였으나, 1947년 이래 계속된 미국의 교육원조와 지식의 편중 유입으로 인해 미국 중심의 지식 도입체계가 형성되면서 미국 외 타 지역의 교육이론들은 국내 토착화에 어려움을 겪게 된다.

둘째, 1950년대에 '새교육 운동'에 대한 비판이 활발하였는데 그 비판 논리는 무엇이었나를 알아보자. 미군정의 4대 주요 교육정책 중에 가장 먼저 비판을 받은 것이 '새교육 운동'이다. 이 비판은 1940년대 말부터 시작되어 1960년대 초까지 계속되었다. 새교육은 일제 청산을 위한 전체주의적 교육방식의 비판에서 출발하였다고 볼 때, 아동 중심주의 교육관은 당연한 것이었다고 할 수 있다.[107] 그러나 현장에서의 교육은 방임에 가까운 현상이 나타나 문제를 야기하고 있었다.

제2대 백낙준 문교부 장관도 그가 취임한 뒤 교육방침을 말하는 자리에서, 각급 학교 교육과정 운영과 학습지도의 실제에 있어서, 새교육 방침의 피상적인 모방과 교원의 대량 채용의 결과 야기된 지도력의 저하를 극복하기 위하여, 기초 학력의 향상에 노력할 것을 강조하여, 유행처럼 따라가던 '새교육 운동'의 반성을 촉구하였다(중앙대연구소, 1974: 94).

1954년, 경북대 사학과장으로 재직하던 이해남은 '새교육병'이라는 제목의 논문에서 '새교육 운동'을 추진하는 있는 사람들을 '새교육병(病)'에 걸린 사람이라고 평가하고 있다. 그는 교육은 인간과 문화 위에서 이해되어야 한다고 주장하면서 존 듀이도 결코 오늘의 진보주의가 아닌데도 불구하고 그의 철학이 새교육의 성경처럼 날마다 낭독되는 것에 대해서는 참으로 기묘한 우상숭배감을 느끼지 않을 수가 없다고 하여 지나친 존 듀이 중심의 새교육에 비판을 가하였다(이해남, 1954: 102 – 104).

---

107) 윤형모(1948), "페스탈로지의 정신과 우리 교육자", 『새교육』제2호, 1948. 9월호, p.110.

1955년 당시 서울대 사대학장이었던 고광만은 한국교육10년을 돌아보는 글에서 새교육을 비판하면서, 우리 교육자들은 해방 이후 오늘날까지 구미 사조를 맹목적·무비판적으로 모방하였으며, 이론만 내세우고 실천 면에서 등한히 하였다고 비판하고 있다(고광만, 1955: 6-10).

1955년 당시 서울사대부속초등학교 교사인 정용해도 새교육에 대한 의견을 제시하고 있다. 그는 미국에서 실천하고, 일본에서도 실천하며 어느 학교에서도 새교육을 실시한다고 해서, 우리 도(道)도, 우리 군(郡)도, 우리 학교도 하고 서로 경쟁적으로 치밀한 계획과 준비 없이 덮어 놓고 달려들어, 모방 수업을 전개하고는 새교육을 실시하였다라고 한다면 이것이야말로 가장 두려워해야 할 일이라고 주장하였다(정용해, 1955: 104).

이화여대 강사인 신기수는 우리나라에서 실시되고 있는 새교육은 반성기에 접어들었으며, 앞으로 실천될 새교육은 '우리의 새교육'이 되어야 한다고 주장하였다. 그러기 위해서는 미국의 새교육을 올바로 이해하고 비판할 필요가 있음을 충고하고 있다(신기수, 1955: 108).

1959년 새교육지(誌)가 주최한 좌담회에서 문종한은 방법 중심의 교육지도 방향에서 오는 목적관 결여와 이념 빈곤 및 철학적 통찰력의 부족을 탓하였으며, 김두성은 새교육의 지식체계와 문화전통의 무시를 비난하였다. 또한 김창수는 자연과학적인 인간관과 종교적인 휴머니즘이 결여되었다고 비판하고 있다(박봉목, 1993: 67-68에서 재인용).

1940~50년대의 비판은 아니지만 강일국은 다른 면에서 '새교육운동'을 평가하고 있다. 그는 우익의 자유민주주의에 입각한 '새교

육 운동'이 학교 안에서 교수·학습 개혁에 바탕을 둔 변화를 추구하였다면 이에 대비되는 것이 사회주의적인 개혁을 주장하는 입장이 있었다고 보고 있다(강일국, 2002: 253). 그러나 그 활동이 미미했으며, 그나마 국대안이 마무리되는 1947년 중반 이후에는 대학으로부터의 지원도 끊어져 명맥을 유지할 수 없었다고 소개하고 있다.

아동 중심주의에 대해서는 비판이 많았음에 비하여 '생활 중심주의'에 대해서는 상당히 폭넓은 공감대가 형성되어 있었다. 따라서 '생활 중심주의'에 대해서는 비판이 별로 나타나지 않았다. 이는 '새교육 운동'의 큰 두 줄기인 아동 중심주의와 생활 중심주의에 대하여 현장의 반응이 다르게 나타나고 있음을 의미한다. 즉 생활 중심주의에 대해서는 비교적 긍정적이었음에 비하여 아동 중심주의에 대해서는 상당한 비판이 뒤따랐던 것이다.

이와 같이 '새교육 운동'은 50년대에 집중적인 비난을 받았다. 이는 여러 가지로 해석이 가능하나 초대 문교부장관 안호상과 밀접한 관계가 있다고 본다. 안호상은 김인회의 면담 기록에서 보았듯이 민족주의자라고 할 수 있다. 따라서 민주주의 원칙에 입각한 미국 중심의 진보주의적 새교육은 당연히 비판을 받았다. 비판의 핵심은 유행처럼 무작정 모방하는 데 그치고 있으며 실천보다는 이론에 치우치고 있다는 데 있었다. 이는 결국 미군정기 교육 상층부를 중심으로 하는 강습회, 연수회, 공개수업은 빈번하였으나 교실에서의 변화는 미미했었다는 결론을 얻게 된다. 이러한 정책과 현장적용의 괴리현상은 해방 이후 오늘날까지의 교수·학습방법 개선 경향으로 이어지고 있다.

마지막으로, 세계교육체계론의 시각에서 본 새교육 운동의 비판 논리에 대하여 분석하여 보자.

존 듀이의 진보주의 교육이 한국교육에 미친 영향은 지대하였다. 물론 비난이 없었던 것은 아니지만 대한민국 정부 수립 후에도 계속적인 영향을 끼쳤다. 다른 한편에서 존 듀이의 교육사상은 다양성을 유지하는 데 저해 요인으로 작용한 측면도 없지 않았다.

진보주의 교육이라는 하나의 교육사상에 대한 집중적인 연구와 연구 성과의 전파 노력은 학문의 편식을 가중시켰으며, 폭넓은 사고체계를 무력화하고 맹목적인 수용을 초래하게 하였다. 이는 결국 교육 문화적 측면에서 볼 때, 한국 교육을 오늘날까지 미국 교육학의 주변부에 머물게 하는 부정적 결과를 초래하였다고 보게 되는 것이다(이종각, 1994: 196).

이종각은 한국의 교육지식체계가 미국지식체계의 주변체제에 머물러 있음을 다음과 같이 지적하고 있다(이종각, 1994: 169 - 170).

> '새교육 운동'을 이끌어 온 한국인들은 미국교육의 영향을 일차적으로 받은 사람들로서, 교육사절단으로 미국을 재차 방문하였으며, 그들은 미국과 한국을 모두 이해하고 있었기 때문에 미국 교육고문단과 협조도 잘 되었다. 그들은 미국의 진보주의 교육철학과 방법을 한국에 수용하는 데 큰 영향을 미쳤다. 이 운동은 학자, 일선 교사들이 함께 앞장선 운동으로서 미국교육의 영향을 긍정적인 입장에서 적극적으로 수용하는 분위기를 형성해 나가고 실천에 옮기기도 하였다.

따라서 한국교육에 대한 미국의 영향은 점점 증대되었다고 볼 수 있다. 미국 영향의 증대는 미국 간섭이 점점 더 증가해서가 아니라 한국교육지식체제의 대미 의존성 증대와 학문적 자율성 결핍 때문이며, 이와 같은 지적 의존성의 악순환이 바로 한·미교육 관계의 핵심문제가 되는 것이다.

다른 한편, 일본식 교육연구 동향은 비교적 쉽게 단절되었다. 소수의 일본교육을 받은 학자들은 나중에 미국에 유학하거나 여타의 이유로 미국을 방문하였으며, 미국교육을 받은 학자들과 합류하였다. 이와 같이 교육계의 리더십은 일본지향적인 것으로부터 미국지향적인 것으로 쉽게 전환하기 시작하였다.[108]

그런데 한국교육에 대한 미국의 원조와 아울러 한국에 대한 영향장치에 변화가 일어났다. 즉 미군정의 군인과 고문관의 영향이 사라진 대신, 외국인(주로 미국인)에 의한 한국교육계획사업, 미국교육자들의 한국 현지지도, 그리고 한국교육자들의 미국 현지 학습을 통하여 미국교육의 영향이 더욱 확대·강화되기 시작하였다. 그리고 이러한 미국교육의 영향력은 서서히 한국 내에서 제도화되는 과정으로 연결되어 갔다. 아울러 국내 한국인의 미국이론 학습도 더 활발해져 갔다(이종각, 1994: 171).

따라서 '새교육 운동'과 그와 관련된 교육활동은 우리나라를 교육지식체제의 주변부 체제로 전환시키는 결과를 낳았으며, 친일파들의 교육장악 의도가 미군정과 밀접한 관계를 맺으면서 교육주도 세력으로 등장함에 따라 대외 의존적 교육문화를 만드는 데 일조하게 되었다고 볼 수 있다.

이와는 성격이 다소 다르나, 새교육이 도입될 때 자주정신과 비판정신이 부족하였다는 일각의 주장도 있다. 물론 당시의 상황에서

---

108) Jong Gag Lee(1985), Transnational Knowledge Transfer: The Case Inquiry Teaching Method in Korea Unpublished Ph.D. Dissertation, University of Pittsburgh. p.62. 이종각(1994), 위의 책, p.170.에서 재인용.

는 우리에게 선택여지가 없었다는 것은 이해가 되지만 적어도 새 교육에 대한 정확한 이해와 우리 자신의 철저한 자기인식이 선행되어야 함에도 불구하고 현실은 그렇지 못했음을 지적하고 있다.[109] 이러한 시대 조건으로 인해 한국의 교육이론이 미국의 지식체제 속에 편입되는 결과를 초래하였다고 보는 것이다.

사실, 2차대전 후의 우리나라의 세계지식체계는 단순하게 재편되기 시작하였다. 즉 조선시대까지의 중국, 신교육 초기의 미국과 유럽, 일제 지배 시의 일본, 해방 직후 북한의 소련 지식도입체계, 남한의 미국지식체계로 단순화된 것이라고 볼 수 있다.

이상의 '새교육 운동'에 대한 비판 논리를 정리하면 다음과 같다.

'조선교육연구회'는 미국 일변도의 새교육을 비판하면서 교육방법의 다양화에는 공헌하였다. 안호상이 초대 문교부장관이 되면서 일민주의를 주창하게 되지만, 이 또한 지나친 민족주의적 경향을 띠게 된다.

'새교육 운동'은 50년대에 집중적인 비난을 받았다. 비판의 핵심은 유행처럼 무작정 모방하는 데 그치고 있으며 실천보다는 이론에 치우치고 있다는 데 있었다. 이는 결국 교육 상층부를 중심으로 하는 강습회, 연수회, 공개수업은 만개하였으나 교실에서의 변화는 미미했었다는 결론을 얻게 된다.

세계지식체계는 미국을 중심으로 단일화될 수밖에 없었는데 우리나라에는 '새교육 운동'을 통하여 그 체제에 진입하였던 것이다. '새교육 운동'은 그 자체의 기능은 약화되었지만, 미국의 지식체계

---

109) 정영수(1987), 앞의 글, p.189.

속에 주변부적 위치로 변화시키는 데에는 큰 영향을 미쳤다.

4) '새교육 운동'에 대한 오천석의 시각

'새교육 운동'은 오천석이 시작하였다. 그렇다면 오천석 자신은 '새교육 운동'에 대하여 어떤 시각을 가지고 있는지가 궁금하다.

여기서는 '새교육 운동'의 주도자로서 오천석은 어떤 역할을 하였으며, 그 업적은 무엇이고, 그 결과에 대한 그의 생각과 논리는 무엇인지를 살펴보고자 한다.

첫째, '새교육 운동'의 전개 배경에 대한 오천석 자신의 생각을 알아보자. '새교육 운동'은 일제 식민지 시대의 교육을 극복하기 위한 새로운 교육 실현에의 강렬한 요구, 즉 민주주의 교육의 요구에 따라 해방 이듬해인 1946년부터 구체화되어 나타나기 시작하였다. 이는 전통적인 교육을 개혁하고자 하는 움직임으로 나타났는데, 오천석은 이러한 움직임에 대해 광복 후 일 년이 지나고 이듬해가 되자 문교부 내와 일선교사들 사이에 전통적인 교육을 개혁하려고 하는 기운이 서서히 나타나기 시작하였다. 여기에 이른바 '새교육 운동'의 탄생을 보게 된 것이라고 하여 '새교육 운동'의 탄생 배경을 설명하고 있다(교육부, 1998: 64).

오천석은 미국 컬럼비아대학에서 수학할 때 존 듀이의 강의를 들었다. 강좌명이 '미국교육'이었는데, 이 강의 시간을 통하여 교육을 새로운 관점에서 보게 하는 눈을 뜨게 되었다.

오천석은 미국에서 직접 존 듀이나 그의 제자 킬패트릭에게서 교육을 받은 미국 유학생, 일본에서 유학을 하면서 존 듀이에 심취해 있던 일본유학생, 그리고 국내에 있으면서 존 듀이의 이론을 흠모해 온 소수의 교육자들에 의하여 새교육이 추진되었음을 밝히고 있다(오천석, 1955: 13 - 14). 다시 말하면 당시 존 듀이 철학을 전공하고 관심이 있는 교육자들이 상당히 있었음을 암시하고 있는 셈이다.

오천석은 '조선교육심의회' 전체회의 및 분과위원회 운영, '사회생활' 과목 신설, 각종 연구 활동, 민주주의 교육 강습, '새교육전람회', '신교육연구협회' 창립, 『민주주의 교육의 건설』 발간, 『민주주의와 교육』 발간, 『School and Society』 및 『Group Education for a Democracy』 번역 · 출판, 대한교육연합회 창립 및 강습회 개최, '새교육' 발간 및 '중앙교육연구소' 운영, 미국교육사절단의 새교육방법 교수 등이 존 듀이의 영향을 받았다고 지적하고 있다(오천석, 1955: 13 - 17 요약). 이는 당시의 대부분의 수업개선을 위한 활동이 존 듀이의 영향하에 전개되었음을 의미한다.

이와 같이 오천석의 새교육론은 미군정의 정치적 이해[110]와 더불어 철학적으로는 존 듀이의 영향을 받아 전국적인 교육운동으로 확산되어 갔다. '새교육 운동'을 통해 민주적인 교육이념이 소개되었으며, 특히 이제까지와는 다른 교육방법을 교육실제에 적용할 것을 요청하였다. 이를테면 민주교육의 방법으로서 아동의 개성과 자발적인 활동이 중시되는 아동 중심교육, 경험 중심교육, 생활 중심

---

110) 미국으로서는 빠른 시일 내에 미국식 민주주의를 한국에 정착시켜, 당시 팽창일로에 있던 소련의 공산주의와 직접적으로 대결할 수 있는 이념적 교두보를 마련해야 했다. 이렇게 시작된 냉전의 대결장인 한반도는 그 후 6 · 25전쟁을 거쳐 오늘날까지 남북이 대치하고 있다.

교육이 소개되었다.

오천석은 새교육의 기본정신을 제시하면서 아울러 '새교육'이 받은 오해에 대해서는 다음과 같이 밝히고 있다(오천석, 1975j: 107 - 108).

> 뒤에 우리의 진실을 이해하지 못한 사람은 새교육을 '듀이적 교육'이라고도 하고, 심지어는 미국의 '진보주의적 교육'이라고 단정하기도 하였다. 당시 듀이의 교육이론을 어느 정도 따른 것도 사실이고, '진보주의 교육'의 교육방식을 부분적으로 모방한 것도 사실이다. 그러나 이것은 구교육, 일본적 교육에서 탈피하려는 하나의 노력이요, 시도였다. 그러므로 새교육을 듀이식 교육이나 '진보주의 교육'과 동일시하는 것은 정당한 해석이 아니다. 더구나 이것을 민족정신을 망각한 서구식 교육의 맹목적 추종, 모방이라고 하는 것은 옳은 평가라 할 수 없다.

이처럼 오천석은 '새교육 운동'이 존 듀이의 맹종도, 진보주의의 무조건적 도입이 아닌 한국적인 교육개선운동이라고 설명하고 있다.

어쨌든 '새교육 운동'의 중심에 오천석이 있었던 것만은 틀림없다. 그는 존 듀이의 이론을 강의했고 책으로 발간했으며 문교차장과 부장으로서 행정적으로 주도하는 위치에 있었다. 특히 오천석은 미군정 당시의 많은 교육정책의 배경에는 존 듀이가 있었다고 고백하고 있다.[111] 이처럼 오천석에 의해 전파되기 시작한 존 듀이의 진보주의 영향은 '새교육 운동'을 통하여 더욱 확산되었던 것이다.

둘째, '새교육 운동'에 대한 오천석의 업적에 대하여 어떻게 기록하고 있는가를 알아보자. 초창기 '새교육 운동'은 오천석을 중심으로 한 교육부의 교원강습회와 사범대학의 자체 강습회를 통하여 이루어졌으며, 민주주의 이념에 입각한 새로운 교육이론을 보급하

---

111) 오천석(1955), "듀이의 교육사상과 한국의 교육", 『새교육』1955. 9월호, 대한교육연합회서울인쇄소, pp.14 - 15.

는 데 주력하였다. 1946년 교원 하기 강습회에서 오천석은 미국의 교육이론을 소개했으며 이 내용은 '민주주의 교육의 건설'로 출판되었다. 또 같은 해 여름, 서울사범 및 서울여자 사범의 공동 주최로 초·중등학교 교원 강습회가 개최되었으며, 한국어, 사회생활, 수학, 물리 등 제 교과의 내용 및 교수방법에 관한 내용을 600명 이상의 교원이 강습을 받았다(중앙대연구소, 1974: 50).

박봉목은 1950년대에서 1960년대에 이르는 이 시기에 '새교육'과 존 듀이 사상에 대한 비판의 목소리가 있었다고 전제하고, 이에 대하여 이와 같은 비판은 존 듀이의 사상이나 새교육 이념 그 자체에 대한 비판이라기보다는 오도되거나 왜곡된 듀이주의나 당시의 한국적 교육 여건상의 부적절성에 대한 것이 많았다고 하여, 존 듀이와 '새교육 운동'의 비판에는 오해가 있음을 피력하고 있다(박봉목, 1993: 68).

박봉목은 해방 이후 교육, 정치, 행정, 외교 및 학문적으로 오천석 박사가 한국발전에 공헌한 바는 지대하다고 평하고 있다. 특히 존 듀이와 관련지어 생각할 때 제2차대전이 끝나고 일제(日帝)가 물러간 후, 새로운 제도의 정착이 없이 한국교육이 혼미와 공백에 처해 있을 때 듀이사상을 비판적으로 수용하여 해석하고 한국의 민주교육을 세워 간 오천석의 공이 큰 것으로 기술하고 있다(박봉목, 1993: 73 - 74).

이와 관련지어 90년대, 우리나라에 초등학교를 중심으로 열린교육이 풍미했던 시기가 있었다. 이 시기에는 오천석의 미군정기의 '새교육 운동'과 관련을 지어 논의하고 있는 논문이 있는데, 김경혜의 논문이 대표적이다. 그는 결론부분에서 '새교육 운동'과 열린

교육은 교사 중심이 아닌 아동 중심의 교육이념과 교육관을 내걸고 있다. 따라서 '새교육 운동'을 통하여 오천석의 미래를 내다본 교육자로서의 선구자적인 모습을 다시 한 번 알 수 있다고 하여 오천석의 공을 높이 평가하고 있다.[112]

정세화는 오천석의 교육사상의 실천과정 중 '새교육 운동' 전개 시기('45 – '48)에 대하여, 당시, 천원 선생은 교육에 있어서의 일제의 잔재를 청산하고, 새로운 조국의 교육이상을 구현하기 위한 방안으로, '새교육 운동'을 제창했다고 보고 있다(정세화, 2001: 35). 이론으로, 행정적 지원으로, 그리고 강연과 강습회로 설파한 천원의 교육사상은, 1947년 『민주교육의 건설』이라는 저서로 출판되었는데, 이 저서는 민주주의 이념과 경험중심 교육방법론에 관한 우리나라 최초의 저서라고 소개하면서 새교육 운동에서의 오천석의 위치를 확인하고 있다.

이와 같이 새교육 운동의 추진에 대하여 오천석의 업적을 기리는 논문이 많이 출간되고 있다. 이들 논문의 특색은 '새교육 운동' 추진에 있어서 오천석의 역할과 영향을 긍정적 관점에서 기록하고 있다는 점이다. '새교육 운동'에 대한 비판에 대해서는 듀이적인 가치에 대한 비판이라기보다는 당시 교육여건 부족 및 이론 적용에 문제가 있었다고 분석하고 있다. 따라서 오천석이나 듀이를 비판하는 경우에 그 진의는, 우리의 여건에 문제가 있는 것이지 이론 그 자체에는 문제가 없는 것으로 해석하고 있다.

셋째, 오천석 자신은 '새교육 운동'에 대하여 어떤 반성 논리를

---

112) 김경혜(1998), "오천석의 새교육 운동과 최근의 열린 교육(Open Education)운동", 『민주교육』 제8호, 천원기념회, pp.60 – 61.

전개하고 있는지 알아본다. '새교육 운동'에 대한 오천석의 기록은 여러 곳에 나오고 있다. 특히 1947년 12월에 유억겸에 이어 문교부장이 된 오천석은 '새교육 운동'을 가리켜, 전통적 교육을 지양하고 민주주의 이념 위에 교육을 세우려는 운동이라고 말하였으며, 새교육을 적극 추진하겠다고 다짐하였다. 그러나 그 뒤에 별 성과를 거두지 못하였다고 기록하고 있다. 오천석은 그 원인을 이 운동은 그 자체 안에 취약성을 내포하고 있었다고 보았다. 그것은 '새교육 운동'이 확고하고 충분한 철학적 근거 없이 시작되었다는 점이다. 우리 교육자들에게는 열의는 있었으나, 확고한 지도이념이 박약하였다. 민주주의에 대한 충분한 이해가 빈약하였고, 그 이념을 어떻게 교육과정에 반영시켜야 할 것인가 하는 데에 대한 뚜렷한 신념이 부족하였다. 결과로 '새교육 운동'의 실제 모습은 미국의 모방의 범위를 벗어나지 못하였다고 지적하고 있다(중앙대연구소, 1994: 94).

또 오천석은 교육의 민주적 체제의 정비와 더불어, 교육과정의 민주화를 위한 노력을 시작하였다. 그 방향은 종래의 획일적·억압적·주입식 교수방법을 지양하고, 아동의 개성을 존중하며, 어린이의 자유와 창의와 활동을 조장하는 교육개혁운동으로 발전하였다. 이리하여 종래의 교사 중심 수업을 대신하여, 아동의 경험과 자발적 활동을 존중하는 학습과정이 소개되었는데, 그러나 이러한 노력은 극히 소수의 교육자에 의하여 가해졌을 뿐이었고, 초등학교 교육에 국한된 것이었다고 하여 그 한계를 스스로 인정하고 있다. 다시 말하면 '새교육 운동'은 소수의 교육개혁 의지가 있는 선각자적 교육자에 의해서 시도되었을 뿐만 아니라, 중·고등교육에는 별 영향을 끼치지 못하였던 것이다. 이는 중·고등학교 및 대학에서의 교육은 일제시대의 전제주의적 교육풍토가 그대로 답습되었다는 것을 의미한다.

오천석은 그의 자서전에서도 '새교육 운동'이 실패하였음을 몇 가지 이유를 들어 설명하고 있다. 무엇보다도 우리의 교육 현장에서 새교육에 대한 열정이 식어 버리고, 민주교육보다는 상급학교 진학을 위한 교육으로 교육의 본질이 변모함으로써 '새교육 운동'이 지속적으로 실천되지 못하였음을 지적하고 있다(오천석, 1975j: 108). 오천석은 진보주의 교육이 교육을 망하게 하였다고 보기는 어렵고, 오히려 지식 위주의 주입식 교육이 현재 교육을 망치고 있다고 보고 있다.

이상의 논의를 정리하면 다음과 같다. '새교육 운동'의 중심에는 오천석이 있었다. 그는 존 듀이의 이론을 강의했고 책으로 펴냈으며 문교차장과 부장으로서 행정적으로 주도하는 위치에 있었다. 이처럼 오천석에 의해 전파되기 시작한 듀이의 진보주의 영향은 '새교육 운동'을 통하여 더욱 확산되었다.

그러나 '새교육 운동'은 오천석이 기대했던 것만큼의 성과를 거두지 못하였다. 그 원인으로는 '새교육 운동'이 철학적 근거가 부족했고, 이론과 실천이 조화를 이루지 못하였으며, 교육현장은 입시 위주의 교육으로 변모하였다.

오천석은 미군정과 그 직후의 교육이 실패한 것은 이미 어떤 이념이나 사상 또는 교육의 기본 원리보다도 개인의 입신양명이나, 사리의 욕망이 앞섰기 때문이며, 이미 이때부터 우리 국민은 승화되지 못한 교육열로 인하여 실패하기 시작했다고 보았던 것이다.

5) '새교육 운동'에 대한 미군정의 역할

'새교육 운동'이 오천석에 의하여 시작되었다 하더라도 미군정의 동의가 없이는 추진이 불가능하였을 것이다. 그렇다면, 미군정의 협력이 어떻게 이루어졌는지를 살펴보자.

해방직후 우리 교육자들이 실시하는 교육방법 개선을 위한 여러 가지 활동에는 시행착오가 있었다. 그리하여 미군정청에서는 미국이 파견한 한국교육정보조사단의 건의에 따라 미국 본토의 제대로 된 진보주의 교육이론을 도입할 필요가 있다고 보았다.

'새교육'을 전개하기 위한 미군정청의 적극적인 노력은 위와 같은 한국교육정보조사단의 건의에 따라 미국교육자들이 내한하여 '중앙교원훈련소'(Teacher Training Center)를 설치하는 것으로 구체화되었다. 비록 53일간(1948년 8월 3일부터 9월 24일까지)이라는 짧은 기간을 2기로 나누어 약 400명을 훈련한 것이었지만 그들의 활동은 한국교육자들이 새교육을 이해하는 데 크게 도움이 되었다(중앙대연구소 1974: 94).

연구과목은 교육철학, 인간발달, 사회생활, 체육보건, 언어기술, 학교행정, 과학교육, 도서관 연구, Home Room, 과외활동 등이었다. 연구활동은 강의 중심이 아니라, 연구 협의를 주로 하였으며, 풍부한 도서를 비치하고 시청각기구를 활용하는 한편, 견학 시찰의 기회를 많이 가지게 한 데 특징이 있었다. 이 중 '사회생활'이라든가, 'Home Room', '과외활동' 등은 처음 대하는 과목으로서 특히 미국적 문화를 전달하는 데 큰 영향을 미쳤다. 송덕수는 이에 대하여 다음과 같이 기록하고 있다(송덕수, 1996: 223).

> 새교육 운동은 초기에는 한국인 관리에 의하여 시작되고 초등학교를 중심으로 전개되었으나, 차츰 미군정청에서 본격적으로 지원하기 시작하였다. 1947년 6월, A. J. 부름바우를 단장으로 5명의 교육정보조사단을 파견하고 이들의 건의에 따라 48년 8월, 중앙교원훈련소를 설치하여 한국인 교사들을 훈련시키기 시작하였다.

이후로 다수의 한국인이 미국 편중의 유학으로, 한국은 미국의 세계지식체제 속에 주변국으로 전락하게 되었다.

미군정청이 한국에 미국인 교육요원을 직접 파견해야 했던 이유는 경험이 부족하고 아직 민주적으로 훈련되지 못한 한국교육자들 때문이라고 하며 이를 위하여 1948년에는 20여 명의 미국교육자를 초청하였다. 그 결과 우리의 교육관에 획기적 전환이 이루어졌을 뿐만 아니라 교육방법에 일대변혁을 가져오게 하였다. 특히 민주적인 교육방법에 대한 깊은 이해를 가질 수 있게 한 것은 이 미국교육자의 공이 컸다는 것이다(문교부, 1960: 83).

이는 국내의 자원으로 교육혁신을 위한 연구회나 강습회가 여러 곳에서 열렸다 하더라도 능력 있는 지도자가 부족하였던 당시로서는 새로운 교육방법을 제대로 전달하지 못하여 여러 가지 시행착오를 겪게 되었다. 이에 교사들에게 진보주의 교육을 제대로 경험하게 하기 위하여 미군정청에서는 교사들을 위한 다양한 훈련 계획을 수립하고 이를 실천하였다. 그중의 하나가 미국에서 직접 교육자들을 초빙하여 한국인 교사들을 훈련한 것이었다. 결국 미군정청이 교육방법 개선에 직접 적극적으로 영향을 끼쳤다는 이야기가 된다.

이상을 정리하면 다음과 같다.

'새교육 운동'은 일제 식민지교육의 잔재를 청산하고 민주주의에 입각한 새로운 교육을 지향한다는 교육개혁운동이었다. 이를 철학적으로 뒷받침한 것은 미국의 진보주의 교육이론, 특히 존 듀이의 교육이론이었다.

'새교육 운동'으로 연결된 미국과의 교육교류는 1947년 이래, 일방적인 미국 사조의 유입으로 지속되었으며 대규모 미국 유학으로 인한 외국 교육이론의 지식 편식 현상이 나타났다. 그리고 '새교육 운동'은 신생 한국이 출범하면서 타격을 입기 시작하여 1950년대에는 집중적인 공격을 받게 된다. 그럼에도 불구하고 '새교육 운동'의 기본정신, 즉 아동 중심, 활동 중심의 교육은 오늘날 우리 교육에도 큰 영향을 끼치고 있다.

지금까지 3절의 논의를 종합하면 다음과 같다. '새교육 운동'은 초등에서는 교육과정이나 수업방법 개선에서 비교적 활발하게 전개되었다. 그러나 중등교육에서는 실제 교수·학습방법의 변화는 거의 없이 일제의 방법을 따랐다. 따라서 '새교육 운동'은 초등 중심의 교육방법 개혁운동이었다고 할 수 있다.

'새교육 운동'은 미군정 당국과 민간조직인 '조선교육연구회', '교육문화협회', '신교육연구협회', '아동교육연구회'를 통하여 전개되었다. 이 중에서 '조선교육연구회'가 가장 활발한 활동을 전개하였다. '조선교육연구회'는 미국 일변도의 새교육을 비판하면서 교육방법의 다양화에 공헌하였으며, 안호상이 초대 문교부장관이 되면서 일민주의를 주창하게 되지만, 이 또한 지나친 민족주의적 경향을 띠게 되어 큰 호응을 얻지 못하였다.

'새교육 운동'은 대한민국 정부가 들어선 1950년대에 집중적인 비난을 받았다. 비판의 핵심은 유행처럼 무작정 모방하는 데 그치고 있으며 실천보다는 이론에 치우치고 있다는 데 있었다. 이론은 화려하나 현장 개선에는 이바지하지 못하였다는 비판이 주류를 이루고 있다. 세계지식체계는 제2차 세계대전 후 미국을 중심으로 단일화될 수밖에 없었는데 우리나라에는 새교육이라는 매개체를 통하여 진입하였다. 차츰 새교육운동은 약화되었지만 미국의 지식체계 속에 주변부적 위치로 변화시키는 데는 큰 영향을 미쳤다.

'새교육 운동'의 중심에는 오천석이 있었다. 그는 존 듀이의 이론을 강의했고 책으로 펴냈으며 문교차장과 부장으로서 행정적으로 주도하는 위치에 있었다. 그러나 '새교육 운동'은 오천석이 기대했던 것만큼의 성과를 거두지 못하였다. 그 원인으로는 '새교육 운동'이 철학적 근거가 부족했고, 이론과 실천이 조화를 이루지 못하였으며, 입시 위주 교육의 영향을 받았다. 오천석은 미군정과 그 직후의 교육이 이미 어떤 이념이나 사상 또는 교육의 기본 원리보다도 개인의 입신양명이나, 사리의 욕망이 앞서기 때문에 이미 이때부터 승화되지 못한 교육열로 인하여 실패했다고 보고 있다.

'새교육 운동'은 일제 식민지교육의 잔재를 청산하고 민주주의에 입각한 새로운 교육을 지향한다는 교육개혁운동이었다. 이를 철학적으로 뒷받침한 것은 미국의 진보주의 교육이론, 특히 존 듀이의 교육이론이었다. 그리고 '새교육 운동'으로 연결된 미국과의 교육 교류는 1947년 이래, 일방적인 미국 사조의 유입으로 지속되었으며 대규모 미국 유학으로 인한 외국 교육이론의 지식 편식 현상이 나타났다.

4. 6·3·3·4 학제의 채택

사회에서 계획적으로 교육기능을 담당하는 기구가 짜일 때, 그 짜임을 교육제도라 한다. 국가 교육제도의 중심은 '학교 교육기능의 독립성'을 제도적으로 보장할 수 있는 학교제도, 즉 학제(學制)라 할 수 있다.

학제의 특성을 지적하기 위하여 사용하는 개념으로 단선형 학제(또는 단선제)와 복선형 학제(또는 복선제)라는 용어를 쓴다. 이 두 개념은 교육평등 의식의 성장과 함께 발달한 것들로서, 학생들이 밟아 갈 학교계통이 단선이냐 아니면 복선으로 분리되어 있느냐의 기준으로 구분된다.

우리나라의 기간학제는 미군정기 이래 단선형 학제를 유지하고 있다. 고등학교 수준에서 실업계 학교와 일반계 학교가 분리되어 있기는 하지만 어느 학교를 졸업하든 대학 진학의 길은 열려 있다. 모든 학생은 크게 하나의 학교계통을 밟을 수가 있다. 학제는 여러 차례 수정과정을 거쳤지만 6·3·3·4제의 기본골격을 계속

유지해 오고 있다.

여기서 단선제 학제가 논의되고 확정되는 과정의 분석을 통해 이해관계가 다른 각 집단 간의 주장이 어떻게 전개되었으며, 그 특징은 무엇인가를 파악하고자 한다.

1) 학제의 기본 내용 및 추진과정

학제는 '조선교육심의회' 제2분과위원회에서 다루었다. 제2분과위원회는 유억겸, 오천석 등이 위원으로 활동했다. 여기서 주목할 것은 우리나라에서 최초로 학제에 대하여 논의한 것으로 알려진 천연동 모임의 참석자 중 두 명이 제2분과위원회에 소속되어 있고 이들이 미군정 한인 관리 중 최고의 지위(유억겸은 부장, 오천석은 차장)에 있었다는 데 있다.

이들이 사전 계획에 의해 제2분과에 소속되었는지는 알 수 없으나, 이미 천연동 모임에서부터 6·3·3·4 기본학제로 의견의 일치를 보고 있었다. 그러나 이후 이 기본 학제는 논란의 대상이 되었는데 특히 중등 단계의 학제 변화가 극심하였다.

여기서는 학제의 기본 내용 및 추진과정을 정리한다.

첫째, 미군정기 교육심의회 제2분과위원회에서 논의된 학제 개편의 기본 내용은 무엇이었는가?

미군정기 학제의 제정은 '조선교육심의회' 제2분과위원회에서 담당하였다. 이 위원회에서는 일제 식민지하에서 유럽형 학제를 모형으로 하여 채택하였던 복선형 학제 대신, 단선형 학제로 전환하고,

그 모델을 미국에서 실시되고 있는 학제의 한 모형인 6·3·3·4제를 택하였다. 복선형 학제는 실사회에 진출하는 학교계통과 대학으로 연결하는 계통을 구분하여, 하나는 서민계층을 위한 것으로 하고, 다른 하나는 주로 지배계층을 위한 것으로 보았던 것이다(문교부, 1960: 76-77). 이것은 두 계층 사이의 사회적 거리를 의도적으로 존속시키는 데 적합하였던 것이다. 이에 반하여 단선제 학제는 모든 국민을 위하여 동일한 학교계통을 제공하는 것이며, 새로운 민주사회를 지향하는 데 적합한 것으로 보았다.

당시 우리나라에서 실시되고 있던 복선제 학제는 일제(日帝)가 우리나라 학생들에 대하여 중등 이상의 교육을 억제하기 위한 방법으로 실시된 것이었으며, 서구 교육제도의 영향을 받은 것이기도 하다.[113] 반면 미국에서는 모든 학생들에게 상급학교 진학의 기회가 골고루 주어지는 단선형 학제를 채택함으로써 차별교육이 아니라 교육의 기회균등을 실현하고자 하였던 것이다.

'조선교육심의회'에서 확정된 학제 내용은 다음과 같다(오천석, 1975d: 26).

국민학교: 06세~12세, 6년간
중학교: 12세~15세, 3년간
고등중학교: 12세~18세, 6년간의 고등중학교의 전기 3년을 중등과, 그리고 후기 3년을 고등과 함
실업고등중학교: 고등중학교와 같음
사범학교: 15세~18세, 3년간
대학: 18세~22세, 4년간
의과대학: 18세~24세, 6년간(전기 2년을 예과라 함)

---

113) 제2차 세계대전 당시 미국은 일본의 적성국이어서 교류가 많지 않았으며, 주로 서구 동맹국과 교류하였다.

대학원: 의과대학을 제외한 일반대학에 1년 이상의 대학원 과정을 둠

그리고 재래의 3학기제를 폐지하고 1년을 2학기로 나누고, 1학기를 9월
부터 2월까지, 2학기를 3월부터 8월까지로 정하고, 새 제도는 9월부터 실
시하기로 하였다.

이 학제는 여러 차례의 개정과정을 거쳐서 1951년 3월 20일 6·
3·3·4제로 확정된다.

둘째, 학제는 조선교육심의회 제2분과위원회의 심의와 전체회의
를 통과하면서 확정되었다.

미군정하에서 새 교육제도 수립을 모색하기 위하여 미군정 학무
국 주도하에 '조선교육심의회'가 구성된 것은 1945년 11월이었다.
교육제도는 제2분과 위원회인 교육제도분과위원회를 중심으로 새
로운 교육제도의 기본 틀을 논의하였는데, 위원은 김준연, 김원규,
이훈구, 이인기, 유억겸, 오천석, 에레트 소령 등이었다. 교육제도
분과위원회에서는 일제의 학제를 개선하여 새 학제를 채택하였다.
1951년까지 학제의 변천과정은 다음과 같다.

 1945.12.05.: 6·3·3·4학제 결정 → 중학교 3년제와 고등중학교(또는 실업고
         등중학교) 6년제(전기 3년 중등과, 후기 3년 고등과) 병행
 1946.09.01.: 학제 일부 변경 → 중학교 또는 실업중학교 6년(초급중학교 또
         는 초급실업중학교 3년, 고급중학교 또는 고급실업중학교 3년)
 1949.12.31.: 학제 일부변경 → 중학교 4년 고등학교 2년 내지 4년, 단선
         제를 복선제로 변경
 1950.03.10.: 6·4(3)·3·4 기본 학제 확정 → 고등학교 3년
 1951.03.20.: 1950년 개정에서 고등학교는 2−4년을 3년으로 개정하고
         중학교는 4(3)로 두었던 것을 3년으로 개정함. 이로써 6·3·3·
         4학제 및 복선제에서 단선제로 변경 확정됨

위의 추진과정처럼 학제 변동의 중심에는 중등 학제와 단선제, 복선제에 있었다. 최초의 학제는 6·3·3·4. 단선제였다가, 6·4·2(4)· 4 복선제로, 다시 6·3·3·4 단선제의 과정을 거쳐서 확정되었다.[114] 즉 중·고 분리 및 통합 여부, 수업연한의 적정성 여부, 단선제 및 복선제의 선택 여부가 쟁점이었다.

2) 학제정책에 대한 긍정적 논리

오천석은 6·3·3·4학제에 관한 한 적극적이었다. 천연동 모임에도 참석했었고 조선교육심의회에도 제2분과(교육제도)에 속하였다. 학제정책은 그를 중심으로 추진되었다.

여기서는 학제에 대한 긍정적인 시각들이 각각 어떤 관점으로 접근하고 있는지를 분석해 본다.

첫째, '천연동 모임'에서는 어떤 논의가 있었으며 6·3·3·4학제와는 어떤 관계가 있는가를 알아보자.

6·3·3·4학제 채택에 대한 관심은 이미 '천연동(天然洞) 모임'에서부터 시작되었다. 여러 참고문헌을 종합하여 볼 때 '천연동 모임'은 다음과 같은 특징을 지닌다. 모임 시기는 1945년 8월 하순, 주도자는 오천석, 참석자는 김성수, 유억겸, 백낙준, 김활란 및 오천석,

---

114) 이러한 학제 변화에 대하여 김인회는 당시 학제 문제를 놓고 문교부와 대립했던 제헌국회의 문교사회위원회 측의 사고방식에 원인이 있다고 보고 있다. 즉 "일제식 교육을 받고 자란 엘리트들이 일제 시 자기 자신만이 선택되어 교육받은 것에 대한 긍지를 갖고 일제식 복선제를 선택한 것이라고 생각한다."고 해석하고 있다. 김인회(1989), 교육과 민중문화, 한길사, pp.317－318.

모인 회수는 3 - 4회, 모인 이유는 미군이 진주하더라도 한국교육만 큼은 한국인의 자주역량으로 실시해야 한다는 생각, 주요제안자와 제안 내용은 김성수는 '민주주의 교육'의 필요성을 내세웠고, 이를 실천하기 위한 학제로 6 · 3 · 3 · 4제를 제안, 오천석이 부연설명, 참석자 모두 고개를 끄덕여 찬의를 표시하였다고 기록하고 있다.

『한국교육40년사』에서는 천연동 모임에 참석한 사람들이 모두 '조선교육심의회' 위원으로 참여하였으므로, 학제 도입에 있어 그 영향력이 없지 않았을 것이라고 기록하고 있다(문교부, 1988: 66).

'천연동 모임'에서 김성수의 6 · 3 · 3 · 4학제 제의에 오천석이 부연설명한 논리는 다음과 같다(송덕수, 1996: 25 - 27).

> 학제가 많기는 하지만 6·3·3·4학제가 제일 새롭고 최근에 들어와 미국 의 일부 주에서 신학제로 인기가 높다. 심리적 기초도 있고 3·3으로 끊는 묘미도 있다. 그리고 우리나라와 같이 가난한 형편에서는 중등교육과정 을 6년 또는 5년으로 하게 되면 학부모들의 부담이 커서 중도에 학업을 그만두는 학생이 많을 것으로 생각된다.

학제에 대한 오천석의 부연설명을 들은 모두는 고개를 끄덕였다 고 한다. 그런데 여기서 하나 생각해 보아야 할 점은 미국에서 공 부한 경험도 없는 김성수가 어떻게 미국의 최신 학제인 6 · 3 · 3 · 4학제를 제안하였는지에 대한 의문이다. 미국에서 교육받은 오천 석, 백낙준, 김활란 등이 있었음에도 일본에서 교육받은 김성수가 제안하였는데, 오천석은 그 이유를 다음과 같이 설명하고 있다(송덕 수, 1996: 27).

인촌 선생이 보성전문(고려대 전신)을 인수하기 전에 미국여행을 갔었
던 적이 있었습니다. 1929년이라고 기억됩니다만, 그때 제가 컬럼비아대
학에 다닐 때인데 그분의 요청에 따라 콜롬비아와 뉴욕 유니버시티를 안
내했던 적이 있었어요. 그분이 왜 보성전문을 맡아(1932년에 인수) 대학
운영을 하려고 했는지는 알 수 없으나, 미국의 교육제도에 상당한 관심을
갖고 있었어요. 아마 6·3·3·4제에 대한 매력도 미국을 여행하면서 받은 영
향인 것 같아요.

오천석의 주장에 따르면 김성수가 미국 여행 중에 미국의 교육
제도에 관심이 많았고, 아마도 학제도 미국 여행에서 영향을 받았
을 것으로 추측하고 있다.

위와 같은 기록을 종합하여 보면 6·3·3·4학제의 최초의 제
안자는 김성수이며 적극적인 지원자는 오천석을 비롯한 천연동 모
임의 인사들이었다는 것을 알 수 있다. 이들이 왜 학제를 6·3·
3·4제로 하였는지는 구체적으로 밝혀지지는 않고 있지만 아마도
사립대학 관련자들이 많았던 관계로 단선제와 6·3·3·4학제가
환영을 받았을 것으로 추측된다. 진학할 학생은 많아지고 재학기간
도 길어지기 때문에 반대할 이유가 없었을 것이다.

둘째, 단선제 또는 복선제 학제와 교육연한에 관한 논의를 정리
해 보자.

해방 후 학제를 제정함에 있어 핵심적인 쟁점 중의 하나는 진학
계열을 복선제로 하느냐 단선제로 하느냐에 있었다. 일제의 식민지
지배하에서는 지배자와 피지배자를 양성하는 이원적(二元的) 학제
였으나, 이제는 모든 국민은 평등하고 주권자가 되었다. 따라서 기
회균등의 이념하에서 모든 사람이 평등하게 학교에 다닐 수 있는

교육제도가 필요했다. 정치적, 사회적, 경제적, 직업적 지위의 여하를 막론하고 누구나 원하면 입학하여 자신의 능력과 재능을 최고도로 발휘할 수 있는 민주형, 즉 단선형의 교육제도를 선택하였다.[115] 이런 생각에서 채택한 것이 6·3·3·4 단선제 학제이다.

한편 초등학교에 입학하여 대학을 졸업할 때까지의 16년 교육연한은 지나치게 긴 기간으로 우리 실정에는 맞지 않는다는 비난이 있었다. 이에 대하여 오천석은 전체적인 연한은 미국 및 일제와 같기 때문에 길어진 것이 아니며 다만 중등교육기간이 전보다 길어졌을 뿐이라고 설명하고 있다(오천석, 1975d: 30).

사실 16년 교육연한과 단선형 학제에 대하여 비교육주도세력의 입장에서 보면, 교육연한은 큰 문제가 되지 않았을 것이다. 다만 일제시대의 지배자와 피지배자 양성을 위한 복선형 학제를 개선하여 필요에 따라 언제든지 진로선택이 가능한 단선형 학제를 채택한 것이 더 큰 성과라고 볼 수도 있었을 것이다. 특히 비교육주도세력 중에서 진보적 민주주의 노선에 있었던 인사들이 더욱 기대하던 학제였을 것으로 보인다(손인수, 1992: 299).

무엇보다도 미군정기의 단선제 학제의 채택은 두 가지 의의가 있다. 첫째는 일제의 복선제에서 벗어난 것이고, 또 하나는 일제의 복선제로 진학의 길이 막혀 있었던 국민들에게는 진학의 문을 열어 주었다는 점이다.

---

115) 6·3·3·4 단선제 학제 채택에 대해서는 이외의 대부분의 기록에서 일치하고 있다. 문교부(1960), 앞의 책, p.82. 문교부(1988), 문교40년사, 대한교과서주식회사, 책, pp.64 – 68. 교육부(1998), 앞의 책, pp.105 – 106. 오천석(1975d), 앞의 책, p.27. 오천석(1975j), 앞의 책, p.97. 참조.

3) 미국 학제 모방이라는 비판적 논리

'조선교육심의회의' 교육제도 분과위원회에서 6 · 3 · 3 · 4학제를 논의하고 확정하는 과정에서 이 학제가 미국의 학제를 모방한 것이 아니냐는 비판이 있었다. 이에 대하여 6 · 3 · 3 · 4학제를 주장하는 측은 맹목적 모방은 아니라고 반론을 펴고 있다.

먼저, 오천석은 이 제도가 미국학제를 모방한 것이라는 평(評)에 대해서 다음과 같이 반론을 제기하고 있다(오천석, 1975d: 28).

> 미국 학제를 모방한 것이라는 데는 이를 수긍하나, 맹목적인 모방이라고 하는 것은 적당치 않다. 왜냐하면, 미국의 학제는 주(州)에 따라 다르기 때문에 각주에서는 여러 모양의 학제를 쓰고 있었는데, 그중에 가장 광범위하게 채택되고 있던 것이 8·4·4 학제이고, 6·3·3·4학제는 그 뒤를 따르는 새로운 제도이다. 중등학교 6년을 초급 3년, 고급 3년으로 나누게된 데는 상당한 심리적, 교육적 근거가 있는 것으로서, 여러 학제보다 우월하기에 채택한 것이다. 그러므로 학제가 미국 제도를 모방한 것은 사실이되, 당시 미국에서 많이 쓰이고 있던 제도를 버리고, 6·3·3·4제를 선택하였다는 것은, '조선교육심의회'가 맹목적으로 미국의 학제를 모방하지 않았다는 것을 증명하는 것이다.

위의 사실을 포함한 여러 가지 여건으로 보아서 미군정기의 학제는 미국 학제의 절대적인 영향을 받았다는 것에 대해서는 오천석의 증언에서와 같다. 다만, 오천석은 무조건적 또는 무비판적 모방이 아니라고 주장하고 있다.

이와 같이 오천석은 미 학제의 단순한 모방이 아님을 강조하고 있으나(손인수, 1992: 234 – 236), 강순원은 다른 이유가 있음을 지적하고 있다. 강순원은 일제하 민족 부르주아 진영의 대부격인 김성수가 해방 후 자기의 치부(=친일행각)를 가리기 위해 반공의 기수로서 친미적 경향으로 급선회하였다는 사실을 회고해 본다면, 김성수에게 있어서 미국식 학제개혁이란, 친일파라는 인상을 불식시켜 줄 뿐만 아니라, 자신이 소유하고 있었던 보성전문의 이해에도 직결되는 것이었기 때문에 강력하게 추진하였다고 해석하고 있다(강순원, 1986: 91).

이러한 분석을 고려한다면 6·3·3·4제는 오천석의 주장대로 미국식의 맹목적 모방이 아니라는 데 의문을 갖게 된다. 물론 미국의 교육제도가 전국이 동일하게 6·3·3·4제를 선택하고 있는 것도 아니고, 오히려 8·4·4제를 더 많이 채택하고 있었기에 그의 주장에도 일리는 있다. 그러나 당시의 정치적 상황으로 보아 강순원의 주장에도 상당한 이유가 있는 것이다.

또 한준상·김성학도 오천석의 주장과는 다른 해석을 하고 있다. 이들은 오천석이 자신의 주장을 정당화시키기 위해 미군정 시절 등사물로 간행된 몇 편의 글을 필요에 따라 인용한 오천석의 글은 미군정의 교육정책과 한국교육 간의 상관성을 체계적으로 분석해 내는 데 별다른 도움을 주고 있지 못한다고 보고 있다. 왜냐하면 종국적으로는 미군정의 교육정책의 정당성을 입증하는 식으로 미군정 자료를 활용하고 있고, 자기의 교육정책에 부정적인 평가를 해 줄 사항은 필요에 따라 삭제하고 있기 때문이라고 보고 있다(손인수, 1992: 298). 이 글은 오천석이 제공하는 자료의 신뢰성에 대하여 말하고 있는 것이다. 따라서 6·3·3·4제를 포함한 오천석이 제공하는 자료의 해석에는 그 이상의 근거가 필요함을 의미하고 있다.

이에 비하여 윤정일은 또 다른 해석을 하고 있다. 즉 6·3·3·4학제가 우리의 실정에 적합한 학제인지에 대한 깊은 연구 검토 없이 미군정이 제시한 것을 그대로 받아서 50년간 채택하여 왔다는 것이다. 이는 주권 국민으로서 유감스러운 일이며, 정부 수립 후 우리의 자유의사에 따라 6·3·3·4학제를 채택하였다고는 하나 그 기본구조가 미군정에서 제시한 것과 동일하였다고 주장하고 있다(윤정일, 1995: 334).

6·3·3·4학제의 미국 학제 모방에 대해서는 모두 동감을 하고 있다. 그러나 모방 논리는 조금씩 다르다. 오천석은 단순하고 맹목적인 모방이 아니라 상당한 교육적·심리적 근거를 가지고 채택하였다고 말하고 있는 반면, 다른 주장에서는 일제 때 친일성향을 가리기 위해 친미적 제도를 추진했다는 설과 미군정이 제시한 것을 그대로 받아들였다는 주장도 제기되고 있다. 또 한편으로는 오천석 관련 자료의 신뢰성에 의문을 제기하는 논문의 주장에 의하면 오천석의 주장에 대한 증거 자료가 추가되어야 함을 논하고 있다.

4) 중등 학제에 대한 접근 논리

미군정기 이후 신생 정부가 들어서서도 학제에서 가장 논란이 되었던 분야가 중등 학제를 어떻게 할 것이냐에 있었다. 이는 여러 차례 개정 작업에서 중등학제가 계속 변화하고 있는 것만 보아도 알 수 있다.

1945년 12월 5일에 확정된 중등 학제는 중학교 3년제와 고등중학교 6년제(전기 3년 중등과, 후기 3년 고등과)를 병행하는 것이었다.

이에 대하여 『문교40년사』에서는 해방 당시의 학제 문제에 대한 논쟁을 기록하고 있다. 비판론자들은, 중학교 및 고등학교의 분리 및 접속관계의 문제, 총 교육연한이 지나치게 길다는 주장, 개정된 학제가 주로 미국 학제의 모방이며, 우리 실정에 맞지 않는다는 점 등을 내세웠다. 특히 궁극적으로 국민경제가 최고도로 발전하고, 국가재정이 강력한 자본주의 최강국인 미국에서 실시되고 있는 6·3·3·4제를 미군정청의 요구에 의하여 무비판적으로 수용한 것이 아니냐는 주장이 그 초점이었다. 이에 대하여 6·3·3·4학제를 채택한 교육주도세력은 6·3·3·4제를 선택한 것은 미국 측의 압력 또는 맹목적인 미국 학제의 모방에서가 아니며, 다른 학제보다 6·3·3·4제가 여러 면에서 가장 우월하다고 판단되었기 때문이라고 논박(論駁)하는 등 상당한 논쟁이 있었음을 보여 주고 있다(문교부, 1988: 66).

1946년 9월 1일에는 학제 일부를 변경하여 중학교 또는 실업중학교 6년(초급중학교 또는 초급실업중학교 3년, 고급중학교 또는 고급실업중학교 3년)으로 변경하였다.

위와 같은 변화는 행정적으로는 한 학교를 만들어 통일하는 한편, 교육적으로 초급과 고급으로 나누어 교육하게 하려는 데 있었다. 이 조치는 중등학교를 한 학교로 만들 수 있는 한편 초급중학교 또는 고급중학교를 단설할 수도 있게 하였다. 전자는 도시에 편리한 조치이며, 후자는 농촌에 적합한 제도라 하겠다. 이렇게 함으로써, 도시학교에서는 중등학교를 중학교와 고등학교로 나누는 데서 초래되는 학생이나 학부모의 부담을 덜게 할 수 있는 반면에, 지방에서는 3년제 중학교를 단설함으로써 농촌의 교육적 요구에 응할 수 있게 되었다는 특징을 지니고 있다(오천석, 1975d: 30). 위와 같은 중등교육의 두 가지 연한제는 당시 농촌과 도시 간의 소득 격차로 인한 학부모들의 교육비 부담을 감안, 융통성 있는 제도를 만들기 위함이었다(송덕수, 1996:177).

그러나 이러한 중등학제는 1949년 12월 31일에도 학제 일부를 변경하여 중학교 4년 고등학교 2년 내지 4년으로 변경하였다. 당시에 규정된 중학교 4년제, 고등학교 2-4년제는 운영상의 혼란이 예상되는 제도였다. 또 중등교육기관을 중학교와 고등학교로 나눔으로써 학생들의 입시부담도 문제가 되었다. 특히 중학교의 경우 중학교 나름대로의 특성을 살린 교육보다는 고등학교 입시를 위한 교육에 매달릴 가능성을 내포하고 있었다. 학부모 측에서도 고등학교 입학 시 입학금을 또 내야 하는 경제적 부담도 안게 되었다(문교부, 1988: 67). 이는 본래 심리학적 기초하에서 추진되었던 미국의 6·3·3·4학제가 중등교육에 한해서는 한국에서 계속 혼란을 겪고 있음을 의미한다.

1950년 3월 10에 학제 개정안이 국회를 통과함에 따라 2년 내지 4년제로 신축성 있게 규정되었던 고등학교 제도는 시행해 보지도 못하고 폐지됨으로써 비로소 6·3·3·4의 단선형 학제가 수립되었다.

이렇게 함으로써 비로소 오늘날과 같은 완전한 단선형 학제로서 교육의 기회균등 원칙을 보장하는 민주주의 교육원리를 확립하였다. 그리고 중등교육단계를 중학교와 고등학교로 구분함으로써 학생의 심신 발달을 조장할 수 있었으며, 전체적인 교육연한이 16년으로서 국제적인 교육수준을 달성했다는 의의를 지니게 되었다.

이 6·3·3·4의 단선형 학제에 대해『교육10년사』에서는 다음과 같이 기록하고 있다(문교부, 1960: 77).

> 그동안에 학제에 대하여 상당한 비판이 있었다. 논의의 중심은 3·3의 중등학교였는데, 중등교육을 중학교 3년과 고등학교 3년으로 나누는 대신 이를 통합하여 한 학교를 만들어야 하고, 중등교육 6년이 너무 장기이므로 이를 4년 혹은 5년의 학교로 단축시키자는 것이 주장의 핵심이었다.

이는 중학교와 고등학교를 통합하여 4년 또는 5년으로 단축하자는 의견이 있음을 보여 준다. 그러나 이 의견은 채택되지 않았다.

해방에서 신생 한국 건국 초기까지 학제 중에서 중등의 기본 틀은 크게 네 차례 변경되었다. 즉 중학교 3년제와 고등중학교 6년제(전기 3년 중등과, 후기 3년 고등과) 병행에서, 중학교 또는 실업중학교 6년(초급중학교 또는 초급실업중학교 3년, 고급중학교 또는 고급실업중학교 3년)으로 변경하였다가, 중학교 4년 고등학교 2년 내지 4년으로 개정하였으나 시행하지도 못하고 중학교 3년, 고등학교 3년으로 변경되었다. 초기의 중등 학제의 쟁점은 국가 현실과 교육적 배려, 학부모들의 경제부담, 그리고 학생들의 입시부담을 들었다. 그동안 국가발전으로 다른 문제들은 대부분 해결되었으며, 학생의 입시부담은 1968년 무시험 진학으로 해결되었다. 그러나 학제에 대한 논의는 그 후에도 계속되었다.

5) 오천석의 6·3·3·4학제 옹호론

오천석은 학제 제정에 깊게 개입하였다. 이는 여러 자료에서 나오는 공통된 견해이기도 하다. 특별히 '천연동 모임'에서 김성수의 제의와 오천석의 부연설명은 대부분의 연구물에서 발견되고 있다.

오천석은 6·3·3·4제 학제가 제정된 이후에도 이를 계속하여 옹호하고 있다. 자신의 주장에 의하여 제정되었으므로 당연한 것이라고 볼 수 있다. 여기서는 오천석의 학제에 대한 옹호논리를 분석해 보고자 한다.

학제 제정 당시 '조선교육심의회'의 교육제도분과위원이었던 이인기는 오천석의 주도로 6·3·3·4학제가 도입되었음을 밝히고 있다. 제2분과에서 학제가 논의되었는데, 그 당시 여러 상황으로 인하여 오천석의 결정이 그 분과 위원회의 결정이 될 정도로 매사가 오천석을 중심으로 운영되었다. 주로 그가 기안해서 설득하는 방식이었다. 이인기의 증언에 의하면, 오천석 씨는 학제는 미국식이어야 한다는 신념이 있었던 것 같다. 6·3·3·4제 단선형 학제도 오천석 씨가 제안했다고 오천석의 역할을 강조하고 있다.[116]

이와 같이 학제 제정에 오천석은 큰 역할을 담당하였다. 대부분 그의 주도로 '조선교육심의회' 제2분과 위원회가 운영되었다는 이인기의 증언에 따른다면 천연동 모임에서부터 일관성 있게 추진하던 6·3·3·4학제 정책을 오천석이 마무리까지 하였음을 알 수 있다.

---

116) 이인기 이야기(1984년 5.29). 정태수(1995), 위의 책 p.128.에서 재인용. 이 기록에 의하면 '천연동 모임'에서는 김성수가 제안하였지만 조선교육심의회 교육제도분과위원회에서는 오천석이 제안한 것으로 증언하고 있다.

오천석은 학제가 미국의 모방이 아니냐는 비판에 대해 우리 학제는 미국의 영향을 받았으나 맹목적인 모방은 아니다라고 주장하고 있다. 당시 일본에 의해 채택되었던 일제의 잔재인 유럽식 복선제 교육제도를 배격해야 했기에 자연히 그 반대적인 일원제를 채택할 수밖에 없었고, 그것이 바로 미국식이었다는 것이다. 따라서 여러 가지 가능성을 고려하고 검토한 끝에 학제가 제정된 것이지, 무조건 미국의 학제를 본받은 것은 아니다 라는 논리를 펴고 있다(오천석, 1975j: 98).

오천석의 『민주교육을 지향하여』를 보면, 당시 학제 개편론이 다양한 관점에서 표출되었음을 알 수 있다. 즉 '감정상 이유로 비난', '경제적 이유로부터 오는 비판', '국방상 이유에 의한 개편론', '행정상 이유에 의한 개조론', '교육상 이유에 대한 수정론', '단일주의의 비극' 등을 제기하고 있다. 오천석은 이 글에서 당시의 「학제개편론 비판」[117]에 대하여 반론을 제기하고 있다(오천석, 1975a: 347 - 356).

먼저, '감정상 이유로 비난'에서는 현 체제가 군정하에서 미국의 제도를 맹목적으로 모방했으므로 독립국가로서 재검토하여 개편해야 한다는 것이다. 이에 대해 오천석은 이 제도가 결코 외국의 제도를 모방한 것이 아니라고 반박하고 있다. '경제적 이유로부터 오는 비판'에서는 경제적으로 빈곤한 나라의 입장에서 16년이라는

---

117) 오천석의 이 글은 그전에 게재된 이항령 씨의 글에 대한 반박으로 쓴 글이다. 이 글이 실린 새교육 1956년 6월호에는 오천석 글 외에도 동아일보 편집국장 우승규의 '현실에 맞는 학제를'이란 글과 당시 고대 교수였던 이항령 씨의 '현실에 맞는 학제'란 글이 계속 게재되고 있다. 1956을 전후한 이 시기는 학제에 대한 논란이 심했다는 이야기가 된다.

교육기간은 너무 길다는 것이다. 이에 대해 오천석은 교육의 양은 교육적으로 결정되어야 한다고 말하고 있다. '국방상 이유에 의한 개편론'에서는 우리 학제를 징집 연령에 맞도록 개편하자는 것이다. 오천석은 이 문제에서도 항구성이 없는 징집 때문에 교육적 고려가 훼손되는 일은 없어야 한다고 반박하고 있다. '행정상 이유에 의한 개조론'에서는 중·고등학교 분리에서 오는 행정상의 폐단을 시정하여야 한다는 것이다. 오천석은 중·고의 완전 분리를 규정한 것은 교육법의 맹점의 하나라고 지적하면서도 학제개편의 이유로는 너무 빈약하다고 생각하고 있다. '교육상 이유에 대한 수정론'에서는 실업계 고등학교에서 3년이란 연한으로는 교육목표를 달성하기에 너무 짧다는 것이었다. 오천석은 이것은 교육적 이유가 되므로 그 의견을 존중하되, 충분한 연구가 선행되어야 한다고 말하고 있다. '단일주의의 비극'에서는 우리의 학제를 6·3·3·4로 하나로 만들어 놓고 지방의 사정을 무시하는 것은 곤란하다는 것이다. 이 부분에 대해서는 오천석은 만약 6·6·4제를 기본으로 하고 중·고등학교 과정 6년을 3·3으로 하던, 2·4로 하던, 융통성을 발휘하여 운영할 수 있게 재량권을 주었다면 많은 문제가 풀렸을 것으로 보고 있다.

위 글에서 보면 '감정상 이유로 비난', '경제적 이유로부터 오는 비판', '국방상 이유에 의한 개편론', '행정상 이유에 의한 개조론', 에서는 6·3·3·4학제 비판에 대한 방어 논리이며 나머지 쟁점에 대해서는 논의해 볼 만한 문제로 인식하고 있다.

오천석은 기본적으로 6·3·3·4제 기본 학제를 선호하였다. 다만 중등학제에 있어서는 중·고등학교 과정 6년을 3·3으로 하든,

2·4로 하든, 학교 실정에 따라 운영할 수 있도록 재량권을 주었으면 문제가 해결되었을 것으로 보고 있다.

6) 기본 학제의 변경 논리

확인한 바와 같이 기본학제는 미군정기와 개국 초기에 거쳐 네 차례의 변화가 있었다. 첫 번째 제정할 때에는 교육주도세력에 의한 6·3·3·4와 교육비주도세력에 의한 5·4·4 제 주장이 엇갈렸는데, 학제로 채택된 것은 6·3·3·4제였다. 6·3·3·4제는 미국식 학제로서 당시 우리나라 실정에는 전혀 적합하지 않다는 비판이 거세기도 하였다(역사문제연구소, 1989: 160). 하지만 신교육제도로서의 6·3·3·4제의 단선형 학제는 학교급의 교육연한을 어떻게 나누느냐보다는 그 학제가 흔히 지배자와 피지배자 계급으로 갈라서는 인문학교와 직업학교가 애당초부터 갈라져서 합쳐지지 못하는, 이른바 복선형이 아닌 단선형인 것이 더 중요한 결정이었다(손인수, 1992: 299).

두 번째 변경은 1946년 9월 1일에 있었는데 핵심 내용은 중등학제를 중학교 또는 실업중학교 6년(초급중학교 또는 초급실업중학교 3년, 고급중학교 또는 고급실업중학교 3년)으로 개정하는 것이었다. 즉 중학교 또는 실업중학교 6년제를 설치하되, 초급중학교 또는 초급실업중학교 3년, 고급중학교 또는 고급실업중학교 3년을 설치할 수 있게 함으로써 중등 교육을 3년 연한 또는 6년 연한으로 선택할 수 있게 하였으며, 또한 인문과 실업도 선택할 수 있도록 문호를 개방하였다는 특징이 있다.

세 번째는 1948년 대한민국 정부 수립과 함께 국회의 의결을 거쳐 '교육법(1949.12.31, 벌률 제 86호)'이 제정됨에 따라 신생국가의 공식적인 교육제도로 법제화되었다. 1949년 교육법이 규정한 새로운 학제는 교육부와 국회가 미군정의 학제와 신생 한국의 현실에 대한 서로 다른 인식으로 인하여, 타협에 의거 확정되었는데, 결국은 이때 타협의 결과로 인하여 불합리한 점이 발견되어 이듬해에 다시 손을 보는 결과를 초래하게 된다. 법률 제86호에 의한 학제의 핵심은 중학교 4년 고등학교 2년 내지 4년으로 변경한 것이었다(문교부, 1980: 38). 위에서 이야기한 바와 같이 이 1949년 교육법에 의한 학제는 태생부터 문제를 안고 있었다. 우선 중요한 학제를 타협으로 해결함으로써 교육이론에 의한 교육법 제정의 선례를 남기지 못하였다는 단점을 지니고 공표되었다. 특히 중등교육에 관해서는 혼란의 여지를 지니고 있었다. 즉 중학교 4년제, 고등학교 2－4년제는 이론적 타당성이 부족할 뿐만 아니라 운영 면에서도 큰 혼란이 예상되고 있었다. 따라서 처음부터 불안전하게 법제화되었다.

네 번째는 1950년 3월의 교육법 개정이었다. 즉 고등학교 수업연한이 3년으로 수정·통일되었는데, 2－4년제로 신축성 있게 규정되었던 고등학교제도는 한번 시행해 보지도 못한 채 폐지되었다. 이로써 새 제도에 의한 3년제 고등학교가 1950년부터 정식 발족하게 되었다. 이때에 학기제 역시 수정되어 4월 1일부터 새 학년이 시작되었으며, 1950년 6월에 신제(新制) 고등학교가 발족되었다. 또한 동일한 교육법 개정을 통하여 사범학교 수업연한을 2년에서 3년으로 수정하고, 중학교에서 연결되는 4년제 초급대학과 고등학교에서 연결되는 2년제 초급대학을 제도화하였다(문교부, 1980: 39 - 40).

이어서 1951년 3월 20일, 4년제 중학교를 3년제로 수정하고 중학교에서 연결되는 4년제 초급대학을 폐지하였다. 이로써 공식적이고 정확한 6·3·3·4학제가 확정된 것이다.

이 부분에 대하여 김인회는 새로운 주장을 하고 있다(김인회, 1989: 317 - 318). 미군정기의 단선제 학제를 1949년 12월 31일 교육법에서는 복선제로 바꾸었다가, 1951년 3월 20일 개정에서는 다시 단선제로 변경하였다는 것이다. 이와 같은 학제 변경의 배경에는 일제 시에 복선제 학제에 의해 '선택되어 교육을 받았다'는 긍지를 지닌 엘리트들이 제헌 국회의원이 되어 교육사회위원회에 진출, '자기도취적 아집이 작용한 것이 아닌가'고 의심하고 있는 것이다.

이와 같이 미군정기 학제, 1949년 12월 31일 교육법(법률 86호) 공포, 1950년 3월 10일 개정, 1951년 3월 20일 개정으로 비로소 확실한 6·3·3·4제의 학제를 형성하게 되고 이 학제가 오늘날까지 기간 학제의 근간을 이루고 있다.

이것은 앞에서 시사한 바와 같이 미군정하에서 처음 논의된 제도와 표면적으로는 거의 같은 것이라 할 수 있다. 그러나 일부 특이한 사항이 있는데, 이를 몇 가지만 지적하면 다음과 같다. 첫째, 중등교육에 있어서 전기와 후기를 구분하고 그 연계관계를 분명히 하였다. 둘째, 법제화됨으로써 보다 명확한 근거와 형식을 갖추었다. 셋째, 단순한 형식으로서의 교육연한과 연계관계를 넘어서 각급 학교의 목적과 성격 등을 명문화하고, 그것을 운영하기 위한 학제 운영의 대강을 명문화하였다(문교부, 1980: 40).

이렇게 함으로써 우리나라의 기본 학제가 완성되었다. 이것이 미국의 학제를 모형으로 하여 발전되기 시작했다는 역사적인 우연성은 있겠으나, 민주국가의 건설을 지향하는 자주국민의 자유로운 선택과 결정에의 과정을 거쳐 신생국가의 백년대계를 위한 기본적인 틀로서 정립되었다는 사실과 세계의 각국이 다투어 지향하는 단선형 학제의 이상을 구현한 것은 그 의의가 자못 크다. 다만 1949년 학제의 경우 정파 간 타협에 의해 법제화된 측면이 있어서 실행도 해 보지 않은 상태에서 개정했다는 것은 학제 개정에 비교육적인 요소가 개입되었다는 의미가 된다.

학제는 '천연동 모임'이 그 시발이었다. 물론 각 개인에게는 개인적인 사고방식이 있었겠지만 이후 이들을 중심으로 학제의 기본이 완성되었다. 다른 교육정책에 비하여 미군정이 간여한 흔적은 찾아볼 수가 없고, 오히려 오천석의 역할이 큰 비중을 차지하고 있다. 천연동 모임에 참여했음은 물론, 교육심의회 제2분과 교육제도분과위원으로 일하였고 그 일을 처리하는 동안에는 학무차장직을 수행하였으며, 신생 한국 최초의 교육법 제정에 참여하였다. 또 1950년대 그의 교육논설을 보면 곳곳에서 6·3·3·4학제에 대한 방어논리를 전개하고 있음을 확인할 수 있다. 이는 학제에 관한 한 오천석의 역할이 지대했음을 의미하는 것이라고 볼 수 있다.

이상에서 논의한 제4절의 내용을 종합하면 다음과 같다.

6·3·3·4학제의 제안자는 김성수이며 적극적인 지원자는 오천석을 비롯한 천연동 모임의 인사들이었다. 특히 일제의 복선제에서 벗어나 단선제로 하였고, 복선제로 진학이 막혔던 국민들에게는 진학을 가능하게 해 주었다.

6·3·3·4학제의 미국 모방설에 대해서는 모두 동감을 하고 있다. 그러나 단순한 모방이 아니라 상당한 교육적·심리적 근거를 가지고 채택하였다고 말하고 있다. 해방에서 신생 한국 건국 초기까지 학제 중에서 중등의 기본 틀은 크게 네 차례 변경되었다. 변경의 중심에는 중등의 학제를 어떻게 하느냐에 있었다. 그리고 그 이면에는 국가 현실과 교육적 배려, 학부모들의 경제부담, 그리고 학생들의 입시부담이 쟁점이 되었다.

오천석은 6·3·3·4제를 기본학제로 하는 것을 선호하였다. 다만 중등 학제에 있어서는 중·고등학교 과정 6년을 3·3으로 하든, 2·4로 하든, 융통성을 발휘하여 운영할 수 있게 재량권을 주었으면 복잡한 여러 문제가 해결되었을 것으로 보고 있다.

5. 미군정기 교육정책과 오천석에 관한 긍정적 또는 비판적 내용 분석

이 절에서는 4절까지의 미군정기 교육정책별 관점 분석을 바탕으로, 미군정기 교육정책과 오천석의 역할에 관한 긍정적 또는 비판적 문맥을 분류하여 저서별·저술시기별로 분석하고자 한다.

이러한 분석의 목적은 미군정기 교육정책을 저서별·저술시기별로 긍정적 또는 비판적 경향이 어떠한지를 파악하려는 데 있다. 이렇게 파악된 분석 자료는 앞으로 V장에서 다루고자 하는 미군정과 오천석의 역할 및 쟁점을 검증하는 자료로 활용될 것이다.

1) 홍익인간의 교육이념

홍익인간의 교육이념과 관련된 긍정적 또는 비판적 문맥을 분석하면 <표 4>와 같다.

먼저 저서별 긍정적 또는 비판적 문맥을 비교하면, 문교기록은 『한국교육30년』 및 『문교40년사』에서는 주로 긍정적인 관점인 반면에 『교육50년사』에서는 두 관점이 모두 제시되고 있다. 즉 홍익인간은 우리가 지향하고 있는 민주주의와 민족주의 이상을 함께 반영하고 있는 최고의 이상임을 강조하고 있다고 '조선교육심의회' 제4차 전체회의 후의 결의문을 소개하고 있다. 한편, 반대적인 견해를 보인 이들로는 백남운, 오천석, 허현, 이인기, 장이욱 등이 있었는데, 그들은 무엇보다도 그 말이 지닌 비과학성 문제를 제기하였다고 하는 문맥은 상당한 비판적 의견이 있었음을 기술하고 있다.

▌표 4 홍익인간 교육이념에 대한 긍정적 또는 비판적 내용 분석

저서 · 논문	주 요 내 용	긍정 · 비판
문교부(1980), 『한국교육 30년』	홍익인간이라는 말이 민족생활을 통하여 우리 민족의 이상이 되어 온 것이므로 교육이상으로 나무랄 때가 없다는 주장이 받아들여져 교육심의회 전체회의에서 채택되었다(p.21).	긍정
교육부(1988), 『문교40년사』	홍익인간은 건국이상에 기초를 둔 것이었으며, 역사적인 민족사상의 성격을 띤 것이었다. 동시에 민주적 인간형성을 강조하는 것으로서, 민족주의와 민주주의를 함께 포괄하는 개념으로 받아들여졌다(p.5).	긍정
교육부(1998), 『교육50년사』	홍익인간은 건국이념이기에 민족사상을 대표하고 있으며, 현대적 의미의 민주적 인간형성에 있다고 보인다. 따라서 민주주의와 민족주의 이상을 함께 반영하고 있는 최고의 이상임을 강조하고 있다(p.58).	긍정
오천석(1975), 『한국신교육사(하)』	교육법은 민족주의를 강조하고 있다. 홍익인간이라는 고유사상을 교육이념으로 내세웠으며, 나라와 겨레를 사랑하는 정신을 기르는 것은 주체성이 희박한 우리의 실정에 비추어 당연한 것이라 하겠다(p.51).	긍정

저서 · 논문	주 요 내 용	긍정 · 비판
오천석(1975), 『한국신교육사(하)』	홍익인간은 하나의 공허한 표어에 지나지 못하게 된 경향이 있으며, '인격의 완성'을 목적으로 해야 할 교육이 아직도 지식 중심에 사로잡혀 있고, 상급 학교 진학 공부에 기울어져 있는 것 같다(p.52).	비판
오천석(1975), 『발전한국의 교육 이념탐구』	홍인인간은 비과학적이고, 그것이 건국 초기의 신화적 성격을 띠고 있다는 비난은 문제가 안 된다. 그것이 우리 고전에 명확히 표현되어 있고, 그 사상을 우리 건국이상으로 삼았다는 전설만으로도, 그리고 우리의 생각이었다는 점만으로도 족(足)하다(p.198).	긍정
전명기(1987), "미군정기 교육정책에 대한 비판적 고찰"	군정청 고문이었던 워드는 이 신비적인 교육목적과 목표는 동양적인 교육의 초자연적인 특질을 꽤 가지고 있다고 교육목표의 애매함을 지적하였다(p.42).	비판
	군정은 "민주주의 교육을 강화하지 않으면, 민족주의가 대두된다."고 하였다. 백낙준 등이 홍익인간의 이념을 보다 서구적 민주주의의 측면에서 해석하려 노력한 것은 이러한 사정을 배려한 듯하다(p.43).	비판
송덕수(1996), 『광복교육 50년』	교육이념 문제는 제2·제3차 회의에서 계속 이견 폭을 좁히지 못하였다. 그것은 우리 교육의 기조가 될 이념으로 제의된 홍익인간이란 문구를 두고 위원들 간에 찬반토론이 격렬하게 벌어졌던 것이다(p.181).	비판
	홍익인간이란 게 무엇을 뜻하는 것입니까? 고기(古記)에 나타난 것으로 만인을 유익하게 한다는 사상이라고는 하지만 고기 자체가 신화에 가까운 황당무계한 얘기가 아닙니까(p.181).	비판
	홍익인간이 비과학적이고, 일본인들이 즐겨 쓰던 팔굉일우사상과 비슷하기 때문에 홍익인간이라는 말은 언어도단입니다(p.181).	비판
교육부(1998), 『교육50년사』	교육이념을 홍익인간으로 정립하는 과정에서 그 말이 지니고 있는 비과학성 문제를 제기하였다(pp.58 - 59).	비판

이와 같이 문교기록에서는 1998년도에 발간된 『교육50년사』에서만 교육이념에 관한 관점의 변화를 보이고 있다.

오천석은 『한국신교육사(하)』에서 '홍익인간'의 교육이념에 대해 긍정적 기록과 비판적 기록을 모두 언급하고 있다. 오천석은 교육법을 설명하면서 '홍익인간'의 교육이념을 긍정적으로 평가하고 있는데 이는 오천석이 교육법을 제정하는 데 참여하였으므로 교육법을 논할 때에는 교육법을 비난할 입장이 아니었을 것이다. 그러나 홍익인간의 교육이념만을 떼어 놓고 평가할 때 '공허한 표어'라고 혹평을 하는 변화를 보여 주고 있다. 또 이 표현에는 이상은 좋으나 현장에서의 적용이 되지 못하고 있는 현실을 표현한 것으로도 보인다.

이러한 오천석의 홍익인간의 교육이념에 대한 관점은『발전한국의 교육이념탐구』에서는 큰 변화를 보이고 있다(오천석, 1975h: 198). 즉 홍인인간이라는 말이 과학적 정확성을 결(缺)한 고기(古記)에 나타나 있거나, 그것이 건국 초기의 신화적 성격을 띠고 있다는 비난은 문제가 안 된다고 보고 있다. 그것이 우리 고전에 명확히 표현되어 있고, 그 사상을 우리 건국이상으로 삼았다는 전설만으로도 만족하다고 최대한의 긍정적인 표현을 하고 있다.

전명기의 연구에서는 미군정 관계자의 '신비한 교육목표'에 대한 비난을 기록하고 있으며(전명기, 1987: 43), 백낙준이 미군의 사정을 고려하여 홍익인간의 이념을 해석하려 하였다는 평가를 하고 있다. 또 송덕수도 '조선교육심의회' 전체회의에서 '홍익인간'의 문구에 대한 찬반논의가 격렬하게 벌어졌다고 소개하고 있다.

이어서 출판·연구 시기별 긍정 또는 비판적 관점을 비교하면 다음과 같다.

오천석의 기록을 보면 초기의 표현에서는 비과학성을 내세워 반대의 뜻을 표하고 있으나, 차츰 긍정적으로 변화하고 있다. 특히 1973에 쓴『발전한국의 교육이념탐구』에서는 홍익인간의 교육이념을 아주 긍정적으로 보고 있다. 문교기록은 대부분 긍정적으로 평가하고 있으나, 1998년에 발간한『교육50년사』에서는 관점의 변화를 보이고 있으며, 1980년대 이후에 발간된 나머지 자료에서도 주로 비판적인 내용을 소개하고 있다.

2) 국립서울대학교 설립

국대안에 대한 연구물이나 기록물에 나타난 미군정기 교육정책과 오천석의 역할에 대한 긍정적 또는 비판적인 기록·연구내용을 정리하면 <표 5>와 같다.

표 5 국대안에 대한 긍정적 또는 비판적 내용 분석

저서·논문	주요 내용	긍정·비판
문교부(1960), 『교육10년사』	국대안에 대한 반대는 그들의(좌익분자) 상투적 전법에 의한 것이고, 정당성은 발견할 수 없었다(p.90).	긍정
중앙대교육연구소(1974), 『문교사』	국대안 조직에 관한 설계는 발의자인 문교차장 오천석에게 맡겨졌다. 오차장에게는 이미 복안이 있는 터라……(p.16).	긍정
	국대안에 대해 언론을 비롯한 시민들도 참신한 대학을 세우고, 국가를 대표할 만한 최고 학부 마련이 바람직하다는 의견이었다(p.17).	긍정
문교부(1988), 『문교40년사』	국대안은 문교당국이 일본적 잔재 일소, 인적·물적 자원의 활용으로 고등교육의 질적 향상을 도모한다는 목표하에 추진되었다. 국대안은 교내외 좌익분자들의 책동에 의해 많은 시련을 겪어야 했다(p.76).	긍정
교육부(1998), 『교육50년사』	국대안 파동은 일제 패망 후 식민지 고등교육의 청산에서 개혁의 주도권을 장악하기 위한 집단 간의 경쟁과 대립의 산물이었다(p.47).	비판
	미군 관리, 우익정당 소속 한국인 관리, 제국대학 출신 교수, 소위 친일파와 그 비판세력 등은 고등교육의 청산에 대하여 상반된 견해를 가지고 있었다. 국대안 반대를 주도한 교수의 상당수는 진보적 지식인이었기 때문에 좌우 이념대립이 작용하기도 하였다(pp.47 - 48).	비판
오천석(1975), 『한국신교육사(하)』	'종합대학안'은 학무국 안의 한인 직원에 의하여 구상된 것으로 미국 측은 수동적 위치에 있었다(p.39).	긍정
	종합대학 구상에 있어 또 하나의 동기는 우리나라를 대표할 만한 최고학부를 세우고 싶은 욕망이었다(p.100).	긍정
오천석(1975), 『스승·논설』	국대안이란 우리나라 고등교육기관을 재건하려는 시도의 일환으로 나의 발상에 의하여 제기된 것이다(p.401).	긍정
이길상(1999), 『미군정하에서의 진보적 교육운동』	1945년 9월 혹은 10월에서 11월 사이에 국대안이 발의되었다고 한다. 그러나 다른 주장에 의하면 국대안의 원형이 된 종대안이 12월 경 학무국에서 고등교육업무를 담당하고 있는 한 미군 장교에 의하여 계획되었다고 한다(p.37).	비판
이규환 외(1984), 『자본주의 사회의 교육』	"국대안 반대운동은 교육계의 좌우 이데올로기 대립이 국대안을 둘러싸고 나타난 투쟁"이라고 정의하고 미군정 관계자들이 미국식 종합대학을 서둘러 추진하려 했던 것이라고 비판하고 있다(p.374).	비판

저서·논문	주 요 내 용	긍정·비판
최혜월(1987), 국대안 반대운동 성격에 관한 교육사회학적 접근	국대안은 미군정 재정적 결핍, 시설과 자원 부족, 그리고 교수진 부족 등의 현실적인 난제들을 풀기 위해 구상된 정책이라고……(p.42–43).	긍정
	국대안 이면에는 미군정의 지배이념으로서의 반공 이데올로기가 긴밀하게 관련되어 있고, 국대안의 중앙집권적 관료주의 방식은 지배이념을 공고히 하기 위한 통제기제로 이해할 수 있다고 본다(p.43).	비판
한국교육연구소(1993), 『한국교육사』	미군정에 의한 교육의 기틀은 학교에 대한 폭력적 개입과 재편과정을 통해 완성되었다. 1946년 3월 30일 공포된 무허가 학교폐쇄령과 1946년 7월 19일 발표된 국대안이 이를 위한 대표적인 조치였다(p.370).	비판
강명숙(2002), 미군정기 고등교육 연구	국대안은 1946년 3월경 오천석에 의해 발의되었는데, 이 안의 이면에는 좌익 배제, 고등교육에 대한 통제, 교육개혁 주도권 장악 등의 국대안 추진세력의 숨은 의도도 있었다(p.177).	비판
	종대안과 국대안을 내용상으로 보아 같은 안이라고 보기 어렵고, 관련 증거도 없으므로 오천석이 국대안을 발의하지 않았다고 보아야 할 이유는 없는 셈이라고 오천석의 발의설에 동의하고 있다(p.106).	긍정
송덕수(1996), 『광복교육50년』	러치 장관은 부처장 회의를 긴급 소집하고 국대안에 대한 별도의 방안을 논의하였다. 이사 선택방법과 총장의 조선인 교체가 문제 해결의 실마리라는 점을 깊이 인식하고 대책을 강구토록 했다(pp.286–287).	긍정

<표5>의 내용을 저서별, 시기별로 분석하면 다음과 같다.

먼저 저서별로 알아보면, 문교기록 중에서 『한국교육10년사』, 『문교사』, 『문교40년사』에서는 긍정적인 관점에서만 보고 있는 반면, 『교육50년사』에서는 비교적 비판적 관점에서 평가를 하고 있다. 즉 국대안 파동은 일제 패망 후 식민지 고등교육의 청산에서 개혁의 주도권을 장악하기 위한 집단 간의 경쟁과 대립의 산물이었다라고 하여 비판적 갈등론적 관점에서 평가하고 있다. 또 '학무국 미군관리, 우익정당 소속 한국인 관리, 제국대학 출신 교수, 소위 친일파'라 하여 당시의 국대안 추진세력을 친일파로 보았다. 국대안 반대파에 대해서는 '그 반대를 주도한 교수의 상당수는 진보적 지식인'이라 하여 당시의 상황을 '친일파'와 '진보적 지식인' 간의 대립 국면으로 분석하고 있는 것이 특징이다. 즉 문교기록은 1998

년도에 발간된 『교육50년사』의 기록에서만 국대안을 갈등론적 입장에서 분석하는 관점의 변화를 보이고 있다.

오천석의 저서에서는, 『한국신교육사(하)』, 『외로운 성주』, 『스승·논설·수상기』 등 세 편에서 모두 긍정적인 기록을 남기고 있다. 특히 '종합대학안은 학무국 안의 한인 직원에 의하여 구상', '우리나라를 대표할 만한 최고학부를 세우고 싶은 욕망', '나의 발상에 의하여 제기' 등의 표현은 국대안의 입안과 추진의 중심에 오천석이 있었음을 스스로 강조하고 있다.

그러나 1980년대 이후의 기록이나 연구물에서는 대체로 비판적인 관점으로 평가하고 있다. '미군정 관계자들이 미국식 종합대학을 서둘러 추진하려 했던 것', '국대안 이면에는 미군정의 지배이념으로서의 반공 이데올로기가 긴밀하게 관련', '미군정에 의한 교육의 기틀은 학교교육체계에 대한 폭력적 개입과 재편과정을 통해 완성' 등의 표현에서 갈등론적 시각을 읽을 수 있다.

다만 송덕수의 기록에서는 미군정이 국립서울대학교 설립 추진에 장애가 되는 문제의 해결을 위한 긍정적인 노력을 하였다는 기록을 하고 있다(송덕수, 1996: 286 - 287). 물론 이와 같은 기록은 오천석의 저서에서도 발견된다. 강명숙의 연구는 국대안의 발의 의도에서는 비판론적 관점을 보이고 있으나, 오천석이 발의했는지의 여부에 대해서는 긍정적인 눈으로 보고 있다.

이어서 출판·연구 시기별 긍정적 또는 비판적 관점을 비교하면 다음과 같다. 교육당국의 문교기록은 대부분 긍정적으로 평가하고 있으나, 1998년에 발간한 자료에서는 갈등론적 시각으로 문제를 보려고 하는 관점의 변화를 보이고 있다. 1980년대 이후에 발간된

나머지 자료에서도 주로 비판적 또는 갈등론적인 관점의 내용을
소개하고 있다. 다만 2002년도의 강명숙의 연구에서는 오천석의
국대안 발의론에 대해서는 긍정적으로 평가하는 한편, 발의 의도에
대해서는 비판적인 분석을 하고 있다.

3) 새교육 운동

'새교육 운동'을 추진함에 있어 미군정기 교육정책과 오천석의
역할에 대한 긍정적 또는 비판적 기록 또는 연구내용을 비교·분
석하였다. 그 결과는 아래와 같다.

▌표 6 새교육 운동에 대한 긍정적 또는 비판적 내용 분석

저서 · 논문	주 요 내 용	긍정 · 비판
중앙대교육연구 소(1974), 『문교사』	새교육 운동은 열의는 있었으나, 민주주의에 대한 이해가 부족하고 뚜렷한 신념이 부족하였다. 결과로 새교육 운동의 실제는 미국의 모방의 범위를 벗 어나지 못하였다(p.94).	비판
	백낙준 장관은 취임사에서 "학교는 새교육의 모방 결과로 야기된 지도력 저 하를 극복하기 위하여 기초학력 향상에 노력할 것"을 강조하여 유행처럼 따 라가던 새교육 운동의 반성을 촉구하였다(p.94).	비판
	1947년 문교부장이 된 오천석은 새교육 운동을 가리켜 "전통적 교육을 지 양하고 민주주의 이념 위에 교육을 세우려는 운동이라고 말하였으며, 새교육 을 적극 추진하겠다."고 다짐하였다(p.94.).	긍정
문교부(1980), 『교육30년』	실제로 '홍익인간'의 이념을 실천함에 있어서, 미군정하에서의 교육은 대체 로 듀이(J. Dewey)의 생각에 따른 민주주의 교육을 지향하는 것이었고, 이 에 바탕을 둔 '새교육 운동'이 상당기간 계속되었다(p.21).	긍정
	그러나 미군정이 끝날 무렵부터 새교육 또는 진보주의 교육사상에 대한 회 의와 비판의 소리가 높아지기 시작하였다(p.21).	비판
교육부(1998), 『교육50년』	새교육 운동을 뒷받침한 것은 진보주의 교육이론, 특히 듀이의 교육이론이었 다. 듀이의 교육철학이 한국의 교육개혁의 지주가 된 데에는 당시 교육철학 의 대가였던 오천석의 영향이 크게 작용하였다. 이는 미국식 교육이념을 주 입하고자 한 미군정의 정치적 이해에서 볼 때도 만족스러운 것이었다(p.65).	긍정

저서·논문	주 요 내 용	긍정·비판
오천석(1955), 듀이교육사상과 한국 교육	'사회생활'은 미국을 모방하여 그렇게 된 것이나, 그 배경에 듀이의 사상이 있었다. 그리고 각 교육연구회 및 문교부 주최 각종 새교육 강습회, 교육연합회 등의 활동은 듀이의 영향을 받았다(pp.13 - 17).	긍정
오천석(1975), 『외로운 성주』	새교육은 초창기의 열정은 식어 버리고 구태의연한 구식교육으로 환원되었다. 그러나 우리 교육을 망친 것이 진보주의 교육이라고 단정하는 것은 부당하다. 그것은 입시 위주의 교육이다(p.108).	긍정
이해남(1955), 새교육병	듀이도 결코 오늘의 진보주의와 같지 않음에도 불구하고 그의 철학이 새교육의 성경처럼 날마다 낭독됨에 대해서는 참으로 기묘한 우상 숭배감을 느끼지 않을 수 없다(p.102).	비판
성내운(1956), 교육의 새해, 문제의 교육	나는 새교육입니다. 여러 곳을 다녔습니다. 칭찬도 받고 박수도 받았습니다. 그러나 구경만 하고 써 먹지는 않습니다. 그런데 한국 학생들이 고대하는 교육자는 나를 데리고 다니는 교육자가 아니라, 써 먹는 교육자입니다. 새해에는 써 먹는 내가 되었으면 좋겠습니다(p.20).	비판
신기수(1956), 새교육1955년 12월호, 나의 새교육 구상	새교육은 한국의 현실과 유리된 외국교육의 모방일 수 없으며, 한국교육의 특수성에서 오는 특수한 새교육의 창안이 요청되어 마지않는다. 우리는 선진국가의 교육을 직수입하여 무조건 모방하려는 데서 오는 비현실성을 넘어서야 한다(p.108).	비판
정영수(1987), "해방후 외래 교육사조의 수용에 관한 비판적 고찰"	해방 후 듀이사상, 진보주의교육이론, 새교육 등의 개념이 명확하게 정립되지 못한 채, 개념의 파악도 제대로 못한 채, 너무 성급하게 도입하여 실시하려고 하였다. 해방 이후의 듀이의 교육사상과 동일시된 새교육의 이름 아래 이루어진 교육개혁은 사실상 듀이의 교육사상조차 제대로 이해하지 않은 상태에서 이루어진 실패작이다(p.189).	비판
박봉목(1993), 듀이의 재평가와 오천석	오천석은 저술을 통하여 듀이의 철학과 사상을 소개하였다. 1947년에 낸 '민주주의 교육의 건설'은 비록 작은 책자이기는 하나 이 땅에 민주주의 이념의 건설을 위한 이론적 근거를 제공했다는 점에서 높이 평가된다(p.68).	긍정
김경혜(1998), 오천석의 새교육 운동과 열린 교육	새교육 운동은 학생들의 경험과 스스로의 자발적인 활동을 중시하여 개성을 존중하고 자율적인 태도와 창의성을 키우려는 교육운동이었다. 따라서 새교육을 운동을 통하여 천원 오천석의 미래를 내다본 교육자로서의 선구자적 모습을 다시 한번 알 수 있다(pp.60 - 61).	긍정
정세화(2001), 천원의 교육 사상	당시(1945 - 48) 천원 선생은 '새교육 운동'을 제창하였습니다. 이론으로, 행정적 지원으로, 강연회와 강습회로 설파한 천원의 교육사상은 1947년 『민주교육의 건설』이라는 저서로 출판되었습니다(p.35).	긍정
강일국(2002), 새교육 운동 연구	해방 후 교육개혁 중 대표적인 것이 새교육 운동이었다. 새교육은 주로 초등학교 교사나 교사 출신 문교관리였다. 이들은 해방 직후부터 새로운 교수법을 소개하고, 아동을 존중하는 방식으로 노력하였다(p.253).	긍정
	새교육은 자유민주주의에 입각하고, 아동중심주의와 생활중심주의를 중심으로 하고 있지만, 이것이 미국의 진보주의를 일방적으로 수입하기보다는 소위 선진국의 민주적 교육론을 폭넓게 받아들이려는 경향이 있었다. 예컨대, 소련이나 독일의 교육 역시 아동 중심·생활 중심의 새교육론과 상통하는 것이라고 주장하였음을 소개하고 있다(p.253).	긍정

<표 6>의 내용을 저서별, 시기별로 분석하면 다음과 같다.

먼저, 저서별로 분석하면, 문교기록은 이전의 홍익인간의 교육이 념과 국립서울대학교 설립과는 다른 현상이 나타나고 있다. 『문교 사』, 『한국교육30년』에서는 긍정적인 관점과 비판적인 관점을 모 두 소개하고 있는 반면 『교육50년사』에서는 비교적 긍정적인 관점 만을 소개하고 있다.

이는 다음과 같은 평가 시점의 미묘한 차이로 인한 결과가 아닌 가 생각된다. 즉 『문교사』와 『한국교육30년』에서 나타난 긍정적인 기록은 '새교육 운동' 초기의 상황이고, 같은 문교기록의 비판적인 관점은 미군정 말기에서부터 신생 한국이 들어서고 난 후 초기의 상황을 소개하고 있기 때문에 나타나는 차이라고 생각된다. 『교육 50년사』는 다른 부분에서는 갈등론적 관점으로 보는 경향이 있었 으나, '새교육 운동' 부분에서는 긍정적으로 평가하고 있다.

오천석의 저서에서는 모두 긍정적으로 기록하고 있다. 다만 『외 로운 성주』에서는 입시 위주의 교육으로 인하여 '새교육 운동'의 본질이 훼손되고 있는 안타까움을 기록하고 있다.

기타 논문 중에서는 1950년대에 논문들은 모두 비판적인 관점으 로 보는 특징을 지니고 있다. 이들은 주로 대한교련에서 발간되는 『새교육』지에 실린 논문들인데 새교육 운동의 허구성을 표현하고 있다. 즉 '듀이의 철학이 새교육의 성경처럼 날마다 낭독됨에 대해 서는 참으로 기묘한 우상숭배감(感)', '한국 학생들이 고대하는 교 육자는 나(새교육)를 데리고 다니는 교육자가 아니라, 써 먹는 교 육자', '우리의 새교육은 외국교육의 모방일 수 없으며, 한국교육의 특수성에서 오는 특수한 새교육의 창안' 등으로 한국적 새교육의 현장 적용을 주장하고 있다.

정영수의 해방 이후의 듀이의 교육사상과 동일시된 새교육의 이름 아래 이루어진 교육개혁은 사실상 듀이의 교육사상조차 제대로 이해하지 않은 상태에서 이루어진 실패작이라고 할 수 있다는 주장은 관심을 갖게 한다(정영수, 1987: 189).

1980년대에 새교육 운동을 다룬 연구 주제들은 모두 천원연구회의 '민주교육'에서 발견된 논문들이었는데 모두 긍정적인 관점으로 기록하고 있다. 2000년대의 연구도 비교적 긍정적으로 평가하고 있다.

이어서 출판·연구 시기별 긍정적 또는 비판적 관점을 비교하면 다음과 같다.

새교육 운동 전개에 있어서 기록·연구 시기별 특징은 미군정기의 여타 교육정책과는 차별화가 이루어져 있다는 점이다. 1950년대의 비판적, 그리고 80년대의 일부 비판론적 접근이 있었으나, 1980년 이후에는 긍정적인 경향을 보이고 있다. 이는 다른 말로 표현하면 교육방법 개선과 관련된 문제는 사회 사조(思潮)의 영향을 거의 받지 않는다는 이야기가 된다.

4) 6·3·3·4학제 제정

학제와 관련된 미군정기 교육정책과 오천석의 역할에 대한 긍정적 또는 비판적 기록·연구내용을 분석하였는데 그 결과는 <표 7>과 같다.

표 7 6·3·3·4학제 정책에 대한 긍정적 또는 비판적 내용 분석

저서 · 논문	주 요 내 용	긍정 · 비판
문교부(1980), 『한국교육 30년』	8·15 이후 간판과 제도는 미국식이면서, 운영은 일본 것을 많이 답습한 혼합형이었다고 할 수 있다. 그러기 때문에 명실상부한 국민교육제도를 발전시키는 것은, 그 후의 얼마간의 과도기를 거쳐 우리 스스로의 손으로 창의를 가하고 우리 처지에 맞게 발전시켜야 한다(p.37).	비판
	1951년 학제개편 이후 근 30년 동안 학제의 부분적인 보완 개편이 있었으나 근본적인 개편은 없었다. 그러나 학제 개편론은 계속되었다. 특히 1961년, 5·16 혁명 후 학제개편론이 매우 고조되었다(p.43).	비판
교육부(1988), 『문교40년사』	미군정기에 확정된 학제는 첫째, 중·고등학교 분리 및 접속 관계의 문제, 둘째 총 교육기간이 지나치게 길다는 주장, 셋째, 개정된 학제가 주로 미국의 모방이라는 문제가 야기되었다(p.66).	비판
오천석(1975), 『외로운 성주』	수업 연한을 6.3.3제로 함에 있어 미국교육의 영향을 받은 것은 사실이지만, 이는 결코 미국 측의 제의나 압력에 의하여 이루어진 것이 아니라, 한국 측 발의에 의한 것임은 물론 한두 위원의 고집에 의한 결과가 아니라, 위원들의 합의를 통하여 결정된 것이다(p.97).	긍정
이인기(1984.5.29.), 정태수(1995), 『광복3년 교육법제사』	제2분과에서 학제가 논의되었는데, 당시 상황으로 인하여 오천석 씨의 결정이 그분과 위원회의 결정이 될 정도로 매사가 오천석 씨 중심으로 운영되었다. 그가 기안해서 설득하는 방식이었다. 오천석 씨는 학제가 미국식이어야 한다는 신념이 있었던 것 같다. 6·3·3·4제 단선형 학제도 오천석 씨가 제안했다(p.128).	긍정
오천석(1975), 『민주주의를 지향하여』	"6.3.3.4 학제는 미국학제를 맹목적 모방이 아니다. 교육연한은 교육적으로 결정되어야 한다. 징집 때문에 교육이 훼손되어서는 안 된다." 등의 주장을 통하여 학제를 적극적으로 옹호하고 있다(pp.347–356).	긍정
오천석(1975), 『한국신교육사 (하)』	이 제도가 미국학제의 모방한 것이라는 편에 대하여는 수긍을 한다. 그러나 맹목적인 모방은 아니다. 6·3·3·4제는 상당한 심리적, 교육적 근거가 있어 다른 학제보다 우월하였기에 채택하였다(p.28).	긍정
이항령(1957), "민주주의를 지향하여"	6·3·3·4제와 6·5·3제를 이원적으로 공존시켜야 할 것이라고 주장하였다. 즉 교육연한을 14년으로 줄이자는 의견이었다. 이유는 선진국보다 평균 수명이 짧고, 경제력이 빈약하다는 점을 들었다(p.339).	긍정
강순원(1986), 『한국의 자본주의적 교육제도』	일제하 민족 부르주아지의 대표격인 김성수가 해방 후 자기 치부를 가리기 위해 반공의 기수로 친미적 경향으로 급선회하였다는 사실을 회고해 볼 때, 김성수의 미국식 학제 개혁은 친일파라는 인상을 불식시켜 줄 뿐만 아니라 자신이 소유하고 있던 보성전문과도 이해가 직결되는 것이기 때문에 강력하게 추진하였다고 상정할 수 있다(p.91).	비판
김인회(1989), 『교육과 민중문화』	그 당시 우리 형편으로서 과연 6·3·3·4제라고 하는 미국식 학제를 본 따 와야 할 특별한 이유가 있었던가 하는 점이다. 국민의 경제적 수준, 부족한 교사의 수, 교육시설 등 무엇 하나 우리 현실에 적절한 학제라고 말하기는 곤란한 것 같다(p.317).	비판
	이상한 것은 1·4후퇴 후인 1951년 3월 6·3·3·4학제가 다시 채택되었다는 점이다. 전쟁 속에서까지도 6.3.3.4학제를 고집한 문교부가 지나치게 미국식교육제도에 매료당했다고 한다면 초지일관하지 못하고 복선형을 단선형으로 바꾼 국회는 일관성이 결여되었다(p.318).	비판
김종철(1998), "우리나라 교육에 미친 천원의 영향"	천원은 민주교육행정의 구현자로서 역사에 기록되며 청사에 빛난다. 1946년에 교육심의회를 조직 발족시키고 6·3·3·4제의 학제 도입을 한 점 등은 우리 교육사의 기록과 더불어 길이 기억되고 높이 평가되어야 할 것이다(p.49).	긍정

<표 7>의 내용을 저서별, 시기별 관점으로 비교하면 다음과 같다.

먼저 저서별 긍정적 또는 비판적 관점을 비교하면, 문교기록은 비판적으로 기록하고 있으나 소극적인 수준이었으며, 오천석의 저서에서는 모두 긍정적으로 기록하고 있다. 특히 정태수의 기록에서는 오천석이 학제 제정에 앞장섰음을 강조하고 있고, 『민주교육을 지향하여』에서는 위에서 제시한 자료 이외에도 4편 정도의 학제 관련 논문을 『새교육』에 수록하고 있다.[118] 즉 적극적으로 6·3·3·4학제에 대하여 방어하고 있는 것이다.

천원연구회의 「민주교육」에 실린 김종철의 연구에서도 긍정적으로 표현하고 있으나 미군정기 문교부 관리로서의 오천석의 업적을 나열하는 데 그치고 있다.

다만 강순원의 연구는 갈등론적인 관점으로 접근하고 있다(강순원, 1986: 91). 즉 일제하 민족 부르주아지의 대표격인 김성수가 해방 후 자기 치부를 가리기 위해 반공의 기수로 친미적 경향으로 급선회하였다는 사실을 회고해 볼 때, 김성수의 미국식 학제 개혁은 친일파라는 인상을 불식시켜 주고 보성전문과도 이해가 직결되기에 강력하게 추진하였다고 상정하고 있다. 즉 갈등론적 관점과 개인의 이해관계의 차원에서 분석하고 있다.

이어서 출판·연구 시기별 긍정적 또는 비판적 관점을 비교하면 다음과 같다.

학제에 대해서는 기록·연구 시기별 관점은 큰 의미가 없었다. 오천석과 천원연구회에서는 비교적 긍정적으로, 그 외에서는 비교

---

118) 이 시기에 오천석이 기고한 논문 제목은 다음과 같다. '새 교육법을 비판함', '우리 학제는 어떻게 하여야 할 것인가?', '수명과 교육연한', '학제개편론의 비판'등이다. 오천석(1975a), 앞의 책, pp.310 - 356.

적 비판적으로 보고 있다. 1950년대에 이항령과 오천석의 학제에 대한 논쟁이 있었다.[119] 이항령은 '교육연한 단축'을 오천석은 '단축 불가'를 주장하고 있다. 또 이 시기에 오천석이 학제에 대한 투고를 많이 하고 있는 것으로 보아 학제에 대한 논의가 많았던 시기인 것으로 보인다. 다만 강순원의 연구는 갈등론적 관점에서 분석하고 있다(강순원, 1986: 91).

5) 미군정기 교육정책에 관한 긍정적 또는 비판적 관점 분석 종합

이상과 같은 미군정기 주요 교육정책에 대한 긍정적 또는 비판적 기록·연구내용을 분석한 결과를 종합하면 아래와 같다.

첫째, 주요 교육정책에 대한 저서별 긍정적 또는 비판적 관점을 보면 <표 8>과 같다.

<표 8>을 보면 홍익인간의 교육이념에 대해서는 문교기록과 오천석의 저서는 비교적 긍정적 기록을 남겼으며, 기타 연구는 상대적으로 비판적 관점이었다. 국대안에 대해서는 문교기록과 오천석 저서에서는 상대적으로 긍정적 기록을 남겼으며, 기타연구는 비교적 비판적 관점을 보였다.

---

119) 이 논쟁은 『새교육』지에 주로 실렸다. 『새교육』지는 당시로서는 유일한 교육전문지였기 때문에 주로 『새교육』지를 통하여 논쟁을 하였다. 이 논쟁의 내용을 오천석은 그의 저서 『민주교육을 지향하여』에 정리하고 있다. 오천석(1975a), 위의 책, pp.339 - 346.

표 8 저서별 긍정적 또는 비판적 기록의 종합

정책 \ 구분		긍정적 관점	비판적 관점
홍익인간	문교기록	한국교육30년(1980), 문교40년사(1988), 교육50년사A(1998)	교육50년사B(1998)
	오천석저서	한국신교육사A(1975), 발전한국의 교육이념탐구(1975)	한국신교육사B(1975)
	기타		전명기A,B(1987), 송덕수A, B, C(1996)
국대안	문교기록	한국교육10년사(1960), 문교사A, B(1974), 문교40년사A(1988)	교육50년사A, B(1998)
	오천석저서	한국신교육사A,B(1975), 외로운 성주(1975), 스승·논설·수상(1975)	
	기타	송덕수(1996), 강명숙B(2002),	이길상(1999), 이규환·강순원(1984), 최혜월A, B(1987), 한국교육연구소 한국교육사(1993), 강명숙A(2002)
새교육운동	문교기록	문교사C(1974), 한국교육30년A(1980), 교육50년사(1998)	문교사A, B(1974), 한국교육30년B(1980)
	오천석기록	듀이의 사상과 교육(1955), 외로운 성주(1975)	
	기타	박봉목(1993), 김경혜(1998), 정세화(2001), 강일국A, B(2002)	이해남(1954), 성내운(1956), 신기수(1956), 정영수(1987)
학제	문교기록		교육30년(1980), 문교40년사(1988),
	오천석기록	민주교육을 지향하여(1975), 외로운 성주(1975), 한국신교육사(1975)	
	기타	김종철(1998), 정태수(1995)	강순원(1986), 이항령(1957), 김인회A,B(1987)
종합	문교기록	한국교육10년사(1960), 문교사(1974), 한국교육30년(1980), 문교40년사(1988), 교육50년사(1998)	문교사(1974), 한국교육30년(1980), 문교40년사(1988), 교육50년사(1998)
	오천석기록	한국신교육사(1975), 외로운 성주(1975), 스승·논설·수상기(1975), 듀이의 사상과 교육(1955), 민주교육을 지향하여(1975)	한국신교육사(1975)
	기타	송덕수(1996), 박봉목(1993), 김경혜(1998), 정세화(2001), 김종철(1998), 강명숙(2002), 강일국(2002), 정태수(1995)	전명기(1987), 이규환·강순원(1984), 최혜월(1987), 한국교육연구소 한국교육사(1993), 이해남(1954), 성내운(1956), 신기수(1956), 강순원(1986), 송덕수(1996), 이길상(1999), 강명숙(2002), 이항령(1957), 김인회A, B(1987)

'새교육 운동'에 대해서는 문교기록은 긍정론과 비판론이 비슷하게 분포하며, 오천석 저서와 『민주교육』게재 논문은 비교적 긍정적인 기록을, 1950년대 개인 연구는 비판적 관점을 보였다.

6·3·3·4학제정책에 대해서는 오천석은 긍정적 관점을, 문교기록은 비판적 관점을 보이고 있다. 문교기록이 비판적 관점을 보이고 있는 것은 학제가 시행되면서 문제점이 도출되었기 때문일 것으로 보인다. 특별히 『한국교육30년』에서는 6·3·3·4제 학제에 대한 긍정적 기록과 비판적 기록을 함께 정리하고 있다.

둘째, 주요 교육정책에 대한 긍정적 또는 비판적 관점의 저술·연구 시기별 분석은 <표 9>와 같다.

<표 9>를 보면 홍익인간의 교육이념에 대해서는 큰 특징 없이 분포하였으나, '80년대 이전에는 비교적 긍정적 기록을, '80년대 이후에는 비교적 비판적 기록이 나타나고 있다. 국대안에 대해서는 '80년대 이전에는 긍정적 기록을, '80년대 이후에는 비판적 관점을 보였다. 새교육 운동에 대해서는 '80년대 이전에 긍정·비판 기록이 비슷하게 분포하고 있으며, '80년대 이후에는 긍정적인 관점을 보였다. 특기할 사항은 '80년대 이전, 특히 '50년대에 비판적 관점이 많았다는 점이다. 6·3·3·4학제 정책에 대해서는 시기별 큰 특징을 발견할 수 없었다.

표 9 시기별 긍정적 또는 비판적 기록의 종합

정책	구분	긍정적 관점	비판적 관점
홍익인간	80년대 이전	한국교육30년(1980), 한국신교육사A(1975), 발전한국의 교육이념탐구(1975)	한국신교육사B(1975)
	80년대 이후	문교40년사(1988), 교육50년사A(1998)	전명기A,B(1987), 송덕수A, B, C (1996), 교육50년사B(1998)
국대안	80년대 이전	한국교육10년사(1960), 문교사A, B(1974), 한국신교육사A,B(1975), 외로운성주(1975), 스승·논설·수상기(1975)	
	80년대 이후	문교40년사A(1988), 송덕수(1996)	교육50년사A, B(1998), 이규환·강순원(1984), 최혜월A, B(1987), 한국교육연구소 한국교육사(1993), 이길상(1999), 강명숙(2002)
새교육운동	80년대 이전	문교사C(1974), 한국교육30년A(1980), 듀이의 사상과 교육(1955), 외로운 성주(1975)	문교사A, B(1974), 한국교육30년B(1980), 이해남(1954), 성내운(1956), 신기수(1956)
	80년대 이후	교육50년사(1998), 박봉목(1993), 김경혜(1998), 정세화(2001), 강일국(2002)	정태수(1987)
학제	80년대 이전	외로운 성주(1975), 한국신교육사(1975), 오천석(1956), 민주교육을 지향하여(1975)	한국교육30년A, B,(1980), 이항령(1957)
	80년대 이후	김종철(1998), 정태수(1995)	문교40년사(1988) 강순원(1986), 김인회A, B(1989)
종합	80년대 이전	한국교육10년사(1960), 문교사A,B(1974), 한국교육30년(1980), 한국신교육사A(1975), 한국신교육사(1975), 외로운 성주(1975), 스승·논설·수상기(1975), 문교사C(1974), 한국교육30년A(1980), 듀이의 사상과 교육(1955), 외로운 성주(1975), 외로운 성주(1975), 한국신교육사(1975), 오천석(1956) 민주교육을 지향하여(1975)	한국신교육사B(1975), 문교사A,B(1974), 한국교육30년B(1980), 이해남(1954), 성내운(1956), 신기수(1956), 한국교육30년(1980), 이항령(1956)
	80년대 이후	문교40년사(1988), 교육50년사(1998), 문교40년사A(1988), 송덕수(1996), 교육50년사(1998), 박봉목(1993), 김경혜(1998), 정세화(2001), 김종철(1998), 강명숙(2002), 강일국(2002), 정태수(1995)	전명기A, B(1987), 송덕수A, B, C (1996), 교육50년사B(1998), 교육50년사A, B(1998), 이규환·강순원(1984), 최혜월A, B(1987), 한국교육연구소 한국교육사(1993), 문교40년사(1988), 강순원(1986), 강명숙(2002), 이길상(1999), 김인회A, B(1987)

Ⅳ장의 논의 내용을 종합하면 다음과 같다.

'널리 인간을 복되게 한다'는 홍익인간의 교육이념은 건국이념을 계승하고 민주주의 이념이 적용되었으며, 그 당시 우리 교육상황에 맞추어 민주와 민족이 조화를 이룬 교육이념이었다고 평가하고 있다. 다른 한편에서는 홍익인간의 교육이념이 고기(古記)에 근거한 신화적 비과학성과 일제의 팔굉일우와 유사하며, 미국의 무조건 모방이었다는 비판적 평가도 하고 있다. 오천석은 대체로 초기에는 비과학성이라는 입장에 있었으나 차츰 민족과 민주를 조화롭게 표현한 것으로, 우리 고유사상에 근거를 두었다고 긍정론자로 변화하고 있다.

미군정은 홍익인간의 교육이념에 직접적인 영향을 끼치지는 않았지만 전반적인 민주주의 이념에 입각하여 모든 정책을 펴 나갔으므로 이를 반영한 교육이념 제정을 원했다는 기록을 볼 수 있었다.

국대안은 오천석의 입안으로 발의되었으나, 반대운동으로 혼란이 극에 달하자 러치 장관의 적극적으로 개입으로 이사회와 총장 문제를 해결하는 등 미군정은 국대안 진행과정에 적극적으로 개입하였다. 국대안 발의는 재정의 효율적 사용, 극심한 인적 자원의 부족현상, 명망 높은 대학 설립 희망 등이었으나, 그 이면에는 좌익 축출이나 학문적 무능력자 등을 제거하겠다는 의도가 깔려 있었다. 국대안 설립과정에서의 반대 논리의 핵심은 이사회 구성이었다. 초기의 임시이사회 구성원이 미군정청 관리로 되어 있었다. 그러나 극한 반대로 이 안은 폐기되었다.

『교육50년사』의 기록과 이전의 문교기록 간에는 국대안을 보는 시각의 차이를 보이고 있다. 즉 국대안 주도세력을 '친일파', 반대세력을 '그 비판세력' 또는 '좌익세력'과 '진보세력'으로의 표현이 그것이다. 오천석은 국대안 추진과정에서 직속상관인 유억겸의 절대적인 지지와 미군정의 후원에 힘입어 국립서울대학교를 설립하는 데 성공하였다.

'새교육 운동'의 중심에도 오천석이 있었다. 그는 존 듀이의 이론을 강의했고 책으로 펴냈으며 문교차장과 부장으로서 행정적으로 주도하는 위치에 있었다. 그러나 입시 위주 교육의 영향으로 실패하였다고 보고 있다. '새교육 운동'은 교육개혁 운동이었는데, 미국의 진보주의 교육이론, 특히 존 듀이의 교육이론이 중심이었다. '새교육 운동'은 초등에서는 비교적 활발하게 전개되었다. 그러나 중등교육에서는 실제 교수·학습방법의 변화는 거의 없이 일제 (日帝)의 방법을 따랐다. '새교육 운동'은 군정 당국과 민간조직인 '조선교육연구회', '교육문화협회', '신교육연구협회', '아동교육연구회'를 통하여 전개되었다. 이 중에서 '조선교육연구회'가 가장 활발한 활동을 전개하였다.

'새교육 운동'은 50년대에 집중적인 비난을 받았다. 비판의 핵심은 유행처럼 무작정 모방하는 데 그치고 있으며 실천보다는 이론에 치우치고 있다는 데 있었다. 세계지식체계는 미국을 중심으로 단일화될 수밖에 없었는데, 우리나라는 '새교육 운동'을 통해 미국 지식체계 속의 주변부적 위치를 더욱 강화하는 결과를 가져왔다.

6·3·3·4 단선제 학제의 제안자는 김성수이며 적극적인 부연 설명자는 오천석이었다. 학제가 미국 모방이라는 데에 대해서는 공감을 하고 있으나 단순한 모방이 아니라 상당한 교육적·심리적 근거를 가지고 채택하였다고 말하고 있다. 해방부터 신생 한국의

건국 초기까지 학제 중에서 중등의 기본 틀은 크게 네 차례 변경되었다. 학제 발의·추진과정에서는 오천석의 역할이 큰 비중을 차지하였다. 천연동 모임에 참여했음은 물론, 교육심의회 제2분과 교육제도분과위원으로도 일하였다. 이 회의에서는 오천석의 의견이 거의 그대로 반영되었다. 오천석은 신생 한국 최초의 교육법 개정 기초위원으로 활동하는 등 학제 제정에 계속 참여하였다.

미군정기 교육정책에 관한 긍정 또는 비판적 관점 분석에 있어서, 먼저 저서별 특징을 분석하면 홍익인간의 교육이념에 대해서는 문교기록과 오천석의 저서에서는 비교적 긍정적 기록을 남겼으며, 기타 연구는 비교적 비판적 관점이었다. 국대안에 대해서는 문교기록과 오천석 저서에서는 비교적 긍정적 기록을 남겼으며, 기타 연구는 상대적으로 비판적 관점을 보였다. 새교육 운동에 대해서는 문교기록은 긍정과 비판이 비슷하게 나타났으며, 오천석의 저서와 『민주교육』 게재 논문은 비교적 긍정적인 기록을, 1950년대 개인 연구는 비판적 관점을 보였다. 학제 정책에 대해서는 문교 기록은 비판적 관점을, 오천석 저서는 긍정적 관점을 보이고 있다.

또 시기별 특징을 분석하여 보면 홍익인간의 교육이념에 대해서는 큰 특징 없이 분포하였다. 국대안에 대해서는 '80년대 이전에는 긍정적 기록을, '80년대 이후에는 비판적 관점을 보였다. 새교육 운동에 대해서는 '80년대 이전에 긍정적 기록과 비판적 기록이 비슷하게 분포하고 있으며, '80년대 이후에는 긍정적인 관점을 보였다. 특기할 사항은 '80년대 이전, 특히 '50년대에 비판적 관점이 많았다는 점이다. 학제 정책에 대해서는 시기별 큰 특징을 발견할 수 없었다.

미군정기 교육정책에 관한 미군정 당국과
오천석의 역할 및 쟁점 분석

Ⅳ장의 1~4절에서는 미군정기 주요 교육정책에 대해 관점을 비교·분석하였다. 그리고 마지막 5절에서는 다양한 관점을 긍정적 또는 비판적 관점으로 재분석하여 보았다.

이 장에서는 지금까지 논의해 온 미군정기 주요 교육정책에 관한 미군정과 오천석의 역할을 종합적으로 논의하고, 이에 따르는 쟁점들을 추출하여 그 쟁점의 전개 논리가 무엇인지를 분석하고자 한다. 이를 위하여 우선 미군정기 교육정책에 영향을 끼친 미군정 당국과 오천석의 역할을 파악하고 교육정책의 입안 및 추진에 어떤 역할을 수행하였는지를 분석한다. 그리고 양자의 역할이 쟁점과 어떤 관련이 있는지도 살펴본다. 이를 통해 미군정기 교육정책에 관한 오천석과 미군정 당국이 관련된 쟁점을 종합적으로 분석하여 미군정기의 교육정책에 대한 쟁점 접근 논리를 정리하였다.

따라서 1절에서는 미군정기 교육정책에 영향을 끼친 미군정과 오천석의 역할을 논하고, 2절에서는 미군정기 교육정책에 영향을 끼친 미군정 당국 및 오천석과 관련된 쟁점을 논의하고 이를 종합하였다.

1. 미군정기 교육정책에 영향을 미친 미군정 당국과 오천석

이 절에서는 미군정기 교육정책에서의 미군정 당국과 오천석의 역할을 살펴본다. 즉 미군정기 주요 교육정책에 관련된 미군정 당국과 오천석의 역할을 정책 입안자로서의 역할, 정책추진자로서의 역할로 구분하여 분석한다.

1) 정책입안자로서의 미군정당국과 오천석의 역할

정책입안자로서 미군정 당국과 오천석은 과연 구체적으로 어떤 역할을 수행하였는가? 오천석은 그의 저서 곳곳에서 미군정기 교육정책 입안자로서의 역할이 지대하였음을 강조하고 있다. 그러나 이와 다른 관점을 지닌 기록이나 연구에서는 상당수의 교육정책을 미군정 미군 교육담당자들이 입안한 것으로 분석하고 있다.

여기서는 미군정기 네 가지 주요 교육정책과 관련된 연구·기록물의 문맥을 조사·분석함으로써 미군정 당국자와 오천석의 역할은 무엇이었으며 어떻게 해석해야 하는가에 대하여 알아보았다.

우선, 홍익인간의 교육이념을 제정함에 있어서의 미군정 당국과 오천석의 역할에 대하여 알아보자. 홍익인간의 교육이념과 관련한 정책은 오천석이 입안한 것인지 아니면 미군정의 미군 교육담당자들이 입안한 것인지를 분석함으로써, 교육정책 입안자로서의 각각의 입지를 확인하고자 한다. 이와 관련된 연구·기록물의 문맥을 정리하여 보면 <표 10>과 같다.

표 10 홍익인간에 대한 정책입안자로서의 오천석과 미군정의 역할 분석

구분 기록·연구물	내 용	역할 주체
정세화(2001), "천원의 교육사상", 『오천석박사 탄신 100주년 기념논총』	이때 천원 선생이 문교행정의 최고 책임자로서 일구어 낸 교육실천 사례는 대략 다음과 같습니다. '홍익인간의 교육목표 제정 주도', '6·3·3·4제 학제의 제정' 등 여러 면에서 민주교육 체제의 초석을 놓아 갔던 것입니다(p.35).	오천석
정세화(1992), "천원 오천석 교육사상연구", 『교육철학』 10	천원은 한국교육 재건을 담당하였다. 학교의 재개, 한글교과서의 제작 배포, 국립서울대학교 창설 등을 위시해서 조선교육심의회를 구성하여 '홍익인간'의 교육이념을 제정하고 오늘의 학제인 6·3·3·4제를 채택하는 일 등에 산파역을 하였다(p.53).	오천석
동아일보(1947년 10월 1일자), 과도 정부 문교부 고문 언더우드	군정당국 내부에서는 "신속하게 민주주의 교육을 강화하지 않으면, 민주주의와는 동떨어진 민족주의가 대두된다."고 하여 한국의 민족주의를 민주주의와 대립되는 것으로 파악하여 민족주의를 경계하는 경향이 있었다(47.10.1. 동아일보, 전명기의 연구, p.43).	미군정

<표 10>에서 보면, 오천석은 홍인인간의 교육이념을 제정하는데는 참여하였으나 그 중심에 있었던 것은 아닌 것으로 보인다. 그렇다고 미군정이 중심에 있었던 것도 아니었다. 각 기록물과 연구물에는 홍익인간의 교육이념과 관련된 오천석과 미군정의 역할에 관한 구체적인 기록이 거의 발견되지 않고 있다.

오천석이 정책입안자라고 분류한 내용도 정세화가 오천석이 주도적으로 교육정책을 입안하고 추진하였다고 보기보다는 제정 당시 문교차장으로서 행정적으로 주도하여 처리하였다는 뜻으로 보아야 할 것이다. 다만 언더우드의 발언에서 볼 수 있듯이, 미군정 당국 내부에서는 신속하게 민주주의 교육을 강화하지 않으면, 민주주의와는 동떨어진 민족주의가 대두된다는 생각으로 교육이념을 신속히 그리고 미군정이 원하는 방향으로 제정되기를 희망하였음을 추측해 볼 수 있다. 이러한 미군정의 견해는 홍익인간의 교육이념을 해석하는 데 상당한 영향을 미쳤을 것으로 판단된다(교육부,

1998: 63 – 64).

둘째, 국립서울대학교 설립 입안 과정에서의 미군정 당국과 오천석의 역할에 대한 관련 연구·기록물의 문맥을 분석하면 <표 11>과 같다.

<표 11>을 보면, 국립서울대학교 설립안 입안과정에서의 오천석의 역할은 적극적이었음을 알 수 있다. 오천석의 저서와 대부분의 문교기록에서 오천석에 의하여 이 안이 처음 발의되었음을 확인할 수 있다. 특히 국대안 조직에 관한 설계는 발의자인 문교차장 오천석에게 맡겨졌다, 국대안이란 우리나라 교육기관을 재건하려는 시도의 일환으로 나의 발상에 의하여 제기된 것이다라고 밝힐 만큼 오천석은 자신이 발의자임을 분명히 하고 있다.

반면 미군정은 국대안의 발의에는 동의하였지만 주도적인 역할을 했다고 볼 만한 근거는 분명치 않다. 다만 국대안은 미군정청 미국인 관리에 의해 만들어졌고 이의 추진과정에서 악역은 한인 직원이 담당했던 것으로 보인다라는 표현이라든가, 미국관리가 미국대학을 모형으로 하여 종합대학안을 작성하였다는 표현을 볼 때 미군정 측에서도 사전에 기초 준비는 했을 가능성도 배제할 수는 없다. 이러한 견해는 이길상의 연구와 그의 연구 결과를 인용한 연구물에서 주로 나타나고 있다. 국대안에 대하여 미군정의 영향이 지대하였다고 보는 기록은 주로 1980년대 이후의 연구물에서 많이 나타나는 것이 특징이다.

구분 기록・연구물	내 용	역할 주체
교육부1960), 『한국교 육10년사』	일정(日政) 시에는 종합대학, 단과대학 하는 구별이 없었던 것을 미 국의 학제에 따라 이를 구별하자는 것인데 미국을 적대시하는 좌익 계열에서 방관할 리가 없는 것이다(p.89).	미군정
중앙대교육연구소 (1974), 『문교사』	국대안 조직에 관한 설계는 발의자인 문교차장 오천석에게 맡겨졌 다(p.16).	오천석
문교부(1988), 『문교40 년사』	국대안은 당시 문교차장이었던 오천석의 발의와 라카드, 그리고 군 정 문교부장이었던 유억겸의 동의 및 러치 군정장관의 동조로 계획 된 것이었다(p.74).	오천석
오천석(1975), 『한국신 교육사(하)』	오천석은 종합대학안은 학무국안의 한인 직원에 의하여 구상된 것 으로 미국 측은 수동적 위치에 있었다(p.39).	오천석
오천석(1975), 『외로운 성주』	종합대학 구상에 있어 또 하나의 동기는 우리나라를 대표할 만한 최고학부를 세우고 싶은 욕망이었다(p.100).	오천석
오천석(1975), 『스승・ 논설・수상기』	국대안이란 우리나라 교육기관을 재건하려는 시도의 일환으로 나의 발상에 의하여 제기된 것이다(p.401).	오천석
한준상・김성학 (1990), 『현대한국교육 의 인식』	미군정 학무국 한인 관료 나름대로 미국무성이나 미교육부의 교육 적 지시가 결여된 상황을 최대한 이용해서 내린 결정 중의 하나가 국대안이었다(p.118).	오천석
	당시 교육패권동맹세력이 주로 사립학교 관계자들이었다는 점에 서 국대안은 오천석이 갖고 있던 개인적인 사사로운 이해관계에 결부 되어 나타난 복안이라고 보아야 한다(p.119).	오천석
	서울대학교 설치에 대한 전면적인 정치적 구상은 그 발의자인 문교 부차장 오천석에게 극비사항으로 맡겨졌다(p.119).	오천석
이규환 외(1984), 『자 본주의사회의 교육』	국대안은 미군정 관계자들이 미국식 종합대학을 서둘러 추진하려했 던 것으로……(p.374).	미군정
최혜월(1987), 국대안 반대운동 이념적성격・ ・・ 접근	국대안의 이면에는 미군정의 지배 이데올로기가 관련되어 있다 (pp.42 – 43).	미군정
이길상(1999), 『미군정 하에서의 진보적인 민 주주의 교육운동』	국대안은 미군정청 미국인 관리에 의해 만들어졌고 이의 추진과정 에서 악역은 한인 직원이 담당했던 것으로 보인다(p.37).	미군정
	1945년 12월 12일, 서울대학의 총장으로 있던 한 미국관리가 대 학업무를 총괄하면서 시작한 첫 번째 활동이 미국대학을 모형으로 하여 종합대학안을 작성하는 것이었다(p.37).	미군정
이길상 외(1995), 『한 국근현대사』	1945년 12월, 미국관리가 대학 업무로 시작한 활동이 미국대학을 모형으로 하여 종합대학안을 작성하는 것이었다(pp.349 – 350).	미군정
강명숙(2002), 미군정 기 고등교육 연구	국대안은 1946년 3월경 오천석에 의해 발의되었는데, 이 안의 내 용적 특징은 다음과 같다(p.177).	오천석
	종대안과 국대안을 분리하여 본다면 종대안은 1946년 말, 미국인 장교에 의해 발의되었으나, 국대안은 오천석에 의해, 그의 주도하에 이루어졌다고 보는 것이 가능하다(p.106).	오천석

셋째, '새교육 운동'의 시작 단계에서 미군정과 오천석의 역할에 대한 기록·연구물을 분석하여 관련 문맥을 정리하면 <표 12>와 같다.

■ 표 12 '새교육 운동'에 대한 정책입안자로서의 오천석과 미군정의 역할 분석

구분 기록·연구물	내　용	역할 주체
중앙대교육연구소 (1974), 『문교사』	새교육을 이론 면에서 가장 먼저 소개한 이는 오천석으로서 그가 1946년 11월에 낸 '민주주의교육의 건설'은 듀이의 교육사상을 소개하는 것이었다(p.93).	오천석
오천석(1975), 『민 주교육을 지향하여』	이처럼 옛 교육에 반항하는 교육, 새로운 사회를 세우는 데 요구되는 교육을 우리는 '새교육'이라고 불렀던 것이다(pp.116 - 117).	오천석
배병관(1997), 미군 정기 교육정책의 결 정요인 분석	해방 후 한국교육계에 진보주의 교육사상을 도입하는 데 중요한 통로 역할을 한 사람들은 미국에 유학하였던 한국인 교육자들이었다. 컬럼비아대학원에서 듀이의 '교육철학 신장'을 수강한 사람으로는 장이욱, 오천석 등이 있다(p.44).	오천석
박봉목(1993), 한국 교육에 투영된 듀이 의 재평가와 오천석 의 자리	오천석은 저술을 통하여 듀이의 철학과 사상을 소개하였다. 1947년에 낸 민주주의 교육의 건설은 비록 작은 책자이기는 하나 이 땅에 민주주의 이념의 건설을 위한 이론적 근거를 제공했다는 점에서 높이 평가된다(p.68).	오천석
정세화(2001), 천원 의 교육사상	당시(1945 - 48) 천원 선생은 교육에 있어서의 일제의 잔재를 청산하고 새로운 조국의 교육이상을 구현하기 위하여 '새교육 운동'을 제창하였습니다. 이론으로, 행정지원으로, 강연회와 강습회로 설파한 천원 선생의 교육사상은 1974년 『민주교육의 건설』이라는 저서로 출판되었습니다(p.35).	오천석
문교부(1960)『한국 교육10년사』	새로운 교육방법을 수립하는 데 있어 선진국가인 미국의 영향을 크게 받았을 뿐만 아니라 이것이 새로운 교육방법의 기반이 되었다(pp.82 - 83).	미군정

<표 12>를 보면, '새교육 운동'은 오천석이 최초로 추진하였던 것으로 제시되어 있다. "새교육을 이론 면에서 가장 먼저 소개한 이는 오천석으로서 그가 1946년 11월에 낸 『민주주의교육의 건설』은 존 듀이의 교육사상을 소개하는 것이었다."는 표현은 이를 확인하는 좋은 근거이다. 또 당시 상황을 고려하여 볼 때도 미국의 진

보주의 교육학의 총본산인 컬럼비아대학에 유학한 교육자들, 특히 오천석을 중심으로 한 유학파들에 의해 추진되었을 개연성이 높다.

정세화는 천원 선생은 교육에 있어서의 일제의 잔재를 청산하고 새로운 조국의 교육이상을 구현하기 위하여 '새교육 운동'을 제창하였으며, 이론으로, 행정지원으로, 강연회와 강습회로 설파한 오천석의 교육사상은 1974년 『민주교육의 건설』이라는 저서로 출판되었음을 상기하고 있다.

미군정의 '새교육 운동'에 관련된 기록이 매우 적은 것을 보면, 미군정 당국은 새로운 교육방법으로 전환함에 있어 크게 간여하지 않은 것으로 보인다. 이는 새교육이 미국식 민주주의 방식에 따른 교육방법이었으며, 특히 한국인 주요 정책 입안자들이 미국 교육의 영향을 받는 인사들이기에 크게 관여하지 않았을 것으로 생각된다.

넷째, 6·3·3·4학제 제정에 대한 입안과정에서의 미군정 당국과 오천석의 역할에 관한 문맥을 정리하면 <표 13>과 같다.

<표 13>을 보면, 학제 정책의 입안에 대하여 문교기록과 오천석의 저서에서는 오천석이 적극적으로 참여한 것으로 기록하고 있다. 특히 6·3·3·4학제의 최초 제안을 천연동 모임에서 찾고 있으며, 김성수가 제안을 하고 오천석이 동의와 부연설명을 한 것으로 기록하고 있다. 또한 일제시대의 복선제를 제외하고 단선제를 선택한 것도 김성수와 오천석의 주장에 의하여 이루어졌다고 보고 있다.

학제에 대한 미군정의 영향은 미국의 제도를 도입하였다는 정도로 기록하고 있으며, 적극적으로 개입한 것으로 보이지는 않는다. 다만 한때 미군정요원으로 활동하였던 미드가 교육제도 재조직의

표 13 학제 정책 대한 정책입안자로서의 오천석과 미군정의 역할 분석

구분 기록·연구물	내　용	역할 주체
교육부1960), 『한국교육10년사』	원래 일정(日政) 시에는 종합대학이니 단과대학이니 하는 구별이 없었던 것을 미국의 학제에 따라 이를 구별하자는 것인데 미국을 적대시하는 좌익계열에서 방관할 리가 없는 것이다(p.89).	미군정
문교부(1988), 『문교40년사』	미군정 조선교육심의회 교육제도분과위원회에는 유억겸, 오천석 등을 포함하는 7인으로 구성되었고, 그들은 일본 강점시대의 복선형 학제를 폐지하고 단선제 학제를 구상하였다(pp.13 - 14).	오천석
	천연동 모임에서 김성수는 "학제는 아무래도 6·3·3·4제가 좋은 것 같다."고 하자, 오천석은 "학제가 많지만 6.3.3.4학제가 미국의 일부 주에서 신학제로 인기가 높다."라고 말하였다(p.66).	오천석
오천석(1975), 『신한국교육사(하)』	천연동 회합에 참여한 교육계 인사로는 김성수, 유억겸, 백낙준, 김활란, 오천석 등이었는데 새로 세워질 학제는 6·3·3·4제가 좋겠다고 김성수가 주장하였다(p.28).	오천석
오천석(1975), 『외로운 성주』	학제는 이원제를 일원제로 하기로 하였다. 각급 학교 수업연한을 6·3·3제로 함에 있어 미국교육의 영향을 받은 것은 사실이지만 미국 측의 제의나 압력이 아닌 한국 측 발의에 의해(p.97).	오천석
송덕수(1996), 광복교육50년	천연동 모임에서 인촌이 6·3·3·4학제를 제안하였고, 오천석이 동의하는 설명을 하였다(pp.25 - 27).	오천석
손인수(1992), 『미군정과 교육정책』	천연동 모임에 참석한 5인은 한국교육 문제를 논의하였다. 김성수는 민주주의 교육의 필요성을 내세웠고 이를 위한 학제로 6·3·3·4제를 제안하였다(p.297).	오천석
	한때 미군정요원으로 활동하였던 미드는 "교육제도 재조직의 목적은 일본식의 것을 뿌리째 뽑아 없애고, 그 대신 미국식 제도를 세우려는 것"이라고 말하였다(p.235).	미군정
이덕호(2001), 『친미사대주의 교육의 전개과정』	친일파 교육자들이 천연동에 모여 미국식 6·3·3·4 단선형 학제를 도입한다거나 민주주의 교육의 필요성에 의견일치를 본 것은 기회주의적 판단이었다(pp.77 - 79).	오천석
	천연동 모임을 주도한 오천석은 미국교육학박사였으므로 미국교육제도를 도입하는 것으로 생각하고 있었다(p.21).	오천석
문교부(1980), 『한국교육30년』	미국은 한국민이 갈망하는 민주주의 이념과 표본을 제시해 줌으로써 미국의 교육제도가 새로운 국민교육제도 수립에 있어서 하나의 본받을 수 있는 모형을 제시해 주었다(p.36).	미군정
	8·15 이후 우리들이 건설한 국민교육제도는 간판과 제도는 미국식이면서 그 운영의 내실은 일본이 남겨 놓은 것을 많이 답습한 혼합형이었다고 할 수 있다(p.37).	미군정
윤정일(1995), 『광복50주년기념논문 - 교육편』	"6·3·3·4학제가 미군정이 제시한 것을 그대로 받아서 지금까지 온 것을 유감스럽게 생각한다."고 하여 정부 수립 후 우리의 자유의사에 따라 6·3·3·4학제를 채택하였다고는 하나 그 기본구조가 미군정에서 제시한 것과 동일하였다(p.334).	미군정

목적은 일본식의 것을 뿌리째 뽑아 없애고, 그 대신 미국식 제도를 세우려는 것이라고 말한 것으로 보아 직접적으로 간여하지 않더라도 정책의 기본 틀은 미국식 제도 도입에 있음을 암시하고 있다. 또 해방 50주년을 기념하여 발간한 윤정일의 논문에서는 미군정이 제시한 대로 채택하였다고 하여 미군정이 적극적으로 관여했음을 인정하고 있다.

위에서 논의한 것을 요약하면 오천석은 홍인인간의 교육이념을 제정하는 데는 참여하였으나 그 중심에 있었던 것은 아니었으며, 미군정의 역할도 미미하였다.

국립서울대학교 설립을 위한 입안과정에서의 오천석의 역할은 적극적이었다. 오천석의 저서와 대부분의 교육당국 문교기록에는 오천석에 의하여 이 안이 처음 발의되었음을 확인할 수 있었다. 특히 국대안이란 우리나라 교육기관을 재건하려는 시도의 일환으로 나의 발상에 의하여 제기된 것이다와 같은 진술처럼 오천석의 모든 기록에서 자신이 발의자임을 밝히고 있다.

오천석은 '새교육 운동'을 최초로 추진하였다. "새교육을 이론면에서 가장 먼저 소개한 이도 오천석으로서 그가 1946년 11월에 낸 『민주주의 교육의 건설』은 듀이의 교육사상을 소개하는 것이었다."는 표현에서 이를 확인할 수 있다. 또 강습회도 추진하였고 학무차장으로서 '새교육 운동'을 행정적으로 지원하기도 하였다.

학제 정책의 입안에 대하여 문교기록과 오천석의 저서에서 모두 오천석이 적극적으로 참여한 것으로 나타나 있다. 특히 6·3·3·4제 학제의 최초 제안을 천연동 모임에서 찾고 있으며, 그 중심에 김성수와 오천석이 있었다. 오천석은 교육심의회 제2분과에서도 학제 제정의 중심적 역할을 수행하였다.

2) 정책 추진자로서의 미군정 당국과 오천석의 역할

오천석은 그의 저서 곳곳에서 미군정 교육정책의 강력한 추진자로서의 역할을 강조하고 있다. 그러나 일부 연구물에서는 오천석은 미군정의 정책을 충실히 수행하는 한인 관료에 불과했다고 평가하고 있다. 또 어떤 교육정책에서는 소극적으로 추진한 기록도 발견되고 있다. 여기서 이러한 주장들의 논거는 무엇이며, 어떻게 해석해야 하는가에 대하여 알아보기로 한다.

첫째, 홍익인간의 교육이념 제정추진에 있어서 미군정 당국과 오천석의 역할에 관한 문맥을 정리하여 분석한다.

<표 14>를 보면, 홍익인간의 정책을 추진하는 과정에서 오천석은 반대의 뜻을 표한 것으로 나타나 있다. 오천석 등이 홍익인간의 교육이념에 대하여 반대한 이유는 홍익인간이라는 말이 지니고 있는 비과학성 때문이었다.

'중앙대교육연구소'의 기록에는 교육이념과 교육방침을 수립함에 있어 "선진 민주국가의 교육목표를 참작하였다."는 정도로 나타나 있다. 이러한 기록은 당시 선진국인 미국의 교육목표를 참작하였다는 해석이 가능하다.

구분 기록·연구물	내 용	역할 주체
송덕수(1996), 『광복교육50년 – 미군정기 편』	"과학기술을 바탕으로 새나라 건설을 서둘러야 할 이 마당에 어찌 비과학적인 신화에서 우리의 교육이념을 따온단 말씀입니까?" 누군가 홍익인간 도입 반대 발언에 장이욱, 오천석 등 미주지역 유학생파들이 동조하고 나섰고 이인기 등 일부 일본유학파도 가세했다(pp.181 – 182).	오천석
교육부(1998), 『교육50년사』	그러나 교육이념을 홍익인간으로 정립하는 과정에서 상당한 이견도 있었던 것으로 알려지고 있다. 반대적인 견해를 보인 이들로는 백남운, 오천석, 허현, 이인기, 장이욱 등이 있었는데, 그들은 무엇보다도 그 말이 지니고 있는 비과학성의 문제를 제기하였다(pp.58 – 59).	오천석
중앙대교육문제연구소(1974), 『문교사』	이러한 교육이념과 교육방침을 수립함에 있어 선진 민주국가의 교육목표를 참작하였던 것도 사실이며……(p.13).	미군정

이러한 기록으로 보아 홍익인간의 교육이념이 추진되는 과정에서의 미군정 당국과 오천석의 역할은 그리 크지 않았으며, 초기에 오천석은 오히려 반대 입장을 가지고 있었던 것으로 보인다.

둘째, 국대안 추진과정에서의 미군정 당국과 오천석의 역할에 관한 문맥을 정리하여 각각 어떤 역할을 하였는지를 살펴보자.

<표 15>를 보면, 오천석의 모든 기록에서 오천석이 국립서울대학교 설립에 주체가 되어 추진하였다고 주장한다. 국대안에 대하여 러치 장관의 찬동을 얻을 때 오천석은 '무슨 일이 있더라도 끝까지 지지해 주겠는가?' 하는 다짐을 받았다. 국대안 반대운동으로 치안유지가 곤란할 정도일 때, 군정장관으로부터 만나자고 연락이 왔다. 이때 오천석은 '이 소란은 나에게 책임이 있다. 책임을 지고 물러날 용의가 있다면서 사표를 꺼내 놓았다.' 등의 표현은 오천석의 강력한 추진 의지를 나타내고 있다.

표 15 국대안에 대한 정책추진자로서의 오천석과 미군정의 역할 분석

구분 기록·연구물	내용	역할 주체
오천석(1975), 『외로운 성주』	오천석은 국대안의 실천 시기는 빠르면 빠를수록 좋다고 생각했다. 이유는 기존 기관의 뿌리가 깊어지면 그만큼 통합이 곤란하겠기에……(p.100).	오천석
	국대안에 대하여 러치 장관의 찬동을 얻을 때 오천석은 어려운 난관이 있을 것을 예상하고 "무슨 일이 있더라도 끝까지 지지해 주겠는가?" 다짐을 받았다(p.101).	오천석
	국대안 반대운동으로 치안유지가 곤란할 정도일 때, 군정장관으로부터 만나자고 연락이 왔다. 오천석은 "이 소란은 나에게 책임이 있다. 책임을 지고 물러날 용의가 있다."고 하면서 사표를 꺼내 놓았다(p.104).	오천석
	군정장관은 "사표를 낸다면 라카드 대위가 낼 일이지 당신이 낼 일이 아니오. 끝까지 스탠바이 할 터이니, 잘해 보시오."라고 다짐하였다(pp.104-105).	오천석
오천석(1975), 『스승·논설·수상기』	유억겸 선생은 나의 편에 서서 신변의 위험을 무릅쓰고 반대자들과 싸워 주었다(p.402).	오천석
이길상(1999), 『미군정하에서의 민주주의 교육운동』	국대안은 미군정청 미국인 관리에 의해 만들어졌고 이의 추진과정에서 악역은 한인 직원이 담당했던 것으로 보인다(pp.36-37).	미군정
송덕수(1996), 『광복교육50년 - 미군정기편』	이에 러치 장관은 2월 6일, 부처장 회의를 긴급 소집하고 국대안에 대한 별도의 방안을 논의하였다(p.287).	미군정

　국대안 추진은 오천석이 아니라 미군정이 추진하였다는 일부 주장이 있는데 이 중 관심이 가는 것은 군정청 미국인 관리에 의해 만들어졌고 이의 추진과정에서 악역은 한인 직원이 담당했던 것으로 보인다는 부분이다. 이를 그대로 이해한다면, 미군정청이 국대안을 계획하였고 한국 관리는 추진하였을 뿐이라는 표현이 된다. 이러한 주장이 진실일 가능성이 전혀 없는 것은 아니지만 매우 낮다.

　만약 미군정청의 강력한 의지로 추진하였다면, 치안이 어려웠을 때 군정장관이 오천석을 불러 물어보았을 리도 없고 오천석의 입장에서도 국대안이 미군정의 추진 정책이었다면 그것 때문에 책임지려고 사표를 낼 이유가 없기 때문이다. 따라서 미군정이 주도하였다고 보기보다는 국대안으로 야기된 혼란을 수습하기 위하여 1947년 2월 이후 적극적으로 개입했다고 보는 것이 옳을 것이다.

셋째, 새교육 운동을 추진함에 있어 미군정 당국과 오천석의 역할에 관한 연구·기록의 문맥을 정리하여 분석함으로써 각각의 어떤 역할을 하였는지를 확인해 보자.

<표 16>에서 확인할 수 있는 것처럼, 문교기록이나 오천석 자신의 저서에 따르면 '새교육 운동'은 오천석이 적극적으로 추진한 것으로 기록하고 있다. 오천석은 새교육 관련 저서도 펴냈으며 각종 강습회나 연수회 등을 적극적으로 추진하였다. 기록에 따르면 오천석은 '새교육 운동'을 가리켜 전통적 교육을 지양하고 민주주의 이념 위에 교육을 세우려는 운동이라고 말하였으며, 새교육을 적극 추진하겠다. 교원 하기 강습회에서 오천석은 듀이를 비롯한 미국의 교육이론을 소개하였으며, 이 내용은『민주주의 교육의 건설』로 출판되었다. 등이 그 예이다.

다만 한국교육10년사에서는 '새교육 운동'에 1947년부터 미군정이 관여하기 시작하였음을 표현하고 있다. 그러나 이 기록은 새교육 운동을 추진하면서 새교육의 본질인 존 듀이의 진보주의 이론을 직접 전달받기 위하여 미국 교육요원이 한국에 파견(對韓敎育情報調査團)된 것을 지적한 것으로 보인다. 이러한 기록을 종합해 보면, 이 시기부터 미국이 한국교육에 보다 적극적으로 직접 개입하기 시작하였음을 의미한다. 또 다른 측면으로 본다면 미군정이 미교육자 내한 등 적극적인 대안을 강구한 것은 새교육 운동 자체

표 16 새교육 운동에 대한 정책추진자로서의 오천석과 미군정의 역할 분석

구분 기록·연구물	내 용	역할 주체
중앙대교육연구소, 『문교사』	1947년 문교부장이 된 오천석은 새교육 운동을 가리켜 "전통적 교육을 지양하고 민주주의 이념 위에 교육을 세우려는 운동이라고 말하였으며, 새교육을 적극 추진하겠다."고 다짐하였다(p.94).	오천석
문교부(1988), 『문교40년사』	1946년 교원 하기 강습회에서 오천석은 듀이를 비롯한 미국의 교육이론을 소개하였으며, 이 내용은 '민주주의 교육의 건설'로 출판되었다(p.50).	오천석
문교부(1998), 『교육50년사』	오천석은 새교육 운동을 주도적으로 전개해 나가면서 새교육 운동의 지향점을 제시하고 있다(p.65).	오천석
정세화(2001), 천원의 교육사상	당시(1945 - 48) 천원 선생은 교육에 있어서의 일제의 잔재를 청산하고 새로운 조국의 교육이상을 구현하기 위하여 '새교육 운동'을 제창하였습니다. 이론으로, 행정지원으로, 강연회와 강습회로 설파한 천원 선생의 교육사상은 1974년 「민주교육의 건설」이라는 저서로 출판되었습니다(p.35).	오천석
문교부(1960), 『한국교육10년사』	미군정청에서는 경험이 부족하고 아직 민주적으로 훈련이 되지못한 한국교육자를 위하여 1948년에는 20여 명의 미국교육자를 초청하여 반 년간 700명의 교육자를 훈련하는 데 헌신적 노력을 하였다(p.83).	미군정
	미군청의 협조와 미교육자의 내한을 계기로 새로운 교육방법이 시간이 경과됨에 따라 점차 확고한 기반을 차지하게 되었던 것이다(p.83).	미군정

에 문제가 있는 것이 아니라 우리나라 교육자들의 교육방법 변화가 없는 것에 대한 대책으로 미국교육자의 내한과 활동이 필요했음을 강조하고 있는 것이라고 할 수 있다.

넷째, 6·3·3·4학제 제정을 위한 업무추진에 있어서의 미군정과 오천석의 역할에 관련된 연구·기록의 관련 문맥을 수집·분석함으로써 각각의 역할에 대하여 알아보자.

<표 17>를 보면, 학제 정책에 있어서 오천석의 역할은 큰 것으로 나타나 있다. 특히 이인기는 교육심의회 제2분과위원회에서 오천석이 주도하여 학제를 제정하였다고 회고하고 있다. 즉 오천석 씨의 결정이 그 분과위원회의 결정이 될 정도로 매사가 오천석 중심으로 운영되었다. 그가 기안해서 설득하는 방식이었다고 하여,

표 17 6·3·3·4학제 정책 추진자로서의 오천석과 미군정의 역할 분석

구분 기록·연구물	내 용	역할 주체
오천석(1975), 『한국신교육사(하)』	이 제도가 미군정하에서 마련된 만큼, 미국 측의 압력 혹은 주견(主見)에 의하여 미국의 학제를 모방한 것이라는 비난도 없지 않았는데 미국 학제의 영향을 받은 것은 사실이나, 이것이 미국 측의 압력이나 주장에 의하여 제정되었다는 것은 사실과 다른 추측에 지나지 않는다(p.26).	오천석
김종철(1998), 민주교육8호, 우리나라 교육에 미친 천원의 영향	천원이 1946년에 교육심의회를 조직 발족시키고 6·3·3·4제의 학제 도입을 한 점 등은 우리 교육사의 기록에 높이 평가되어야 할 것이다(p.49).	오천석
정태수(1995), 『광복3년 한국교육법제사』	이인기는 오천석의 주도로 6·3·3·4학제가 도입되었음을 밝히고 있다. 제2분과에서 학제가 논의되었는데, 그 당시 여러 상황으로 인하여 오천석 씨의 결정이 그 분과의 결정이 될 정도로 오천석 씨 중심으로 운영되었다. 6·3·3·4제 단선형 학제도 오천석 씨가 제안했다(p.128).	오천석
손인수(1992), 『미군정과 교육정책』	한때 미군정요원으로 활동하였던 미드는 "교육제도 재조직의 목적은 일본식의 것을 뿌리째 뽑아 없애고, 그 대신 미국식 제도를 세우려는 것"이라고 말하였다(p.235).	미군정

제2분과인 교육제도 분과는 오천석에 의하여 주도되었음을 증언하고 있다.

또 학제 정책에 대한 미군정 측의 영향은 거의 없었던 것으로 보인다. 즉 미국 학제의 영향을 받은 것은 사실이나, 이것이 미국 측의 압력이나 주장에 의하여 제정되었다는 것은 사실과 다르다고 하여 학제정책과 관련하여 미군정의 영향은 받았으되, 우리 측의 생각에 따라 확정되었음을 알 수 있다. 어쩌면 학제 정책을 추진함에 있어 오천석의 역할은 해당 분과 위원으로서 충분히 활동하였고, 또 이미 '천연동 모임' 등을 통하여 합의된 바가 있었기 때문에 큰 논란이 없이 추진되었을 수도 있다.

이 부분에 대한 미군정의 역할은 강조되고 있지 않다. 미군정의 입장에서는 학제가 어떻게 되든지 간에 미군정을 유지하는 데 별 영

향을 끼치지 않았을 뿐만 아니라, 미군정 군인 중에는 교육행정 또는 교육 전문가가 없었기에 별다른 의견 제시가 곤란하였을지도 모른다.

이상의 내용을 요약하면 홍익인간의 정책을 추진하는 과정에서 오천석은 반대의 뜻을 표하였는데, 그 이유는 홍익인간이라는 말이 지니고 있는 비과학성에 있었다.

오천석의 모든 기록에서는 자신이 국립서울대학교 설립에 주체가 되어 추진하였다고 주장하고 있다. 국대안 추진을 위하여 사표를 낼 정도로 강력한 의지를 가지고 있었음을 확인할 수 있다.

'새교육 운동'과 관련해서 문교기록이나 오천석의 저서를 살펴보면, 오천석이 적극적으로 추진한 것으로 기록하고 있다.

학제 정책에 있어서도 오천석의 역할은 대단히 큰 것으로 나타나 있다.

위 주요 교육정책 추진과정에서의 미군정 당국의 역할은 국립서울대학교 설립 시 '사회질서 유지를 위하여'라는 이유로 적극적으로 관여하였으며, 1947년 이후에는 '새교육 운동'의 전개에 적극적으로 참여한 것으로 나타났다. 홍익인간의 교육이념이나 6·3·3·4 학제 제정에 직접 참여한 논거는 거의 발견되지 않았다.

3) 미군정기 교육정책에서의 미군정과 오천석의 역할 종합

상기에서 논의한 미군정 당국과 오천석의 역할을 종합 정리하면 아래와 같다. 여기서 미군정당국과 오천석의 역할을 '적극적인 역

할', '소극적인 역할', '소극적 비판', '적극적 비판', '관망적 자세'
의 다섯 단계로 구분하여 종합하였다. 다섯 단계를 구분하는 기준
은 다음과 같다.

·적극적 역할: 해당 교육정책을 입안 또는 추진하는 데 가장 앞장선 경우
·소극적 역할: 해당 교육정책을 입안 또는 추진하는 데 긍정적으로 동의
　　　　　　한 경우
·소극적 비판: 해당 교육정책을 입안 또는 추진하는 데 비판적으로 동의
　　　　　　한 경우
·적극적 비판: 해당 교육정책을 입안 또는 추진하는 데 앞장서 반대한 경우
·관망적 자세: 해당 교육정책을 입안 또는 추진하는 데 관망 또는 특별한
　　　　　　기록이 없는 경우

위의 구분 기준에 따라 종합한 미군정과 오천석의 역할은 <표
18>과 같다.

다음 표에서 보는 바와 같이 미군정기 네 가지 주요교육정책의
입안과 추진에 있어서 오천석의 역할은 지대하였다. 특히 국대안,
새교육 운동, 6·3·3·4학제 부분에서는 정책입안과 추진에서 모두
'적극적인 역할'을 하였다.

다만 홍익인간의 교육이념을 입안하는 데는 소극적 역할, 추진하
는 데에는 소극적인 비판을 한 것으로 분석되었다. 이는 교육이념
그 자체에 대한 소극적인 관심보다는 홍익인간의 이념이 비과학적
이라는 데서 오는 비판적 관점이 작용했기 때문이라고 볼 수 있다.

미군정의 역할은 기록상으로 드러나는 것이 거의 없었다. 다만
국대안과 새교육 운동의 추진에서 적극적 역할을 한 것으로 분석
되었다. 이는 국대안의 경우에는 국대안의 수습과정에서의 적극적
인 개입이 있었고, '새교육 운동'의 경우에는 1947년 이후에 다양

■ 표 18 미군정기 교육정책에서의 미군정과 오천석의 역할 종합

구분	정 책	역할(오천석, 미군정))		비 고
정책 입안	1. 홍익 인간	오천석	소극적 역할	문교차장으로 정책 입안에 참여하는 정도
		미군정	관망적 자세	선언적 의미의 언급 정도
	2. 국대안	오천석	적극적 역할	발상, 입안에 주도적 역할
		미군정	소극적 역할	락 대위는 주저 없이 동의, 러치 장군은 찬동
	3. 새교육 운동	오천석	적극적 역할	새교육 운동을 최초로 시작
		미군정	관망적 자세	별다른 언급 없음
	4. 학제 정책	오천석	적극적 역할	천연동 모임에서부터 적극적 참여
		미군정	관망적 자세	선언적 의미의 언급 정도
정책 추진	1. 홍익 인간	오천석	소극적 비판	홍인인간 교육이념의 비과학성을 비판
		미군정	관망적 자세	선언적 의미의 언급 정도
	2. 국대안	오천석	적극적 역할	책임지고 '사표'를 낼 정도로 적극 추진
		미군정	적극적 역할	1947년 2월 이후, 하지 장군이 적극적으로 관여
	3. 새교육 운동	오천석	적극적 역할	초기: 강습, 저서 출판, 모임 구성 등 적극 추진
		미군정	적극적 역할	'47년 이후*: 사절단 파견, 연수기관 설치, 교육 원조 등
	4. 학제 정책	오천석	적극적 역할	교육제도분과위원회를 주도적으로 운영
		미군정	관망적 자세	선언적 의미의 언급 정도

* 미군정이 한국교육(특히 교육방법 개선)에 적극적으로 개입하기 시작한 것은 1947년 6월, '안트'를 단장으로 하는 대한교육정보조사단(對韓敎育情報調査團) 파견 이후이다. 이 조사단의 건의에 따라 교원재교육 기관인 '중앙교원 훈련소'가 설치된다.

한 방법으로 미군정 당국의 지원이 있었음을 의미하는 것이다.

요컨대, 오천석은 홍인인간의 교육이념을 제정하는 데는 참여하였으나 그 중심에 있었던 것은 아니었다. 국립서울대학교 설립을 위한 입안과정에서의 오천석의 역할은 적극적이었음을 알 수 있다. 오천석의 저서와 대부분의 교육당국 문교기록에는 오천석에 의하여 이 안이 처음 발의되었음을 확인할 수 있다. 새교육 운동은 오천석에 의하여 시작되고 추진되었다. 6·3·3·4학제 제정에 있어서는 오천석의 결정이 곧 교육제도위원회 결정이 될 정도로 주도적으로 추진하였다.

2. 미군정기 교육정책에 관한 쟁점 분석

상기 1절에서는 미군정기 교육정책과 관련한 미군정 당국과 오천석의 역할에 대하여 알아보았다. 이러한 작업은 미군정기 교육정책과 오천석의 역할을 더욱 명료화하는 데 의미 있는 시사점을 제공할 것이다.

이 절(節)에서는 미군정기 교육정책에 관한 쟁점이 무엇인지를 분석하고 이에 다른 다양한 관점을 살펴보기로 한다.

1) 오천석의 주도론과 미군정 당국의 역할론

일부 논자(論者)들은 미군정기 교육정책 추진은 오천석을 비롯한 한인 교육관리와 교육주도세력 중심으로 추진되었다고 주장하는데 반하여, 일부 다른 연구에서는 미군정 당국의 영향하에 추진되었다는 두 주장이 있다.

오천석을 비롯한 교육주체세력들에 의하여 주체적으로 추진되었다는 주장을 국대안 발의 논리에서부터 살펴보자. 오천석은 국대안의 조직에 관한 설계는 발의자인 나에게 맡겨졌으며, 나에게는 이미 복안이 있었다라고 하여 그의 독자적인 구상과 발의에 의해 계획되었다고 강조하고 있다.[120]

강명숙은 국대안이 종대안을[121] 모방한 것이라는 결정적인 근거

---

120) 오천석(1975j), 앞의 책, p.101. 중앙대학교한국교육문제연구소(1974), 앞의 책, p.1. 오천석(1975f), 앞의 책, p.401. 등에 동일한 기록이 있다.

가 없으며, 또 이길상이 그의 연구에서 국대안을 오천석이 발의하지 않았다는 적극적인 증거를 제시하지 못하였다고 지적하고 있다 (이길상, 1999: 37). 따라서 종대안과 국대안을 내용상으로 보아 같은 안이라고 보기 어렵고, 관련되었다는 증거도 없다는 점에서 오천석의 발의설에 동의하고 있다.

한준상·김성학은 다른 의미에서 국대안은 오천석의 사사로운 결정인 것으로 보고 있다. 즉 그 당시 교육패권 동맹세력이 주로 사립학교 관계자들이었다는 점에 관심의 초점을 맞추고 있다. 따라서 국대안은 미군정 학무국의 한국인 고위 관리인 오천석이 갖고 있던 개인적인 사사로운 이해관계에 결부되어 나타난 복안이라고 보는 것이다.

한준상·김성학은 이와 같은 주장을 뒷받침하는 또 다른 상황을 지적하고 있다. 즉 국대안이 발표된 1946년 7월을 전후하여 한국측 교육주도세력들은 미국무성, 육군성 그리고 미교육국에 의한 구체적이며 세부적인 대한(對韓) 교육정책이 하달되지 않아 방황하고 있던 미군정 문교부장 라카드와 새로 부임해서 업무 파악도 안 되어 있는 신임 문교부장 피텐쳐의 직무 유기적 업무 태세를 최대한 활용하였다는 것이다(한준상·김성학, 1990: 124-125) 이러한 판단이 옳다면. 이때부터 1947년 6월 초까지가 교육주도세력의 활동 파장이 가장 왕성하던 시기라 할 수 있다.

이와 같이 한준상·김성학은 오천석과 교육주도세력이 가장 활

---

121) 국대안은 오천석에 의하여 구상된 국립서울대학교 안이며, 종대안은 미군 장교에 의하여 구상되었다고 알려진 종합대학안을 의미한다. 국대안은 경성대와 9개 전문학교를 통합 신설하는 안이고, 종합대학안은 경성대학을 확대하여 종합대학으로 발전시키는 안이다.

발하게 교육정책을 전개했던 시기가 1946년 7월부터 1947년 6월까지 약 1년간이라고 보고 있으며, 이 시기는 미군정의 영향력이 가장 축소되었던 때라고 분석하고 있다.

미군정 당국의 영향과 역할에 의하여 교육정책이 주도되었다는 주장도 역시 국대안을 중심으로 살펴보자. 이길상은 국대안에 관하여 미군정청 미국인 관리에 의해 최초로 만들어졌고 이의 추진과정에서 악역은 한인 직원이 담당했던 것으로 보고 있다.[122] 즉 1946년 초에 작성된 보고서에 따르면, 45년 12월 12일에 서울대총장으로 있던 미국인 관리가 모든 대학에 관한 전체 업무를 총괄하면서 시작한 첫 번째 활동이 미국대학을 모형으로 하여 종합대학안을 작성하는 일이었으며, 이 안이 국대안의 원안이었다고 보고 있는 것이다.

최혜월은 정책 주체자들 다수가 지주 계층 출신의 고학력자와 유학경험자, 그리고 체제 유지적인 보수정당 소속이었다는 점을 들어 미군정의 역할이 주도적이었음을 주장한다(최혜월, 1987: 42). 또한 교육정책 주체자들이 친미 보수주의적 이념 성향을 가졌고, 그들에 의해 추진된 국대안은 미군정 당시의 재정적 결핍, 시설과 자원의 부족, 교수진의 부족 등의 현실적인 난제들을 풀기 위해 구상된 정책이었지만 당시의 교육 실정과는 유리된 정책이었다. 결국 국대안의 이면에는 '미군정의 지배 이데올로기가 관련되어 있다.'

---

122) 이길상(1999), 위의 책, p.37. 1946년 초에 작성된 보고서에 따르면 45년 12월 12일에 서울대 총장으로 있던 미국인 관리가 모든 대학에 관한 전체 업무를 총괄하게 되면서 시작한 첫 번째 활동이 미국대학을 모형으로 하여 종합대학안을 작성하는 것이었다.

고 보는 것이다.

이상과 같은 내용을 분석하여 볼 때, 미군정기 교육정책 중 특히 국대안 발의에 관한 다양한 견해는 당시의 복잡한 정세를 그대로 반영하고 있으나, 크게 두 가지로 정리할 수 있다. 하나는 오천석이 주도하여 추진하였다는 점이고, 또 다른 하나는 미군정의 필요에 의하여 추진되었다는 견해이다.

그러나 당시 정세로 보아 미군정에서 우리나라 고등교육의 구조조정에까지 신경을 쓸 만한 능력을 지닌 전문가가 없었으며,[123] 당시 문교부의 산적한 업무와 한국에 대한 무지로 인해 간섭이 불가능하였을 것으로 보인다.

그러므로 오천석이 주도했을 가능성이 매우 높다. 해방 직후에는 일본인이 물러간 후 많은 학교에 학교 운영 책임자가 비어 있었다. 이때 학교운영을 한 것이 자치회였다. 이들로 인하여 문교부가 영향력을 행사할 수 없었다(오천석, 1975j: 100). 뿐만 아니라, 상당 부분 좌익인사가 실권을 잡고 있어서 평소 오천석의 민주교육론과도 맞지 않았다. 더군다나 그는 종합대학 설립의 꿈이 있었다. 그러기에 국대안 계획을 세워 군정장관의 승인을 받을 때 '끝까지 지원해 줄 것'을 약속받았고, 추진과정에서는 '인민재판에 부치겠다.'는 협박을 받으면서까지 강력하게 추진할 수 있었다.

이와 같은 오천석의 국대안 추진을 미군정의 입장에서도 반대할 이유가 없었다. 미국식 종합대학을 발족시킴으로써 미국 중심의 지

---

123) 교육전문가로 인정할 만한 경력을 지닌 인사가 라카드 학무국장이었는데, 그의 경력이 미국에서 초급대학 강사 1년 경험이 전부였다. 오천석(1975j), 앞의 글, p.51.

식체계를 구축하고 이를 계기로 미국 중심의 교육문화를 형성해 나가려는 미군정의 계획과 일치했기 때문이다. 미국의 입장에서는 미국 중심의 문화와 지식체계의 정립을 위한 작업은 미국의 영향력이 최대로 발휘될 수 있는 미군정기가 적기(適期)라고 판단했을 가능성이 높다. 그렇게 해야 한국 독립 후에도 영향력 행사가 가능하다고 생각했을 것이다. 따라서 미군정 교육정책에 있어서, 특히 국대안의 경우, 오천석의 주체적 추진론이 강한 힘을 받게 된다. 다만 미군정은 1947년 2월 이후에는 미군정의 정치기반이 흔들릴 정도로 혼란이 계속되자 질서유지 차원에서 적극적인 수습에 나서게 된다.

2) 미군정의 현상유지론과 오천석의 조기(早期) 개혁론

미군정 초기의 교육정책은 군사적 당면 목표와 교육기관의 지속적 운영 및 재개 외에는 구체적인 교육정책이나 교육개혁 방안을 제시하지 않는 '현상유지정책'으로 나타났다(김용일, 1994: 64).

현상유지정책의 기본방침은 45년 9월 7일자 태평양미국육군최고사령관 맥아더 대장 명의의 「태평양미국육군최고사령관포고 제1호」에 처음 등장한다. 동 포고문 제2조에는 정부, 공공단체 또는 기타의 명예직원과 고용(雇傭)과 또는 공익사업, 공중위생을 포함한 공공사업에 종사하는 직원과 고용인은 유급·무급을 불문하고 또 기타 제반 중요한 직무에 종사하는 자는 별명이 있을 때까지 종래의 직무에 종사하고 또한 모든 기록과 재산을 보존·보호하여야 한다고 되어 있어 8·15 이후 상황이 잠정적으로 일제 식민지 치하와 다름이 없음을 밝히고 있다.

이러한 미국의 현상 유지를 전제로 한 당면한 교육문제 해결에 관해서는 미국 '삼성조정위원회'(SWNCC - 국무성, 육군성, 해군성)의 최초 기본 훈령에서 그 배경을 찾아볼 수 있다. 이 훈령은 교육기관이 기능을 계속 수행하도록 허용하며, 폐쇄된 학교는 빠른 시일 내에 재개할 것과 과거 일본에 협력했던 교사나 군사점령의 목적에 적극적으로 반대했던 교사는 해임·교체하고, 한정된 기간을 고려하여 만족스러운 교육과정이 모든 학교에 편성·운영되고, 각급 학교에서 일본의 영향이 사라지게 할 책임을 지게 될 것이다라고 규정하여 현상유지론을 뒷받침하고 있다(김국태 역, 1984: 93).

미군정의 현상유지 교육방침은 미군정 교육담당자인 라카드의 1945년 9월 17일 일반명령 4호(교육에 관한 조치)에서도 확인된다. 그는 이 발표문에서 미국정부가 한국의 상황에 익숙할 때까지 일본식 교육체제를 당분간 유지할 것을 강조하였다. 이 조치의 제4조 '교수 용어'에서 조선의 학교에서는 교수 용어를 조선어로 할 것. 조선어로 상당한 교수교재를 활용할 때까지 외국어를 사용해도 무방함이라고 하여[124] 조선어 교과서가 마련될 때까지 일본 교과서 사용을 허용하는 현상유지정책을 쓰고 있다.

또 9월 22일, 미군정청은 당면한 교육방침을 결정 발표하였다(손인수, 1980: 122). 그 주요 내용을 보면, 첫째, 교육제도와 법규는 금후 실시해 나갈 교육정신에 저촉되지 않는 한 당분간 현실대로 하

---

124) U.S. Army(1988), History of the United States Armed Forces in Korea, PART 3, Chapter, 돌베개, p.514.

되, 일본주의적인 색채에 관한 일체의 사항을 말살하고, 둘째, 평화와 질서를 당면의 교육목표로 하는 것으로 되어 있다. 즉 제도와 법규는 현상유지를 하되, 일제 잔재는 불식하고 평화와 질서유지를 교육목표로 한다는 것이다.

이러한 기록은 오천석의 글에서도 볼 수 있다. 즉 해방 후 교육을 재건하고 추진하는 일에 있어 미국 측과 우리 측 사이에는 상당한 정책상 차이가 있었다. 미국 행정담당자들의 관심은 주로 목전(目前)의 당면문제를 해결하는 데 있었다. 특히 이러한 생각은 군정 초기에 있어 지배적인 것으로서, 우선 각급 학교의 문을 열고 교과서를 장만하며, 중단되었던 교육을 계속하는 일에 모든 신경을 썼다고 기술(記述)하고 있다.

이처럼 미군정 초기의 교육정책이 교육기관의 지속적인 운영과 재개 이외에 구체적이고 적극적인 정책이나 교육개혁 방안에 제시되지 않은 이유를 몇 가지 들 수 있다. 첫째는 미국의 한국 점령에 대한 사전 정보나 준비가 부족하였기 때문이다. 미군정에는 민간행정 경험이 있는 자가 한 사람도 없었으며(조승순, 1982: 62), 책임자 라카드도 한국에 대하여 전혀 알지 못하였고, 시립초급대학 강사 경력이 있을 뿐이었다. 두 번째는 소련과 협상으로 문제를 해결해야 했던 미국으로서는 남한의 적극적인 개혁을 추진할 수가 없었다. 따라서 오천석이 장기적인 교육 계획을 위하여 '조선교육심의회' 구성을 건의했을 때 '일언지하'에 거부당할 수밖에 없었고, 끈질긴 설득이 필요했다는 사실은 미군정이 장기적인 계획보다는 현상유지에 급급했었다는 정책적 의도를 보여 주는 것이다.

현상유지정책은 제1차 미소공동위원회의 결렬과 그와 관련하여 한국의 분단이 계속될 것이라는 전망하에서 전환된다. 이를 계기로 미국의 대한(對韓)정책을 재검토하는 과정에서 교육정책의 변화로 나타났다. 이러한 변화는 1946년 4월, 6명의 한국교육위원단을 미국에 파견함으로써 실천되기 시작하였다(이광호, 1976: 501). 그리고 1946년 6월, 육군성과 해군성의 동의를 얻어 마련된 미국무성 정책교서에 교육개혁의 구체적 모습이 잘 나타나 있다. 그 내용을 보면 첫째, 외국세력의 지배로부터 독립된 국제연합의 회원국 자격을 갖춘 자치적인 한국 정부를 수립하고, 둘째, 그와 같이 수립된 민족 정부가 한국민의 의사를 완전히 대표하는 민주주의적 정부가 될 수 있도록 보장하며, 셋째, 독립민주국가에 필요한 필수 불가결한 건전한 경제제도와 교육제도를 수립하는 데 한국인을 지원한다는 것이다.125)

특히, 트루먼 대통령의 개인 특사 자격으로 극동을 순방하던 폴리(E. W. Pauley) 대사의 건의에 대한 회답으로 우리는 한국인들에게 우리 형태의 민주주의를 보급할 목적으로 홍보 및 교육 캠페인을 수행하고, 이들 목적을 위해 미국인 교사를 한국에 파견할 것이며, 한국인 학생들 및 교사들을 우리나라에 보내게 할 작정입니다 라고 밝혀, 미국정부가 한국교육 원조에 적극적인 관심을 나타내고 있음을 확인할 수 있다(김국태 역, 1984: 317). 이는 미국의 대한(對韓)정책이 '적극적인 개입'으로 변화하였음을 의미한다.

이를 정리하면 미군정의 대한(對韓)교육정책은 초기에는 현상유

---

125) 김국태 역(1984), 해방3년과 미국, 도서출판 돌베개, pp.296 – 196. 이 교서 전문은 1946년 6월 6일 국무성 점령지구담당차관보 힐드링이 육군성 작전처에 보내져, 한국에 있는 하지 장군에게 전달될 수 있도록 보내진 6월 7일자 전문 'War 90716'으로 맥아더 장군에게 발송되었음.

지정책으로 일관하다가 미소 공동위원회의 결렬을 계기로 비교적 적극적인 개혁으로 전환하게 된다. 그러나 이와 같은 전환은 미국의 대한정책의 근본적인 변화보다는 소련 당국이 받아들일 만한 한도 내에서의 변화라는 특징을 지닌다. 당시로서는 소련에 거슬리는 정책을 가지고는 그들과 대화가 불가능했기 때문이다.

이에 비해 오천석은 단기적인 처방보다는 장기적인 교육비전을 요구했고, 따라서 '조선교육심의회' 구성을 제의하였으나 처음에는 미국의 현상유지정책에 의해 거부되다가 끈질긴 설득으로 목적을 이루게 된다.[126] 즉 이는 미군정의 현상유지정책과 오천석의 조기교육개혁 의지가 부딪친 사례라 할 수 있다.

3) 미국 제도의 모방론과 긍정적 수용론

오천석을 비롯한 교육주도세력의 교육정책 추진이 미국의 이념·제도의 무조건적 모방이라고 비판하는 연구·기록들이 있다. 이에 반하여 교육주도세력의 정책 추진은 무조건적 모방이 아니며, 필요에 의하여 검토 후 수용한 것이라는 긍정적 옹호론이 있다. 이러한 두 논리는 어떻게 성립하는 것인지를 알아보기로 한다.

우선 미국제도의 모방이라는 비판에 대해서는 6·3·3·4학제를 중심으로 알아본다. 『교육10년사』에 따르면, 해방 직후 창설된

---

126) 라카드는 교육심의회와 같은 기구의 구성은 '한국정부가 수립된 뒤에 할 일'이라고 반대하였다. 손인수(1992), 앞의 책, p.231.

'조선교육심의회'의 제일 첫 단계 과업이 대학제도에 대한 연구였다. 이를 위해 대학의 수업 연한이 논의되었는데, 결국 미국식을 따라 의과대학 6년, 기타 대학 4년으로 결정하였다고 기록하고 있다(문교부, 1960: 92). 미국 제도의 모방이라는 것이다.

『문교40년사』에서는 조선교육위원회 제2분과위원회에서는 새로운 학제를 마련함에 있어 일본 강점하에서의 복선형 학제를 버리고, 모든 국민에게 균등하게 교육을 받을 기회를 제공하는 단선형 학제를 지향하기로 하고 그 새로운 모델로 미국의 6·3·3·4학제에서 택하였다고 기술하고 있다. 『교육40년사』의 또 다른 자료에서는, 궁극적으로 국민경제가 최고도로 발전하고, 국가재정이 강력한 자본주의 최강국인 미국에서 실시되고 있는 6·3·3·4제를 미군정청의 요구에 의하여 무비판적으로 수용한 것이 아니냐는 주장이 있었음을 소개하고 있다(문교부, 1988: 66). 역시 미국 학제의 모방이라는 기록이다.

『교육50년사』에서는 개정한 학제가 주로 미국 학제를 모방하여 우리 실정에 별로 맞지 않는다고 비판하고 있다(교육부, 1998: 108 - 109). 이러한 관점의 교육론자들은 국민경제가 최고도로 발전한 자본주의 대국 미국에서 실시하고 있는 6·3·3·4제를 미군정청의 요구로 인해서 무비판적으로 수용하는 것이 새로운 학제가 지닌 문제점이라고 주장하고 있다.

강순원은 「한국자본주의적 교육제도」에서 일제하 민족 부르주아 진영의 대부격인 김성수가 해방 후 자기의 치부를 가리기 위해 반공의 기수로서 친미적 경향으로 급선회하였다는 사실을 회고해 본다면, 6·3·3·4제를 미국통인 오천석 자신이 지지한 것이 아니기 때문에 미국식 제도의 모방은 아니었다고 해석할 수는 없게 된다고 지적한다. 김성수에게 있어서 미국식 학제개혁이란, 일본파라는 인상을 불식시켜 줄 뿐만 아니라 자신이 소유하고 있었던 보성전문의 이해에도 직결되는 것이었기 때문에 강력하게 추진하였다고 상정하는 것이다.

손인수는 한때 미군정요원으로 활동하였던 미드(E. Grant Meade)는 교육제도 재조직의 목적은 일본식의 것을 뿌리째 뽑아 없애고, 그 대신에 미국식 제도를 세우려는 것이라고 하여 우리 교육제도에 미국식 제도를 도입시키는 것이 군정청의 목표였던 것으로 기록하고 있다(손인수, 1992: 235).

한편 미국학제의 모방이 아니라 긍정적 수용이었다는 주장은 다음과 같다. 『문교40년사』에서는 6·3·3·4학제는 맹목적인 미국의 모방이 아닌가 하여 논란의 대상이 되기도 했으나, 신분계층의 차별 없이 균등하게 교육받을 수 있는 민주적 제도라는 점에서 높이 인정을 받았다고 보고 있다(문교부, 1988: 64). 즉 모방 여부보다는 민주적 제도에 중점을 두었다는 기술(記述)을 하고 있다.

『문교40년사』의 또 다른 자료에서는 6·3·3·4제를 선택한 것은 미국 측의 압력 또는 맹목적인 미국 학제의 모방에서가 아니며, 다른 학제보다 6·3·3·4제가 여러 면에서 가장 우월하다고 판단되었기 때문이라고 논박하고 있다.

『교육50년사』에서는 '조선교육심의회'에서 6·3·3·4제를 선택한 것이 미국 측의 압력이나 맹목적인 미국학제의 모방이 아니라 다른 학제보다 이 학제가 여러 면에서 가장 우월하기 때문에 채택했다고 반박하였다고 『교육40년사』와 같은 문장으로 기술하고 있다.

『한국신교육사(하)』에서는 뒤에 이 제도가 미군정하에서 마련된 만큼, 미국 측의 압력 혹은 주견(主見)에 의하여 미국의 학제를 모방한 것이라는 비난도 없지 않았는데, 미국학제의 영향을 받았다는 것은 사실이지만 이것이 미국 측의 압력이나 주장에 의하여 제정되었다는 것은 사실과 다른 추측에 불과하다고 하여 미국 학제를 참고로 하되 모방한 것은 아니라고 기록하고 있다.

『한국신교육사(하)』의 또 다른 자료에서는 이 제도가 미국학제를 모방한 것이라는 평에 대해서는 이를 인정해야 하나 '맹목적인 모방'이라고 하는 것은 적당치 않은 정죄(定罪)라고 그 부당함을 지적한다. 특히, 중등학교 6년을 초급 3년, 고급 3년으로 나누게 된 데는 상당한 심리적, 교육적 근거가 있는 것으로서, 여러 학제보다 우월한 점이 있다는 이유로 이것을 채택하였다고 주장하고 있다. 그러므로 새 학제가 미국 제도를 모방한 것은 사실이되, 6·3·3·4제를 선택하였다는 것은, '조선교육심의회'가 맹목적으로 미국의 학제를 모방하지 않았다는 것을 증명하는 것이라고 하여 모방은 하되 맹목적인 모방은 아니라고 주장하고 있다.

『외로운 성주』에서 오천석은 '조선교육심의회'에 대하여 다음과 같이 증언하고 있다. 즉 이것의 발상으로부터 논의·결정에 이르기까지 시종 한국 측에 의하여 주도되고, 미국 측은 조언자의 역할 밖에 하지 못하였다는 점이다. 교육이념의 일부에서 민주적 사상이 강조되었고, 교육제도 제정에 있어 종래의 이원제를 배격하고 일원제를 채택하였으며, 각급 학교의 연한을 6·3·3·4제로 함에 있어서는 미국교육의 영향을 받은 것은 사실이지만, 이는 결코 미국 측의 제의나 압력에 의하여 이루어진 것이 아니라는 것을 밝혀 둘 필요가 있다. 이것은 어디까지나 한국 측의 발의에 의한 것임은 물론, 한두 위원의 고집의 결과가 아니라, 모든 위원의 합의를 통하여 결정을 본 것이라는 사실이 잊혀서는 안 될 것이다 라고 하여 제2분과위원회 전체회의에서 논의하고 통과된 것임을 강조하고 있다.

송덕수는 『광복교육50년』에서는 6·6(3·3)·4학제는 미국 학제를 그대로 모방한 듯한 인상을 주고 있지만, 사실은 한국인의 자율적인 의사에 따라 선택되었다고 주장하고 있다(송덕수, 1996: 27). 그 실례로 미군이 서울에 진주하기 전인 1945년 8월 말경에 김성수, 유억겸, 백낙준, 김활란, 오천석 등이 모인 천연동 회의에서 이미 6·3·3·4학제를 김성수가 제안했었다는 점을 들어 무조건적 모방이 아님을 강조하고 있다.

'새교육 운동'에서도 미국 제도의 무조건적 모방이라는 논란에 대한 오천석의 견해는 다음과 같다(오천석, 1975j: 107 - 108).

> 뒤에 우리의 진실을 이해하지 못한 사람들은 새교육을 '듀이적 교육'이라고도 하고, 심지어는 미국의 '진보주의적 교육'이라고 단정하기도 하였다. 당시 듀이의 교육이론을 어느 정도 따른 것도 사실이고, '진보주의 교육'의 교육방식을 부분적으로 모방한 것도 사실이다. 그러나 이것은 구교육, 일본적 교육에서 탈피하려는 하나의 노력이요, 시도였다.

이와 같은 주장은 새교육을 존 '듀이식 교육'이나 '진보주의 교육'과 동일시하는 것은 정당한 해석이 아니며 더구나 이것을 민족정신을 망각한 서구식 교육의 맹목적 추종, 모방이라고 하는 것은 옳은 평가가 아니라는 것을 강조하고 있다.

위와 같은 주장들을 종합하면 다음과 같다.

6·3·3·4학제와 '새교육 운동'은 미국 교육제도의 영향을 받은 것은 사실이다. 그러나 그대로 모방한 것이 아니라 참고만 했고 우리 여건을 고려하여 확정한 것이다. 반대 견해는 '조선교육심의회'를 통하여 발의, 심의, 확정된 학제는 미국적 제도를 모방하여 확정한 것이다.

이러한 가능성에도 불구하고 '새교육 운동'을 비롯하여 상당한 교육정책은 미국의 모방을 벗어나지 못하였다. 물론 미국의 이론이나 제도를 모방할 때에는 당시 우리의 입장을 전혀 배제할 수는 없었을 것이다. 그러나 미군정이라는 독특한 정치상황이 미군정이 요구하는 최소한의 범위를 넘어서 추진할 수는 없었다고 할 때[127] 교육정책의 자율적 추진에는 한계가 있었을 것이다.

4) 교육주도세력의 대학 장악 기도론과 좌익세력의 대학자치 쟁취론

미군정기에 접어들면서 교육주도세력이 형성되기 시작하였고 이들을 견제하는 세력들이 나타났다. 교육주도세력은 오천석을 중심으로 형성되었는데 해방 정국에서 있었던 두 모임에서부터 출발하였다. 즉 '북아현동 모임'과 '천연동 모임'이 그것이다. 이 중에서 '북

---

127) 재조선 미군사령관 하지 중장의 포고령 2호를 보면 "국민의 경솔 무분별한 행동은 의미 없이 인민을 잃고 아름다운 국토가 황폐되어 재건이 지연될 것입니다."고 말하고 있다. 이러한 공포분위기 속에 진행된 교육정책은 자율성에 한계가 있었을 것으로 보인다. 송덕수(1996), 앞의 책, p.403.

아현동 모임'은 영어 실력을 이용하여 영자신문을 1회 발행하는 데 그치고 '천연동 모임'은 몇 차례 계속되면서 교육주도세력의 기반을 구축하였다. 이들은 '한국교육위원회'와 '조선교육심의회'를 주도하면서 세계 정치상황이 미·소를 중심으로 냉전에 돌입하자, 좌익세력이 뿌리를 내리고 주도권을 행사하고 있었던 대학의 개혁을 통하여 좌익세력을 몰아내는 데 성공하면서 교육주도세력의 기반을 다졌다. 교육주도세력은 다양한 방법을 통하여 교육기관을 장악하고, 냉전이라는 기회를 이용하여 좌익세력을 제거하는 데 성공하였다.

한준상·김성학은 한국교육사와 미국의 문화체제 간의 연접이 가능하게 만든 모임을 천연동 모임으로 보고 있다. 이들은 미군이 진주하더라도 한국교육만큼은 한국인의 자주적 역량으로 실시해야 되며 이에 대한 대안을 찾고자 했고, 이러한 천연동 모임에 모였던 인사들이 중심이 되어 교육주도세력으로 성장한 것으로 보고 있다.

이길상은 해방 직후 이념적 동질성에 기초해서 집단적으로 교육개혁을 추구했던 교육운동 세력으로 크게 세 집단으로 나누어 보고 있다(이길상, 1999: 9). 사회주의 이념에 기초해서 진보적 민주주의 교육운동을 벌였던 집단, 자유민주주의 이념에 기초해서 새교육운동을 전개했던 집단, 그리고 민족주의에 기초해서 교육의 민족주의화를 강조했던 집단이 그것이었다. 이길상은 이들 세 집단을 차별화하여 다음과 같이 설명하고 있다.

> 민족주의 교육운동 세력은 주로 교과서 편찬 등을 통한 교육내용의 민족주의화를 지향하는 교육운동을 전개하였고, 새교육 운동 집단은 교육방법의 민주주의화를 추구하는 각종의 교수법 개선운동을 전개하였던 것에 비해, 소위 진보적 민주주의 교육운동세력은[128] 주로 교육을 통한 사

회적 평등의 확대라고 하는 교육의 정치적 및 사회적 기능을 특히 강조하고 있다.

이들 세력 중에 당시 시대적 상황인 냉전의 진행에 따라 좌익 중심의 교육세력들이 교육계에서 축출되었는데, 바로 국대안이 그 계기가 되었다.

강명숙은 국대안이 추진된 배경을 '일제 잔재 청산', '정부재정의 효율적 사용', '종합대학의 교육적 이점', '학교 운영에서의 패권주의 극복' 등을 제시했다(강명숙, 2002: 177-178). 그러나 이면에는 '좌익 배제', '고등교육에 대한 효율적 통제', '교육개혁 주도권 장악' 등의 국대안 추진세력의 숨은 의도가 있었다는 것이다.

『한국교육사』에서는 국대안에 반대하는 세력들도 통합 신설되는 국립서울대학교의 이사회에서 교수들을 재임명 절차에 따라 좌익 계역이나 무능력자를 제거하려는 의도가 있었다고 보고 있다(한국교육연구소, 1993: 370).

『한국교육사』의 또 다른 기록에서는 대학 주도권 장악을 위한 정책이었다고 규정하고 있다(교육부, 1998: 47). 즉 '국대안 파동'은 일제 패망 후 식민지 고등교육의 청산에서 개혁의 주도권을 장악하기 위한 집단 간의 경쟁과 대립의 산물이었다고 보는 것이다. '학무국 미군관리, 우익정당 소속 한국인 관리, 제국대학 출신 대학교수, 소위 친일파'와 '그 비판세력' 등은 식민지 고등교육의 청

---

128) 여기서 이길상이 주장한 진보적 민주주의 교육운동이란 "좌익 정치세력이 추진하고 있던 각종 사회 혁명 사업을 교육 분야에서 실천하려는 집단이 진보적 민주주의 교육론자들이었으며, 그들이 성취하고자 했던 새로운 교육이 이른바 진보적 민주주의 교육이었다."고 설명하고 있다. 이는 좌익 성향 교육자들의 신교육론을 의미하며, 새 교육 운동이 기초하고 있었던 미국적 진보주의 교육론(Progressive Education)과는 사상적 지향성이나 주도세력 등에 있어서 현저하게 구별된다. 이길상(1999), 위의 책, p.10.

산에 대하여 상반된 견해를 가지고 있었다. 국대안 반대를 주도한 교수의 상당수는 진보적 지식인이었기 때문에 좌우 이념대립이 작용하기도 하였다. 여기서 말하는 소위 그 비판적 반대세력의 범주에는 '국대안 반대를 주도한 교수의 상당수는 진보적 지식인'이라고 하여 당시 좌익이라고 불리던 세력도 포함시키고 있다.

또 학교 안에는 상당수의 좌익교수들이 있었는데, 그들은 대학교수라는 지위를 이용하여 학생들에게 좌익운동을 하고 있었는데, 종합대학의 신설로 인하여 그들의 지위가 위태롭게 된 것이었다. 신규 채용과정에서 그들의 성분에 비추어 재채용될 가능성이 희박해진 것은 사실이다고 말하고 있다. 국대안으로 인하여 좌익세력이 타격을 받을 것을 예상하고 추진하였던 것이다.

이광호는 국대안이 수습되는 과정에 설립되는 '한국대학교육협의회'의 성격에 대해서 '조선교육연합회'와 함께 국가가 사회 및 교육부문의 갈등을 완화시키고 특정 이해들을 관철시키기 위해 설립하는 일종의 준국가 기구 또는 규제 기구적 성격을 갖는 것이라고 보았다(이광호, 1991: 53). 즉 미군정 문교당국자들의 후원하에 정책주도세력이 주도해서 고등교육대표체계인 동 협의회를 장악함으로써 국가에 의한 직접통제가 아닌 보조기구로서 이를 통해 하부기구를 장악하려 했을 것이다. 이를 위하여 '한국대학교육협의회'를 창립하였다고 보는 것이다.

이러한 논리는 그 당시로서는 상당한 가능성을 가지고 있었다. 1947년 11월에 창설된 '조선교육연합회'는 당시 어용단체라는 오명에서 벗어나기 어렵게 되어 있었다. 이 기구는 문교부에 본부를 두고 운영되었으며 문교부 관료가 사무를 맡아 보고 있었기 때문이었다. 이와 같은 주장으로 보아 초·중등교육은 '조선교육연합회'를 통하여, 대학 교육은 '한국대학교육협의회'를 통하여 간접적으로 장악하려는 문교부의 의도가 있었을 것으로 보인다.

손인수는 『미군정과 교육정책』에서 학제상에서 교육주도세력에 의한 6·3·3·4제와 교육비주도세력에 의한 5·4·4제 주장이 엇갈렸는데, 학제로 채택된 것은 '조선교육심의회'에서 제안한 6·3·3·4제였다. 6·3·3·4제는 미국식 학제로서 당시 우리나라 실정에는 전혀 적합하지 않다는 비판이 거세기도 했다(손인수, 1992: 299). 하지만 신교육제도로서의 6·3·3·4제의 단선형 학제는 그 연한의 구획보다는 그 학제가 흔히 지배자와 피지배자 계급으로 갈라서는 복선형이 아닌 것이 더 중요한 결정이었다고 기록하고 있다.

위의 표면적인 이유 외에도 실질적인 쟁점은 대학자치의 허용 여부로 보았다(교육부, 1998: 48). 즉 일본 제국대학에서 관행화된 '대학자치'의 실현 여부가 핵심 쟁점이었다. 대학자치란 교수회의가 대학의 인사 및 재정권을 독점적으로 행사하는 일본의 제국대학의 특유의 관행이었다. 국대안은 교수회의의 권한은 물론 그것의 근거인 대학자치를 허용하지 않았다. 학무국 관리들은 대학자치를 허용하는 것이 청산되어야 할 식민지교육의 폐습으로 보았고, 반대하는 교수들은 그것을 대학의 본질이며, 교육민주화의 요체로 보았다. 이와 같은 자치를 제한하려는 가운데 그 반발 세력인 좌익세력은 학교의 행정 및 기타 조직에서 축출하였다.

국대안이 마무리되는 데는 두 가지 이유가 있어서 가능하게 된다. 첫 번째 이유는 미국의 대한 정책이 미소공동위원회의 결렬을 계기로 현상유지정책에서 적극적인 개혁으로 변화하기 시작하였다는 것이다. 또 다른 하나는 국대안 반대운동에 대한 강경한 조치로 인한 것이었다. 즉 서울대학교 휴교, 동맹 휴학 가담학생 정학 등이 그것이다. 학생들은 처음에는 이에 반발하였으나, 오래지 않아 수그러지기 시작하였다.

오천석은 짧은 기간이었지만 당시 대학과 전문학교에서 자치회 중심의 자율적 운영에 문제가 있음을 파악하고 있었다.[129] 따라서 이를 어떤 형식으로든지 조정해야 할 필요를 절실하게 느끼고 있었다. 또 프랑스의 파리대학, 독일의 베를린대학, 중국의 북경대학에 비견할 만한 명망 높은 대학을 세우고 싶은 욕망도 있었다. 그는 국대안이란 비상 처방을 통하여 그 뜻을 이루고자 하였다.

또한 이러한 기회를 이용하여 교육주도세력은 대학을 장악할 수 있었으며, 미군정은 부수적으로 미국 중심의 세계지식체계 속에 한국을 포함시킬 수 있는 기회와 대학에서의 좌익세력의 퇴출이라는 뜻을 펼 수 있는 기회를 잡았던 것으로 보인다.

5) 미국이론 도입 불가피론과 미국지식체계 주변부 편입론

한국인 관리나 교육자를 통하여 미국의 교육방법과 이론을 도입하고 있던 상황에서 1947년 미국의 교육정보조사단을 파견하는 것을 계기로 미국 교육이론의 직수입이 이루어졌다. 이를 계기로 한국의 지식체계가 미국 중심의 지식체계로 재편되는 결과를 가져왔

---

129) 문교부에서 발령을 낸 인사에 대한 거부 등이 결정적인 영향을 끼쳤을 것이다. 대구의전전문학교와 경성사범학교에서 이런 사례가 있었다. 오천석(1975j), 앞의 책, p.91.

고 이는 미국지식체계에 종속되는 결과를 초래하였다고 보는 관점
이 제기되었다. 한편으로는 당시의 상황으로 보아 진보주의 교육이
론의 도입은 다른 대안이 없는 불가피한 조치였다는 주장도 있었다.

미국 이론 도입 불가피성에 대하여 배병관은 진보주의 교육사상
이 해방 정국에서 어떻게 우리의 단일한 교육사상이 되었는가를
다음과 같이 정리하고 있다(배병관, 1997: 44).

> 해방 후 한국 교육계에 진보주의 교육사상을 도입하는 데 중요한 통로
> 역할을 한 사람들은 미국에 유학하였던 한국인 교육학자들이었다. 컬럼
> 비아대학교 대학원에서 듀이의 '교육철학 신강'을 수강한 사람과 듀이의
> 제자인 킬패트릭에게 수강한 사람들이 있었다. 이들이 귀국하여 미군정
> 기 한국의 교육개혁에 주도적 역할을 담당하였다.

이러한 사실은 한국교육이 진보주의라는 단일한 이론을 바탕으
로 전개될 수밖에 없는 이유가 된다. 친미성향을 띤 교육주도세력
인사들의 적극적인 활동과 미군정 말기에 내한한 교육사절단에 의
해 미국의 교육철학이 직수입되면서, 진보주의 교육이론은 한국교
육계에 주도적 위치를 차지하게 된 것이다.

오천석은 새교육 운동의 전개에 대하여 당시 듀이의 교육이론을
어느 정도 따른 것도 사실이고 진보주의 교육을 부분적으로 모방
한 것도 사실이나 이것은 구교육, 즉 일본적 교육을 탈피하려는
하나의 노력이요, 시도였다고 주장하고 있다. 새교육을 듀이 식이
나 진보주의 교육과 동일시하는 것은 정당한 해석이 아니며, 이것
을 민족정신을 망각한 서구식 교육의 맹목적 추종·모방이라고 하

는 것은 옳은 평가라 할 수 없다고 강조하면서 단순한 모방이 아니라 도입과정에서 필요한 부분을 활용한 것이라고 설명하고 있다.

배병관은 또 해방 후 한국교육계가 진보주의 교육사상을 받아들이게 된 이유를 다음과 같이 들고 있다(배병관, 1997: 45). 즉 가장 빠른 시일 안에 일제(日帝)의 교육체제를 새로운 교육체제로 대체해야 하였으므로 모방 이외에는 별다른 대안이 없었다는 것이다. 당시 상황을 고려할 때, 미군정 아래서 가장 용이하게 모방할 대상이 미국이었으며, 미국과의 관계가 긴밀해지면서 미국에 유학한 학자들의 수가 다른 어느 지역보다도 압도적으로 많았기 때문이었다고 보고 있다.

진보주의 교육의 도입은 미국의 강요보다는 한국의 교육적 요청에 부응한 것으로 보는 것이 보다 적절하다는 견해도 있었다. 왜냐하면, 한국교육은 전통사회의 인습과 일본 제국주의의 잔재를 일소하고, 개혁적인 자세로 출발해야 하는 급박한 상황에 있었고, 미국으로부터 유입된 진보주의 교육은 그 자체가 전통적인 교육에 대하여 비판적인 개혁을 내세우는 것을 특징으로 하고 있었기 때문이었다.

이러한 해석을 뒷받침하는 글은 오천석의 저서를 통하여 확인할 수 있다. 오천석은 『민주교육을 지향하여』에서 우리 민족이 외적의 쇠사슬로부터 해방되어 새 나라를 세움에 있어 민주주의를 그 기본이 되는 국시(國是)로 한 것은 의의 깊은 일이라고 생각하였다 (오천석, 1975a: 70). 이것은 시대의 조류에 따르려는 모방심에서가 아니라 수천 년에 걸친 내적 또는 외적 전제주의 밑에서 맛본 쓰라린 체험으로부터 온 것이고, 민주주의 교육이념은 무조건적 외국

이론의 도입이 아니라 우리의 현실에 가장 적합하기 때문이라는 점을 강조하고 있다.

또 『외로운 성주』에서는 일본적인 것을 배격·일소함으로써 민족적 의식과 정신을 기초로 하고, 그 위에 민주주의 원리를 건국 이념으로 하는 교육을 추구하는 일이라는 신념이었다. 이것이 곧 새교육의 원리요, 목표이었다. 새국가 건설은 구교육으로서는 불가능하다. 새 국가는 새 교육으로만 수립될 수 있다. 이것이 새교육 운동의 기본정신이다고 말하고 있다(오천석, 1975j: 107). 즉 일제(日帝)의 교육과 조선의 전제(專制)교육의 폐해에서 벗어나기 위하여 불가피한 선택이었음을 강조하고 있다.

여러 가지 이유가 있음에도 이는 오천석을 비롯하여 컬럼비아대학교 출신이 다수를 이룬 당시의 미군정기 한국인 관료와 교육관련 자문위원들의 영향이 크다고 할 수 있다. 미군정의 미군들은 당시 교육에 대하여 일가견을 가진 자들이 아니었으며, 거의 문외한이었다. 이들에 의하여 진보주의 교육이 소개되고 실천을 요청받았으리라고 믿기는 어려운 것이다. 또 그 당시 해방으로 인하여 개혁의 물결이 요동치고 있었다. 적어도 일제의 것은 버려야 했으며, 일제에 영향을 끼쳤던 유럽의 교육사상도 함께 큰 빛을 볼 수 없었고 조선시대로 되돌아가서는 더더욱 안 되는 것이었다. 결국 오천석을 비롯한 교육주도세력 중심으로 미군정의 제한을 받지 않는 듀이의 진보주의 교육을 중심으로 하는 '새교육 운동'이 시작되었던 것이다.

이종각은 새교육 운동에 대해 다른 측면에서 기술(記述)하고 있다(이종각, 1994: 169 - 170 및 199). 즉 미군 고문들은 한국과 미국을 모두 아는 사람들을 필요로 했다. 이런 조건을 다소라도 갖춘 사람은 선교사와 미국교육을 받은 한국인 두 종류뿐이었다. 미군정 학무국에 '한국교육위원회'와 '조선교육심의회'를 두어 한국인의 자문활동을 이용하였다. 이들 교육주도세력은 미국 유학경험자이며, 기독교 신자라는 점에서 미국식 민주주의 이념에 이미 몰입될 가능성이 많았다. 이와 같은 결과로 한국의 지식체계가 미국의 지식체계의 하위 부분을 형성하게 되었다는 것이다. 특히 새교육 운동을 이끌어 온 한국인들은 미국교육의 영향을 일차적으로 받은 사람들로서, 교육사절단으로 미국을 재차 방문하였으며, 그들은 미국과 한국을 모두 이해하고 있었기 때문에 미국 교육고문단과 협조도 잘되었다. 그들은 미국의 진보주의 교육철학과 방법을 한국에 수용하는 데 큰 영향을 미쳤다. 이 운동은 학자, 일선 교사들이 함께 앞장선 운동으로서 미국교육의 영향을 긍정적인 입장에서 적극적으로 수용하는 분위기를 형성해 나가고 실천에 옮기기도 하였다고 기록하고 있다. 이를 계기로 한국교육에 대한 미국의 영향은 점점 증대되었다고 볼 수 있다. 미국 영향의 증대는 미국 간섭이 점점 더 증가해서가 아니라 한국교육지식체제의 대미 의존성 증대와 학문적 자율성 결핍 때문이며, 이와 같은 지적 의존성의 악순환이 바로 한·미교육 관계의 핵심문제이다고 주장하고 있다.

송덕수의 연구는 다음과 같이 기록하고 있다. 새교육 운동은 초기에는 한국인 관리에 의하여 시작되고 초등학교를 중심으로 전개되었으나, 차츰 미군정청에서 본격적으로 지원하기 시작하였다. 1947년 6월, A. J. 부름바우를 단장으로 5명의 교육정보조사단을 파견하고 이들의 건의에 따라 48년 8월, 중앙교원훈련소를 설치하여 한국인 교사들을 훈련시키기 시작하였다(송덕수, 1996: 223). 이후로 다수의 한국인이 미국 편중의 유학으로 한국은 미국의 세계지식체제 속에 주변국으로 진입하게 되었다.

미군정청이 한국에 미국인 교육요원을 직접 파견해야 했던 이유는 경험이 부족하고 아직 민주적으로 훈련되지 못한 한국교육자들 때문이라고 하며 이를 위하여 1948년에는 20여 명의 미국교육자를 초청하였다. 그 결과 우리의 교육관에 대한 일대전환을 가져 왔을 뿐만 아니라 교육방법에 일대변혁을 가져오게 하였다. 특히 민주적인 교육방법에 깊은 이해를 가질 수 있게 한 것은 이 미국교육자의 공이 크다는 것이다(문교부, 1960: 83).

국내의 자원으로 교육혁신을 위한 연구회나 강습회가 여러 곳에서 열렸다 하더라도 능력 있는 지도자가 부족하였던 당시로서는 새로운 교육방법을 제대로 전달하지 못하여 여러 가지 시행착오를 겪었다. 이에 교사들에게 진보주의 교육을 제대로 경험하게 하기 위하여 미군정청에서는 교사들을 위한 다양한 훈련 계획을 수립하고 이를 실천하였다. 그중의 하나가 미국에서 직접 교육자들을 초빙하여 한국인 교사들을 훈련한 것이었다. 결국 미군정청이 교육방법 개선에 직접 적극적인 영향을 끼쳤다는 이야기가 된다.

결국 새교육 운동의 기본 교육이념은 진보주의 교육철학 외에는 다른 선택의 여지가 없었음을 의미하고 있다. 일제 교육방법의 폐기, 일제와 관련이 깊었던 유럽, 특히 일본이 영향을 받았던 독일식 교육방법의 포기, 중국과 소련의 공산화, 미군정의 실시 등은 당시 미국의 지식체계가 도입 가능한 유일한 지식체계였다고 할 수 있다.

새교육 운동으로 연결된 미국과의 교육교류는 1947년 이래, 일방
적인 미국 사조의 유입으로 지속되었으며 대규모 미국 유학으로 인
한 외국 교육이론의 지식 편식 현상이 나타나기 시작하였다. 이러
한 현상은 우리의 지식체계가 오늘날까지 미국지식체계의 주변부적
위치에 벗어나지 못하게 하는 원인이 되고 있다. 이 부분에 대해서
이종각은 한·미 교육관계의 재정립 위한 전략적 요소를 학문영역
에 두면서 자기 사회의 문제를 진단하고 분석하고 해결하는 수준과
차원의 향상을 주문하고 있다(이종각, 1994: 200 – 201). 주변체제인 한
국체제에서 학자들은 구조적으로 이중적 역할을 할 수밖에 없는데,
그 하나는 외국 이론을 선용하는 슬기와 능력을 갖추어야 하고, 또
하나는 외래 이론을 비판하고 한국 실제에 대한 탐구와 이론화를
통해 문제해결 능력을 향상시켜야 함을 강조하고 있다.

6) 민주교육론과 민족교육론의 갈등과 대립

미군정기 초기에는 미군정 포고령에도 제시되었듯이 민주교육론
이 우세하였다. 오천석의 말을 빌리면 당시 독립된 우리 민족에게
는 민족정신에 불타 있는 국민에게 굳이 민족정신을 강조할 필요
가 없었다. 그러나 차츰 민주주의 교육이념에 대항하여 민족주의
교육을 내세우는 연구단체가 결성되면서 민족교육에도 관심이 갖
게 되었다.

이러한 단체 중의 하나가 1946년 8월에 결성된 '민주교육연구

회'이었다. 같은 해 12월에 '조선교육연구회'로 개명한 '민주교육연구회'는 독일의 예나대학에서 공부한 안호상과 한국 잔류세력인 심태진을 중심으로 전개된 유럽식 민주주의 교육을 지향하는 교육단체였다(한준상·김성학, 1990: 123). '조선교육연구회'에 참여하고 있는 사람들은 대체로 조선에서의 토착적인 교육경력과 사회적 이력을 바탕으로 한 낭만주의적이며, 민족주의적 성향이 강한 사람들이었다. 이들은 또한 서구 문물 중에서도 유럽계통의 교육사상적 조류에 동감하는 비미국 유학파였다. 미군정 시절 주요 교육정책 결정에서 배제되었던 안호상은 미군정 한국인 문교관리들의 교육사상적 기저, 즉 미국식 진보주의 교육사상에의 학문적 견제책으로 유럽의 교육사상을 소개하였다. 그리고 이후 안호상의 민족교육 강조는 정치적 효력을 얻었다. 즉 미군정 문교부의 세력이 종식된 후 안호상은 민족교육을 강조한 덕분으로 김성수의 견제세력이었던 이승만 대통령에 의해 문교부장관으로 발탁될 수 있었다(한준상·김성학, 1990: 124).

김인회는 안호상이 '조선교육연구회'를 조직하게 된 동기가, 미군정 당시 교육개혁의 방향으로 제시된 이른바 '새교육'을 미국식 민주주의 교육 일변도가 아닌 보다 주체적인 입장에서 받아들이려한 것이었다는 점을, 다음과 같이 안호상과의 면담 기록으로 밝히고 있다(김인회, 1989: 105).

> 미국식 민주주의 교육철학은 우리에게 맞지 않는다. 우리는 단일민족으로 된 국가이니, 우리에게 맞는 교육철학을 찾아야 한다. 미국식 민주주의는 좋은 의미로는 한국의 전통적 계급 사상의 폐습을 고치자는 것이지만, 나쁜 의미로 본다면 한국 사람들이 과거의 도덕이나 전통을 그대로

지키다가는 자기네 말을 안 따를 수가 많을 터이니, 이것을 어떻게든 파괴한다면 자기네 말을 잘 듣게 될 것이라는 생각이다. 왜냐하면, 미국의 것을 여기 갖다 놓으면 우리가 모르는 풍습이 많으니까 그 사람들을 따라갈 도리밖에 없는 것이다. 그래서 민주주의가 그 당시 우리 사회에 파괴적 혼란을 많이 일으켰던 것이다.

안호상은 '미국식 민주주의'는 미국이라는 다민족 국가를 유지 발전시키기에는 적합하나 우리나라와 같은 단일민족 국가에서는 바람직한 이념이 아니라고 비판하고 있다(이덕호, 2001: 94). 우리의 도덕이나 전통을 파괴하고 그들의 민주주의를 이식하게 되면 우리나라 국민들은 미국식 민주주의를 잘 모르므로 그들을 무작정 따라갈 수밖에 없다고 주장하고 있다.

김인회는 안호상과의 또 다른 면담 결과를 다음과 같이 서술(敍述)하고 있다(김인회, 1983: 70). 즉 군정 당시 우리나라 교육계나 지식인, 학자들 모두가 미국식 민주주의 교육을 곧 '새교육'으로 동일시했던 것만은 아니었다. 물론, 군정 당국의 입장이나 군정청 학무국의 자문역을 맡았던 '조선교육심의회'에 참여했던 학계 및 교육계 지도자들, 특히 기독교계 및 미국 유학 출신들의 입장에서 미국식 민주주의 교육을 도입 소개하는 일에 적극적이었지만, 교육계와 학계의 일각에서는 '새교육'의 의미를 미국식 민주주의 일변도가 아닌 보다 주체적인 입장에서 받아들이려는 움직임도 있었다고 전하고 있다.

당시 새교육 운동 앞장섰던 세 단체(신교육연구협회, 교육문화협회, 조선교육연구회) 중 조선교육연구회의 움직임이 특히 그러하였다(김인회, 1983: 77). 이 모임에는 안호상을 중심으로 손진태, 사공환, 최현배, 안재홍, 최규동, 조윤제, 허현, 이인영, 윤태영, 심태진, 이득봉, 이호성, 심형구, 정건영, 송홍국, 최병칠이 모였으며, 당시 문화당 인쇄소 사장이던 김기오가 자금을 지원하였다.

'조선교육연구회'는 미군정이나 미군정과 함께 하는 교육주도세력과는 다른 교육철학을 주장하게 된다. 즉 이들은 미군정에 의한 자본주의적 경제체제와 냉전의 이데올로기가 점차 강화되어 감을 직시하고 이를 극복하기 위한 새로운 이데올로기 방향을 모색하기도 하였다.

'조선교육연구회'의 교육사상과 교육주도세력의 교육사상에는 차이점이 있었음에도 불구하고 조선교육연구회는 당시 교육계에서 크게 관심을 끌지 못하고 있었다. 그 이유는 당시가 미군정이어서 군정이 주도하는 친미주의적 교육정책과는 다소 떨어져 있었으며, '조선교육연구회' 내부에서도 다소 그 성향들이 다르기에 응집력이 약했다고 볼 수 있다(이광호, 1985: 528). 그러나 무엇보다도 큰 이유로는 당시 미국 중심의 교육 이외에는 별다른 대안을 찾아내지 못하고 있었다는 점이다.

이에 대하여 이덕호는 다음과 같이 분석하고 있다(이덕호, 2001: 95). '조선교육연구회' 측의 근본적인 약점은, 민족 우선을 내세웠으면서도 당시의 교육적 대안을 우리의 교육적 전통에서 찾아 새로운 시대 조류에 맞게 창조·개발하지 못했다는 것이다. 결국 대상지역만 다르지 외국 지향이라는 점에 있어서는 교육주도세력과 다를 바가 없었다는 지적을 하고 있는 것이다. 즉 교육주도세력이 지향한 대상이 미국이라면 이들의 대상지역은 유럽이라는 차이밖에 없었다고 비판하고 있다.

오천석을 중심으로 한 듀이의 새교육과 안호상을 중심으로 한 유럽 유학생들이 습득한 유럽 교육사상 간에는 서로 학문성향이 다르다는 점에서 융합할 수 없었는데 이광호는 그 이유를 다음과 같이 밝히고 있다. 즉 미국지향 일변도의 교육이론 소개에 식상하여 조선교육연구회의 독일유학자들을 중심으로 독일과 유럽의 교육이론이 도입되었으나, 양자 간의 학문적 성향은 융합 흡수되지 못하고 대립적 성격을 띨 수밖에 없었다. 이러한 대립적 성향은 그 후 한국교육의 발전과 학문적 성장에 영향을 미치는 구조적 요인으로 작용하는 결과를 가져왔다. 아울러 양자 간의 대립은 민주교육이나 민족교육의 교육적 속성을 그 사회적 상황에 따라 지나치게 강조하거나 축소시키는 한편 교육의 주체를 확인하는 노력은 상대적으로 위축되거나 지연될 수밖에 없었다.

일부 학자들은 미군정기 동안에 우리나라 교육학의 학맥은 미국교육을 수용해 나가는 적극적인 흐름과 이에 반발하면서 민족교육의 방향을 찾으려는 흐름으로 크게 대별할 수 있을 것으로 보고 있다. 양편이 다 같이 '민주주의'라는 공통분모를 갖고 있으면서도 교육을 연구하는 자세나 관점이 달랐다.

이것을 학풍이라고까지 하는 데는 무리가 따를 수 있으나 그 다른 점을 살펴보면, 미국 교육의 수용에 적극적인 입장을 지지하던 쪽에서는 국가나 민족 자체가 목적일 때, 민주주의 기본 정신은 깨지는 것이다. 한국교육의 궁극적 목적은 인도적인 정신에 입각한 민주적 사회질서를 수립함으로써 모든 사람이 그 옳은 자리를 얻어 자아를 충분히 실현하여……(중략). 행복을 누리도록 하는 데 두어야 할 것이다고 주장함으로써 민족주의는 민주교육의 이상을 실현하는 데에서 하나의 경과적 수단이라고 간주했다(김인회, 1898: 105).

이에 비해, 민족적 교육을 강조했던 쪽에서는 민주주의를 교육의 수단으로 보고 민족과 자주성을 찾는 것을 목적으로 보았다는 점이 달랐던 것이다.

두 주장의 특징은 무엇을 수단으로 보고 무엇을 목적으로 보느냐에 있었다. 미국 측의 입장을 지지하는 쪽은 민족주의를 민주주의 목적을 이루는 수단으로 보았고, 민족교육을 강조했던 쪽에서는 민주주의를 민족과 자주성을 찾기 위한 목적 달성의 수단으로 보았다는 차이점을 지니고 있다. 이러한 차이로 인하여 미군정 초기에 강조되었던 민주교육은 안호상이 문교부장관이 되면서 '민족적 민주교육'으로 변하게 되고 '일민주의(一民主義) 교육사상'으로 나타나게 된다.

이상 Ⅴ장의 논의를 종합하면 다음과 같다.

미군정기 주요교육정책의 입안 및 추진에 있어서는 주로 오천석이 적극적인 역할을 수행하였으며, 미군정 당국은 미군정의 현상유지정책에 따라 소극적으로 대처하였다. 다만 국대안의 경우에는 질서유지가 어려울 정도의 혼란을 극복하기 위하여 적극적으로 개입하였고, 새교육 운동은 1947년 이후 교원 강습을 위한 기관 설립을 비롯하여 적극적인 역할을 수행하기 시작하였다.

결국 미군정기 교육정책과 오천석의 역할에 관한 쟁점들을 정리하여 보면 오천석의 주도적 추진론, 조기개혁론, 긍정적 수용론, 교육주도세력의 대학장악론, 미국이론 도입 불가피론, 민주교육론으로 대별할 수 있다. 미군정의 입장을 대변하는 것으로는 미군정의 역할론, 현상유지론이 있으며, 기타 오천석에 반대 또는 비판하는 세력들에 의한 미국제도 모방론, 미국지식체계 주변부 편입론 등의 주장이 있다. 또한 민주교육론과 민족교육론간의 대립과 갈등 그리고 느슨한 협력관계가 형성되어 있음을 알 수 있다.

오천석의 역할과 영향

　이 연구는 미군정기 주요 교육정책과 오천석의 역할에 관한 긍정적 또는 비판적 논리와 쟁점을 비교·분석하는 연구이다. 이를 위하여 미군정기 교육정책과 오천석에 관한 선행연구를 검토해 본 결과 미군정기 교육정책과 오천석에 관한 각론적 연구는 있으나 종합적으로 접근한 연구물은 발견할 수 없었다. 따라서 미군정기 교육정책과 오천석의 역할에 관한 연구·기록에서의 관점이나 시각을 확인하고 이를 종합·정리하기 위한 목적으로 이 연구를 추진하였다.

　이 연구는 크게 네 가지 연구문제를 제기하였다.

　첫째, 미군정기의 교육정책에 영향을 끼친 오천석의 교육사상은 어떻게 형성되었으며, 어떤 구조를 이루고 있는가? 이 질문을 해결하기 위하여 오천석의 생애를 분석하였으며, 이러한 삶이 오천석의 교육사상에 어떤 영향을 미쳤는지를 밝히고자 하였다. 또한 오천석 교육사상의 배경이 된 기독교, 도산 안창호, 진보주의 교육사상의 영향을 검토하였으며, 그의 저서를 통하여 민주교육론과 민족교육론을 분석하였다.

둘째, 미군정기 교육정책의 배경은 무엇이며, 오천석을 비롯한 교육주도세력은 어떻게 등장하였는가? 이 질문을 해결하기 위해 해방 초기의 교육현황 및 미국의 대한(對韓)정책을 분석하였으며, 교육자문기관과 교육주도세력의 등장에 대하여 정리하였다.

셋째, 미군정기 주요 교육정책은 어떻게 전개되었으며, 이를 긍정적 또는 비판적 관점에 따라 분석할 경우 어떤 경향을 보이는가? 이 질문을 해결하기 위해 홍익인간 교육이념의 채택, 국립서울대학교의 설립, 새교육 운동의 전개, 6.3.3.4 학제 정책 등 미군정기의 주요 교육정책에 대하여 각종 기록과 연구물의 긍정적 또는 비판적인 글들을 요약하고 분석하였다.

넷째, 미군정기 주요 교육정책과 오천석의 역할에 관한 쟁점에는 어떤 것이 있으며, 이러한 쟁점의 주요 논리는 무엇인가? 이 질문을 해결하기 위해 미군정기 교육정책에 관한 오천석의 역할을 분석하였고, 이에 근거하여 네 가지 주요 교육정책의 쟁점을 추출하였으며, 이를 비교·분석하였다.

연구문제와 관련한 논의를 바탕으로 내린 몇 가지 결론은 다음과 같다.

첫째, 오천석의 교육사상은 미군정기 교육정책에 적극적으로 반영되었다. 민주교육론은 해방 직후 우리나라 민주교육의 터전을 닦는 데 이바지하게 되는데, 그의 평등주의 사상은 단선제 학제 제정으로 나타났고, 일제(日帝) 전체주의 교육 잔재를 청산하기 위하여 국대안을 발의하게 된다. 또한 구교육에 대한 반성 및 듀이식 진보주의 사상은 새교육 운동을 추진하게 된다. 6·3·3·4제 단선제 학제나 남녀 공학, 여교장 임명, 교육자치제, 의무교육제 모두 민주교육론에 뿌리를 두고 있다. 그의 기독교 사상은 홍익인간의 교육이념의 제정 시 소극적인 반대로 나타나며, 도산 안창호의 사상은 잠재되어 있다가 1963년 사회 변동과 함께 민족교육론으로 체계화되었다. 이와 같이 그의 교육사상은 그가 영향을 미칠 수 있는 위치에 있을 때 다양한 교육정책으로 표출되었다.

둘째, 해방 당시 우리 교육 현황은 일제의 잔재가 남아 있었고 점령군으로 온 미군정 당국자 및 오천석을 중심으로 하는 교육주도 세력에 의하여 기본 틀이 형성되었다. 교육이념은 일제의 '충량한 신민'에 머물러 있었고, 고등교육은 교육인구의 급증으로 혼란에 있었으며, 일제시대의 교육방법과 복선제 학제가 그대로 운영되고 있었다. 미군정기 교육정책은 점령군으로 왔기에 질서유지가 중요한 현안이었으며, 각종 포고에는 '민주주의'를 강조하고 있는데 이는 소련의 공산주의와 대립을 강화할 뿐만 아니라 미국식 민주주의를 뿌리내리려는 의도가 있었다. 오천석은 해방 직후 각 모임과 교육자문기관의 활동을 통하여 교육주도세력을 형성해 나갔다. 이들의 역할에 대해서는 긍정과 비판적 견해가 있으나, 오천석과 교육주도세력이 중심이 되어 교육정책이 입안되고 추진되었다.

셋째, 미군정기 교육정책에 관한 오천석의 역할은 지대하였다. 특히 국립서울대학교 설립, 새교육 운동 추진, 6·3·3·4학제 제정에는 오천석의 영향이 크게 작용하였다. 미군정 당국은 1947년 이후 '국대안'과 '새교육 운동'의 추진에 적극적이었다. 홍익인간의 교육이념에 대해서는 오천석은 대체로 초기에는 비과학성이라는 입장에 있었으나 차츰 민족과 민주를 조화롭게 표현한 것으로, 우리 고유사상에 근거를 두었다고 인식하면서 긍정론자로 변화하고 있다. 국대안은 오천석의 입안으로 발의되었으나, 반대운동으로 혼란이 극에 달하자 미군정 장관이 개입하여 이사회와 총장 문제를 해결함으로써 국립서울대학교를 설립하는 데 성공하였다. 새교육 운동의 중심에는 오천석이 있었다. 그는 듀이의 이론을 강의했고 책으로 펴냈으며 문교차장과 부장으로서 행정적으로 주도하는 위치에 있었다. 각 연구회 중에서는 '조선교육연구회'가 가장 활발한 활동을 전개하였다. '새교육 운동'은 미국 중심으로 세계지식체계의 주변부에 위치하는 데 영향을 미쳤다. 6·3·3·4 단선제 학제는 오천석이 '조선교육심의회' 교육제도분과위원회 활동을 통하여 적극적으로 추진하였다. 학제가 미국 모방이라는 데에 대해서는 동감을 하고 있으나 단순한 모방이 아니라 상당한 교육적·심리적 근거를 가지고 채택하였다고 반박하고 있다.

미군정기 교육정책의 입안 및 추진함에 있어서의 미군정의 역할은 대체로 관망적 자세를 취하였다. 미군정 교육정책의 큰 틀은 포고령 등에서 밝혔듯이 '민주주의'였기 때문에 그 틀에 어긋나지 않은 것에 대해서는 크게 간여하지 않았다. 홍익인간의 교육이념, 6·3·3·4학제의 입안 및 추진에서는 관망적 자세를, 국대안에서는 입안에서는 소극적 역할, 추진에서는 1947년 이후 적극적 역할을 수행하였으며, 새교육 운동에서는 입안 시에는 관망적 자세였으나 1947년 이후의 추진에서는 적극적 역할을 수행하였다.

넷째, 미군정기 교육정책에 관한 연구·기록물을 긍정적 또는 비판적 관점에 따라 분류하여 분석하였을 때, 오천석의 저서와 문교기록에서는 비교적 긍정적인 관점을, 학위 연구물이나 개인 연구물에서는 비교적 비판적인 관점을 보이고 있다. 특히 새교육 운동과 6·3·3·4학제에 대해서는 50년대에, 국대안에 대해서는 80년대에 비판적 관점이 많았다.

미군정기 교육정책에 관한 긍정 또는 비판적 관점 분석에 있어서, 먼저 저서별 특징을 분석하면 홍익인간의 교육이념 및 국대안에 대해서는 문교기록과 오천석의 저서에서는 비교적 긍정적 기록을 남겼으며, 기타 연구는 비교적 비판적 관점을 보였다. 새교육 운동에 대해서는 문교기록은 긍정과 비판이 비슷하게 나타났으며, 오천석의 저서에서는 긍정적인 기록을, 1950년대 개인 연구물에서는 비판적 관점을 보였다. 학제 정책에 대해서는 문교 기록은 비판적 관점을, 오천석 저서는 긍정적 관점을 보이고 있다. 또 시기별 특징을 분석하여 보면 50년대에는 6·3·3·4학제 및 '새교육 운동'에 대한 비판이, 80년대에는 국대안에 대한 관점 변화가 나타났으며, 그 외에는 특징을 발견할 수가 없었다.

다섯째, 미군정기 교육정책과 오천석의 역할에 관한 쟁점에서는 주로 오천석의 교육정책 주도론이 미군정 당국의 역할론에 비하여 강하게 반영되었다. 또 오천석의 조기개혁론과 미군정 당국의 현상유지론이 대립하였다.

이 외에 오천석의 입장을 긍정하는 논리로는 미국제도의 긍정적 수용론, 교육주도세력의 대학장악 기도론, 미국이론 도입 불가피론, 민주교육론의 도입 등이 있고, 이에 반하여 오천석의 교육정책에 반대 또는 비판하는 세력들에 의한 미국제도의 모방론, 좌익세력의 대학자치 쟁취론, 미국지식체계 주변부 편입론, 민주교육론과 민족교육론 간의 대립과 갈등 등이 있다. 특히 오천석의 미군정기 교육정책의 주도론은 그의 저서 외에도 단행본 및 각종 연구에서 다양하게 드러나고 있는데 연구자에 따라 다소 관점을 달리하는 경우도 있다. 오천석의 교육정책 추진 주도론의 뒷받침하는 내용으로는 국대안의 발의·추진과 '새교육 운동', 학제 정책에서 강하게 나타나고 있으며, 미군정의 역할론은 연구·기록상에는 거의 나타나지 않고 있다. 다만 간접적인 표현으로 정책의 방향을 제시하는 경우가 있었다.

여섯째, 미군정기의 교육정책을 연구함에 있어서 1980년대를 기준으로 하여 그 이전은 대체로 기능론적 입장에서의 주장이, 그 이후에는 비교적 갈등론적 입장에서의 연구가 강하리라는 가설을 전제했었다. 그러나 이 가설은 모든 교육정책에서 긍정되지는 않았다.

이 가설이 전체적으로는 틀린다고 말할 수는 없으나, 중요한 것은 이러한 가설이 개개의 교육정책에 그대로 적용되는 것은 아니라는 점이다. 다시 말하면 국대안에서는 이 가설이 긍정되었다. 그러나 '새교육 운동'에서는 오히려 1950년대에 비판이 왕성하였다. 이는 미군정기의 '새교육 운동'에 대한 반작용에서 나온 것이라고 할 수 있다. 그리고 다른 교육정책에서는 1980년대라는 연대가 큰 의미를 지니고 있지를 못하였다.

일곱째, 미군정기의 기록이나 오천석의 교육정책에 대한 쟁점을 기능·갈등론적으로 접근하였을 때 무리가 따르고, 해석이 되지 않는 부분이 있다는 것이다.

이는 당시에는 기능론이나 갈등론과는 별개의 의미로 쟁점이 되었던 것을 후일의 연구자들이 기능·갈등의 틀에 넣어 '짜맞추기식'으로 해석하려는 데서 오는 오류일 것으로 생각된다. 이와 같은 결과는 일부 연구자들의 미군정기의 교육정책의 연구에 있어서 기존의 두 가지 관점으로 보는 시각은 정확한 것이 아니라는 결론에 도달하게 한다. 쟁점은 있으되 이를 억지로 기능·갈등론으로 해석하려고 맞추어 나갈 때 이와 관련이 없는 쟁점은 설 자리를 잃게 된다.

이 연구는 미군정기 교육정책과 오천석의 역할에 관한 연구이다. 이 연구를 참고하여 후속 연구를 추진할 연구자를 위하여 몇 가지 제언을 하면 다음과 같다.

첫째, 미군정기 교육정책과 오천석에 관한 전반적인 연구를 통하여 이 시기의 교육정책을 보다 체계화할 필요가 있다. 이 연구에서는 그동안 각론적으로 연구하거나 아니면 편년체적 사실의 나열에 그쳤던 연구 경향에서 벗어나 부분적이나마 미군정기 교육정책에 대하여 총론적으로 접근하는 데 의의가 있었다. 그러므로 보다 다양한 관점과 풍부한 자료를 바탕으로 전체 교육정책을 재조망할 필요가 있다.

둘째, 미군정기를 연구함에 있어 긍정론과 갈등론적인 이분법적인 분류를 벗어나 그 당시의 민중의 삶과 의지가 어떻게 교육정책에 반영되었으며, 이를 어떻게 해석해야 하는지에 대한 새로운 접근을 시도할 필요가 있다. 즉 질적 연구를 통한 미군정 내의 미군과 한국인 사이의 언어 문화적 관계에서 나타난 긍정과 갈등의 관계에 대한 연구도 한 방법이 될 수 있을 것이다.

셋째, 미군정기는 우리 교육의 기초가 형성된 시기이므로 이 시기의 교육정책이 그 이후 어떻게 변화하였으며, 어떤 과정을 거쳐 오늘날 어떤 영향을 끼치고 있는지를 분석해 볼 필요가 있다. 이러한 연구의 필요성은 미군정기 교육정책이 그 이후의 우리나라 교육의 기본 틀이 되었기 때문에 더욱 절실한 명제가 될 수 있다고 생각한다.

참고문헌

1. 단행본

강만길(1985a), 『한국근대사』, 창작과 비평사.

강만길(1985b), 『한국민족주의운동사론』, 한길사.

강순원(1986), 『한국자본주의적 교육제도 ― 민족교육의 반성』, 학민사.

강원교육육위원회(1980), 『강원교육사』, 고려서적주식회사.

강원도교육청(2004a), 『강원도 고등학교 교육과정 편성・운영 지침』, 나래기획출판사.

강원도교육청(2004a), 『강원도 중학교 교육과정 편성・운영 지침』, 나래기획출판사.

교육부(1988), 『교육50년사』, 청운인쇄주식회사.

교육신문사(2001), 『한국교육100년사』, 교육신문사.

구대열 옮김(1989), 『한반도의 분단과 미국 ― 미국의 대한정책』, 을유문화사.

국가보훈처(1991), 『2・8독립운동』, 도서출판 한서원.

국사편찬위원회(1970), 『자료 대한민국사 I 』, 탐구당.

국제신문사출판부(1984) 편역, 『한미군정사』, 돌베개.

김국태 옮김(1984), 『해방3년과 미국』, 도서출판 돌베개.

김기석(1999), 『교육역사사회학』, 교육과학사.

김동구(1995), 『미군정기의 교육』, 문음사.

김득관(1950), 『한국사상의 전개』, 북조사.

김삼웅(1989), 『한국곡필가(1)』, 신학문사.

김성식(1974), 『일제하 한국학생독립운동사』, 정음사.

김성학(1996), 『서구교육학 도입의 기원과 전개』, 문음사.

김언호(1994), 『한국사1 ― 27권』, 한길사.

김윤환(1979), 『경제학(이론과 정책)』, 유풍출판사.

김인회(1989), 『교육과 민중문화』, 한길사.

김정원(1992), 『분단한국사 ― 남북한 정치발전론 ―』, 도서출판 예진.

김종철(1979), 『한국고등교육정책연구』, 배영사.

김종철(1989), 『한국교육정책연구』, 교육과학사.

김학준(1989), 『한국정쟁 ― 원인·과정·휴전·영향』, 박영사.

남조선과도입법의원비서처(1984), 『속기록 제12호 제1권』, 여강출판사.

대한교육연합회(1987), 『대한교련40년사』, 고려서적주식회사.

문교부(1948), 『문교행정개황』, 문교부.

문교부(1960), 『한국교육10년사』, 풍문사.

문교부(1980), 『한국교육30년』, 삼화서적주식회사.

문교부(1988), 『문교40년사』, 대한교과서주식회사.

민주주의 민족전선 편(1946), 『조선해방년보』, 문우인서관.

박세길(1988), 『다시 쓰는 한국현대사』, 돌베개.

방선주 외(1991), 『한국현대사와 미군정』, 한림대학교 출판부.

백낙준(1963), 『한국의 현실과 이상』, 동아출판사.

사단법인 3.1동지회(1985a), 『3.1독립운동실록(상)』, 삼일정신선양사업부.

사단법인 3.1동지회(1985b), 『한민족과 항일독립운동사』, 삼일정신선양
　　　　사업부.

서울대학교대학원(1994), 『교육행정·교육사회학 박사논문집』, 도서출판 하우.

손인수(1992), 『미군정과 교육정책』, 민영사.

송건호(1979), "해방의 민족사적 인식", 송건호 외, 『해방전후사의 인식』,
　　　　한길사.

송건호(1990), 『한국현대인물사론』, 한길사.

송덕수(1996), 『광복교육 50년 [1] 미군정기 편』, 대한교원공제회.

신동아(1982), 『한미수교 100년사』, 『신동아』1982년 1월호 별책 부록.

심지연(1982), 『한국민주당 연구』, 풀빛.

심지연(1986), 『해방정국논쟁사』, 도서출판 한울.

심태진(1981), 『석운교육논집』, 우성문화사.

안재홍(1945), 『민족주의와 신민주주의』, 민우사.

역사문제연구소(1989), 『해방3년사 연구입문』, 도서출판 가치.

오욱환·최정실(1993), 『미군 점령시대의 한국교육:사실과 해석』, 지식
　　　　　산업사.

오인탁 외(2001), 『한국현대교육철학과 교육사학의 전개 ― 1945∼2000
　　　　　―』, 학지사.

오천석(1975a), 『민주주의 교육의 건설·민주교육을 지향하여』, 광명출판사.

오천석(1975b), 『민족중흥과 교육』, 광명출판사.

오천석(1975c), 『한국신교육사(상)』, 광명출판사.

오천석(1975d), 『한국신교육사(하)』, 광명출판사.

오천석(1975e), 『교육학신강』, 광명출판사.

오천석(1975f), 『스승·교육논설·수상기』, 광명출판사.

오천석(1975g), 『교육논문선집』, 광명출판사.

오천석(1975h), 『발전한국의 교육이념탐구』, 광명출판사.

오천석(1975i), 『국민의 정신무장』, 광명출판사.

오천석(1975j), 『외로운 성주』, 광명출판사.

유봉호(1992), 『한국교육과정사 연구』, 교학연구사.

유현옥(1996), 『현대교육의 주제와 쟁점』, 내일을 여는 책.

이공훈·김두루한(1996), 『열린시대 교육개혁론』, 도서출판 이서원.

이규환·강순원(1984), 『자본주의 사회의 교육』, 창작과비평사.

이길상(1992)편, 『한국교육사자료집, Ⅰ, Ⅱ』, 원주문화사.

이길상(1999), 『미군정하에서의 진보적 민주주의 교육운동』, 교육과학사.

이덕호(1991), 『지식인과 교사』, 장문사.

이덕호(2001), 『친미사대주의 교육의 전개과정』, 도서출판 다움.

이돈희(1998), 『교육이 변해야 미래가 보인다』, (주)현대문학.

이종각(1983), 『문화와 교육』, 배영사.

이종각(1992), 『한국교육학의 논리와 운동』, 문음사.

이종각(1994), 『교육학 논쟁』, 도서출판 하우.

이종각(1997), 『교육인류학탐색』, 도서출판 하우.

이종각(2004), 『새로운 교육사회학 총론』, 동문사.

이종각 엮음(1997a), 『교육과 사회와 교육행정』, 강원대학교 교육학과.

이종각 엮음(1997b), 『교육과정 사회학 논문선Ⅰ·Ⅱ·Ⅲ』, 강원대학
　　　교 교육학과.

이해성(1998), 『역사적 교육사회학의 쟁점과 방법』, 문음사.

이현희(1997), 『대한민국 어떻게 탄생했나』, 대왕사.

정용욱(2004), 『해방전후 미국의 대한정책』, 서울대학교 출판부.

정용욱 외(2002), 『해방전후사사료연구Ⅱ』, 도서출판 선인.

정태수(1992) 편저, 『미군정기 한국교육사 자료집(상, 하)』, 홍지원.

조동걸(2000), 『한국 근현대사의 이상과 형상』, 푸른역사.

조무남(1996), 『교육철학』, 교육과학사.

중앙교육연구소(1962), 『한국중등교육의 재건』.

중앙대부설교육문제연구소(1974), 『문교사(1945~1973)』, 중앙대출판국,
　　　삼화인쇄.

차경수(1980), 『한국교육의 사회적 과제』, 배영사.

천관우(1974), 『한국사의 재발견』, 삼원인쇄사.

천관우(1982), 『한국사의 재발견』, 일조각.

천원오천석박사교육인장위원회(1988), 『천원 오천석 선생, 그 유덕을 추
　　　모하며』, 천원오천석박사교육인장위원회.

최상근(1998), 『현장중심의 교육개혁 활성화 방안』, 한국교육개발원.

최상룡(1986), 『분단시대의 한·미 교육 — 한국과 미국』, 실천문학사.

최상용(1998), 『미군정과 한국민족주의』, 나남출판.

최영회(1996), 『격동의 해방 3년』, 한림대학교 아시아문화연구소.

최현배(1975) 『나라를 건지는 교육』, 정음사.

피정만·김영우(1995), 『최신한국교육사연구』, 교육과학사.

피정만 외(1998), 『교육사·교육철학』, 교육과학사.

하인호(1982), 『교육정책과 행정』, 문우사.

한국교육개발원(1978), 『교육발전 전망과 과제』, 한국교육개발원.

한국교육개발원(1986), 『한국교육정책의 이념(Ⅱ)』, 방문사.

한국교육개발원(1997), 『한국교육의 신세기적 구상』, 한국교육개발원.

한국교육과정·교과서연구회(1998), 『한국 교육과정 변천에 관한 연구』,
　　　교육부 위탁연구보고.

한국교육문제연구회(1989), 『한국교육문제연구 제2집』, 도서출판 푸른나무.
한국교육연구소(1993), 『한국교육사<근・현대편>』, 도서출판 풀빛.
한국교육정치학회편(1994), 『교육정치학론』, 학지사.
한국교육학회(2003), 「교육학회 50년사」, 도서출판 원미사.
한국교육혁신연구회(1991), 『교육혁신의 반성과 진로』, 교육과학사.
한국정신문화연구원(1979), 『한국교육현실과 민중교육론』, 신흥인쇄주
　　　　식회사.
한국중등교육협의회(1980), 『한국중등교육35년사』, 천풍인쇄주식회사.
한림대아시아문화연구소(1999), 『미군정기 한국의 사회변동과 사회사
　　　　Ⅰ・Ⅱ』, 한림대 출판부.
한상진 편저(1997), 『21세기 한국교육정책의 전략』, 대한교과서 주식회사.
한준상(1994), 『한국교육개혁론』, 학지사.
한준상・김성학(1990), 『현대한국교육의 인식』, 청아출판사.
함수곤(2000), 『교육과정과 교과서』, 대한교과서 주식회사.
함종규(2003), 『한국교육과정변천사 연구』, 교육과학사.
현기영(1986), 『영어와 동도서기론 ― 민족교육의 반성』, 학민사.
홍영도(1956), 『한국독립운동사』, 애국동지원호회.
홍웅선(1976), 『초등학교 교육과정』, 교학사.
홍웅선(1991), 『광복후의 신교육운동: 1946‒1949 조선교육연구회를
　　　　중심으로』, 대한교과서주식회사.

2. 학위논문

1) 박사학위논문

강명숙(2002), 미군정기 고등교육 연구, 박사학위논문, 서울대학교대학.
강일국(2002), 새교육운동 연구 ― 1950년대 초등교육과정을 중심으로
　　　　―, 박사학위논문, 서울대학교대학원.
김동석(1998), '새대학입시전형제도'에 내포된 정책주장의 논리적 분석,
　　　　박사학위논문, 서울대학교 대학원.

김성열(1993), 1980년대 '교육민주화운동' 주도교사들의 정책주장과 논리 연구, 박사학위논문, 서울대학교 대학원.

김용일(1995), 미군정하의 교육정책연구 :교육정치학적 접근. 박사학위논문, 고려대학교대학원.

김인용(1992), 미군정기 한국교육의 전개과정 연구. 박사학위논문, 부산대 대학원.

김창회(1996), 광복 후(1945 - 1949) 한국교육운동에 관한 硏究 — 자유민주주의, 사회주의, 민족주의 교육운동을 중심으로 —. 박사학위논문, 한국정신문화연구원 한국학대학원.

박지동(1997), 한민족에 대한 일·미의 종속화 교육 및 언론 시책에 관한 연구: 일제 식민지 시기와 미군정기를 중심으로. 박사학위논문, 고려대학교 대학원.

이광호(1991), 한국교육체제 재편의 구조적 특성에 관한 연구 — 1945 - 1955년을 중심으로 —, 박사학위논문, 연세대학교 대학원.

이길상(1989), Ideological Context of American Educational Policies in Occupied Korea, 1945 - 1948, Ph.D. Dissertation, Univ. of Illinois at Urbana Champaign.

이종각(1985), Transnational Knowledge Transfer: The Case Inquiry Teaching Method in Korea, Unpublished Ph.D. Dissertation, University of Pittsburgh.

이희수(1996), 미군정기 성인교육의 정치사회화 기능. 박사학위논문, 중앙대 대학원.

정영주(1992), 한국 교육과정 형성기(1945 ~ 1962)의 교육과정 변화요인 분석, 박사학위논문, 이화여자대학교 대학원.

정환규(1998), 미군정기 국립 서울대학교 설립에 관한 연구. 박사학위논문, 연세대학교 대학원.

2) 석사학위논문

강지영(2001), 군정기 한국교육정책연구, 석사학위논문, 인천대학교 교육대학원.

김경숙(1989), 미군정기 교육운동 — 1945 ~ 1948 —, 석사학위논문, 서울대학교 대학원.

김성학(1988), 미국의 대한 교육원조에 관한 교육사회학적 연구, 석사학위논문, 연세대학교 대학원.

김정희(1998), 한국교육에 나타난 친미적 성향 소고, 석사학위논문, 숙명여자대학교 교육대학원.

김종규(1976), 미군정기 교육행정에 관한 연구, 석사학위논문, 고려대 교육대학원.

김태미(1987), 미군정기 한국고등교육개혁에 관한 고찰: 국립서울대학교 설립을 중심으로, 석사학위논문, 이화여자대학교 대학원.

김효섭(1997), 미군정기 교육정책에 한국교육 발전에 끼친 영향에 관한 연구, 석사학위논문, 경원대학교 교육대학원.

박일종(1996), 미군정 초기의 남한과 일본의 교육개혁 비교연구: 군정 초기의 지령을 중심으로, 석사학위논문, 한국교원대학교 대학원.

배병관(1997), 미군정기 교육정책의 결정요인 분석, 석사학위논문, 부산외국어대교육대학원.

송재희(2000), 미군정기 천원 오천석의 고등교육 구상, 석사학위논문, 서울대학교 대학원.

오숙자(1992), 미군정기의 교육정책연구, 교육학석사학위논문, 충남대 교육대학원.

이경옥(1995), 우리나라 신교육체제 이후의 교육과정 변천에 관한 연구, 석사학위논문, 강원대학교교육대학원.

이기성(2000), 천원 오천석의 민주교육사상에 관한 연구, 석사학위논문, 인하대학교교육대학원.

이숙경(1983), 미군정기 민주화의 성격과 민주주의 교육이념의 한계, 석사학위논문, 이화여자대학교 대학원.

이승연(1996), 미군정기 잡지에 나타난 교육개혁론, 석사학위논문, 한국정신문화원한국학대학원.

이정복(1994), 천원 오천석의 교육사상 연구, 석사학위논문, 강원대 교육대학원.

이칭찬(1973), 미군정하의 한국초등교육, 교육학석사학위논문, 연세대학교대학원.

이형재(1996), 천원오천석의 교육사상 연구, 석사학위논문, 인하대학교 교육대학원.

이희수(1987), 미군정기의 국립서울대학교 설립과정에 관한 교육사회학적 분석, 석사학위논문, 중앙대학교 대학원.

전명기(1988), 한국 미군정기 교육정책에 대한 비판적 고찰, 석사학위논문, 한국정신문화연구원 한국학대학원.

정진경(1996), 미군정기 교육개혁의 갈등과 저항에 관한 연구, 석사학위논문, 한남대학교 대학원.

조용하(1977), 천원 오천석의 교육사상, 석사학위논문, 연세대학교 교육대학원.

조준언(2003), 천원 오천석의 교육사상 연구, 석사학위논문, 인하대 교육대학원.

최경수(1994), 미군정기 한국교육정책에 관한 연구, 석사학위논문, 숙명여자대학교 교육대학원.

최혜월(1987), 국대안 반대운동의 이념적 성격에 관한 교육사회학적 접근, 석사학위논문, 한국정신문화연구원 한국학대학원.

한성진(1986), 미군정기 한국 교육엘리트에 관한 연구, 석사학위논문, 연세대학교 대학원.

3. 일반 논문

김인회(1983), "한미수교 100년을 통해 본 교육목적관의 변천과정", 『한국정신문화원 연구논문』, 한국정신문화연구원, pp.65 – 84.

강명숙(2000), "해방 후 천원 오천석의 고등교육개혁", 『민주교육』 10호, 천원기념회, pp.42 – 52.

강진영(1994)/조성일, "한국중앙교육행정 조직 변천고; 미군정기와 제1공화국기를 중심으로", 건국대학교 『교육논집』 18(1994), pp.85 ~ 112.

고광만(1955), "한국교육 10년 유감", 『새교실』, 1955. 12월호, 대한교육연합회 서울인쇄소. pp.6 – 10.

김경식(1991), "현대 한국 군정교육의 역사적 평가 ─ 법규·법철학 분야를 중심으로", 『한국교육사학』13, pp.169～208.

김경혜(1998), "천원 오천석의 새교육운동과 최근의 열린교육(Open Education)운동", 『민주교육』8, 천원기념회, pp.57 - 61.

김경희(2001), "한국 교육사적 관점에서 본 천원 사상", 『천원 오천석 박사 탄신 100주년기념논총 ─ 춘원의 민주교육 사상』, 천원기념회. pp.151 - 154.

김기석(1996), "해방 후 분단국가 교육체제의 형성, 1945～1948, 서울 국립대학교와 김일성종합대학의 등장을 중심으로", 서울대학교 『사대논총』53. pp.1 - 20.

김동구(1987), "미군정 기간 중 한국에서의 미국교육사상 수용과정", 청주사범대학 『교육발전』6. pp.1 - 28.

김동구(1989), "중앙교육훈련소의 교원재교육과 새교육운동에 관한연구", 서원대학교 『논문집』23, pp.117 - 147.

김동구(1990), "미군정기의 교육상황", 서원대학교 『교육발전』 9. pp.33 - 50.

김동구(1992), "미군정 기간 중 미국의 한국에 대한 교육정책", 『교육학연구』 제30권 제4호, 한국교육학회. pp.119 - 135.

김동구(1998), "천원이 미군정기 교육정책에 미친 영향", 『민주교육』 제8호, 천원기념회. pp.42 - 45.

김선양(1995), "천원과 민주교육", 사단법인 천원기념회 『민주교육』 5. pp.28 - 31.

김선양(1996), "천원 오천석의 교육사상", 『한국교육사학』 18, 한국교육사학연구회. pp.275 - 290.

김선양(1997), "천원 교육사상의 재조명", 사단법인 천원기념회, 『민주교육』 7. pp.34 - 41.

김선양(1999), "미군정하의 교육과 천원", 천원기념회, 『민주교육』 제9호, 천원기념회, pp.18 - 25.

김선양(2001), "한국 민주교육의 토착화", 『천원 오천석 박사 탄신 100주년 기념논총 ─ 천원의 민주교육 사상』, 천원기념회. pp.41 - 52.

김용일(1994), "미군정기 조선교육심의회에 관한 교육정치학적 고찰", 고려대학교 『교육문제연구』 6. pp.315 - 345.

김용일(1995a), "미군정기 교육자치 삼법의 정치학", 고려대학교 『교육문제연구』 7. pp.141 - 160.

김용일(1995b), "미군정기 교육정책 지배세력에 관한 연구", 『교육행정학연구』 13 - 4. pp.25 - 54.

김은산(1991), "천원 오천석박사의 생애와 사상", 『민주교육』 1. 천원기념회, pp.5 - 10.

김은산(1993), "천원의 교육사상과 한글 가로쓰기의 실제", 홍익대학교 『교육연구논총』 8. pp.31 - 45.

김인용(1992), "일제식민지시대와 미군정기의 초등학교 교육과정의 비교", 『교육사상연구』 1. pp.59 - 79.

김종철(1998), "우리나라 교육정책에 미친 천원의 영향", 『민주교육』 제8호, 천원기념회. pp.49 - 51.

김천기(1992), "진보주의 교육이 한국교육정책에 미친 영향에 관한 수정주의적 분석: 미군정기를 중심으로", 『교육학연구』 30 - 2, pp.45 - 69.

류재만(2000), "천원 오천석의 예술과 교육", 천원연구회 『민주교육』 9. pp.53 - 66.

박봉목(1966), "한국 교육에 미친 미국의 영향에 대한 분석", 『변천하는 한국사회』, 경북대. pp.71 - 86.

박봉목(1993), "한국교육에 투영된 듀이 재평가와 천원 오천석의 자리", 『민주교육』 3, 천원기념회, pp.67 - 75.

손인수(1980), "한국 근대교육의 이념과 실태", 『신교육제도 도입과 교육관 변천에 관한 연구』, 한국정신문화연구원, (한국교육연구), pp.139 - 272.

손인수(1985), "한국교육학의 정립을 위하여: 교육사 연구", 청뢰 한기언 박사 회갑기념 『한국교육학의 탐색』, 고려원, pp.11 - 33.

손인수(1989), "한국 근대이후 교육가치관의 변천연구", 한국교원대학교 『교수논총』 5 - 1, pp.1 - 32.

신기수(1955), "나의 새교육 구상 ― 우리의 새교육을 ―", 『새교실』, 1955. 12월호, 대한교육연합회 서울인쇄소, pp.107 - 108.

양진건(1997), "미군정기 제주교육 Ⅰ", 제주대학교 『탐라문화』 17. pp.143 - 168.

오천석(1955), "듀이의 교육사상과 한국의 교육(上)", 『새교실』 1955. 9
월호, 서울인쇄소. pp.12 - 19.

오천석(1957), "교사의 연구생활", 『새교실』 1957. 8월호, 대한교육연합
회 인쇄공장. pp.62 - 69.

윤정일(1995), "광복50년의 평가와 반성", 『광복50주년 기념논문집』 6
- 교육편, 광복50주년기념사업위원회, pp.331 - 370.

이광호(1985), "미군정의 교육정책", 강만길, 김광식 외, 『해방전후사의
인식 2』, 한길사. pp.493 - 528.

이광호(1987), "미군정기 공교육체제 형성과정과 민족교육의 성격변화",
청주대 『교육과학연구』 1. pp.121 - 143.

이근엽(1992), "존 듀이의 교육철학과 오천석의 교육사상", 『민주교육』
2, 천원선생기념회. pp.38 - 45.

이근엽(1997), "천원의 교육적 낭만주의", 『민주교육』 7, 천원선생기념
회, pp.72 - 74.

이근엽(1998), "1920년대 천원 미학과 1930년대 오천석 교육학", 『민주
교육』 8, 천원선생기념회, 35 - 41.

이길상(1990), "미군정시대 연구에 있어서 '준비부족론'의 문제점", 『정
신문화연구』 39. pp.171 - 189.

이길상(1992a), "미군정기 국가적 성격과 교육정책", 『정신문화연구』 47,
한국정신문화연구원, pp.193 - 209.

이길상(1992b), "제국주의 문화 침략과 한국교육의 대미 종속", 『역사비
평』 18, pp.108 - 122.

이길상(1999a), "미군정기 교육재정의 실태", 손인수 교수 정년기념
논문집 『한국적인 음미와 학토불이』, 한국교원대학교,
pp.155 - 171.

이길상(1999b), "해방전후의 여론과 교육", 정신문화연구원 『정신문화연
구』 21 - 3, pp.207 - 226.

이돈희(1976), "듀이 교육사상이 한국교육에 미친 영향; 부정적 평가의 타당
성 문제를 중심으로", 한교생연 『교육연구』 9 - 7, pp.12 - 16.

이영덕(1980), "민주주의, 진보주의 교육, 교육의 인간화", 『교육학연구』
제18권 제1호, pp.48 - 55.

이종각(1983), "외래이론의 도입과 교육이론의 토착화", 『교육학연구』 21 - 1, pp.67 - 82.

이종각(1988), "한국교육의 역사적 현재구조 파악을 위한 상상력", 한국교육개발원 『한국교육의 중층성 분석을 위한 세미나』 자료, pp.81 - 114.

이종각(1990), "교육이론과 교육실천의 가교", 강원도교육연구원 『교육연구정보』 1, pp.7 - 18.

이종각(1991), "교육학 교육의 유산과 도전; 해방후 45년간의 회고", 『교육학연구』 29 - 3, pp.11 - 26.

이종각(1992), "해방 후 사회교육정책의 역사적 평가", 『한국교육사학』 14, pp.169 - 187.

이종각(1996a), "교원교육과 비판이론", 한국교원교육학회 『한국교사교육』 13, pp.37 - 51.

이종각(1996b), "교원교육에 있어서의 비판 이론의 의의", 강원대학교 교육연구소 『교육연구』 6, pp.19 - 30.

이진이(1990), "해방 후 민족교육의 실천적 인식", 『순국』 8. pp.46 - 60.

이항재(2001), "천원의 민족교육사상", 『천원 오천석 박사 탄신 100주년기념논총 ― 춘원의 민주교육 사상』, 천원기념회. pp.53 - 80.

이해남(1954), "새교육병(病)", 『새교실』, 1954. 9월호(제6권 3호), 대한교육연합회 직영인쇄사, pp.102 - 104.

임종국(1985), "제1공화국과 친일세력", 강만길 외, 『해방전후사의 인식 2』, 한길사. pp.172 - 247.

임한영(1970), "Dewey의 교육사상을 중심으로 한 가치관의 문제", 『교육학연구』 8 - 1, pp.5 - 17.

임한영(1980), "Dewey 사상에 있어서의 민주주의와 교육", 『교육학연구』 제18권 제1호, pp.19 - 30.

임한영(1984), "John Dewey 사상에 조명한 민주주의와 교육의 문제", 대한민국 학술원 『논문집』 (인문·사회과학편) 23, pp.1 - 36.

장찬익(1982)외, "미국의 철학사상과 교육사상이 한국에 미친 영향", 『한국듀우이연구회지』, pp.23 - 42.

정범모(1985), "한국교육학의 성숙과정과 발전 역량의 진단", 『교육학연구」 23 - 3, pp.5 - 11.

정세화(1980), "민주주의 이념에 조명한 천원 오천석의 교육사상", 『교육학연구』 18 - 1. pp.76 - 81.

정세화(1992), "천원 오천석의 교육사상 연구", 『교육철학』 10. pp.49 - 66.

정영수(1987), "해방 후 외래 교육사조 수용에 관한 비판적 고찰", 『한국교육』 제14권 제1호, pp.177 - 191.

정영수(1990), "비판이론의 교육적 적용에 관한 연구", 고려대학교 『교육문제연구』 3, pp.37 - 50.

정영수(1997), "페스탈로치의 탐구에 나타난 이상적 인간상에 대한 연구", 한독교육학회 『한독교육학연구』 1 - 1, pp.33 - 49.

정용해(1955), "나의 새교육 구상 ─ 모방주의를 지양 ─", 『새교실』, 1955. 12월호, 대한교육연합회 서울인쇄소. pp.104 - 105.

정태수(1989), "미군정기 한국교육행정의 기구와 요원 연구(미군측 자료를 중심으로)", 『교육행정연구』 6 - 1. pp.72 - 104.

정태수(1991), "현대 한국 군정교육의 역사적 평가에 대한 비판", 『한국교육사회학』 13, pp.209 - 217.

정태수(1992), "미군정기 「교육자치 3법」의 초안자 및 입법의도 및 추진과정", 『교육법학연구』 3, 4통합호, pp.71 - 106.

조경원(2001), "천원의 민주교육이념", 『천원 오천석 박사 탄신 100주년기념논총 ─ 춘원의 민주교육 사상』, 천원기념회. pp.85 - 96.

조운준(1956), "새교육운동의 재고", 『새교실』1956. 2월호, 대한교육연합회 서울인쇄소, pp.123 - 125.

최양미(1997), "천원의 듀이즘 해석과 적용에 관한 연구", 안양대학교 『논문집』 17, pp.341 - 356.

한명희(1982), "미국교육사상과 한국교육제도", 『광장』 통권 108, pp.48 - 55.

한명희(1984), "한국교육이념철학의 정립과제", 『교육학연구』, 22 - 3, pp.73 - 80.

한명희(1992), "한국교육이념의 갈등과 과제", 『한국교육의 쟁점과 전망』, 한국정신문화연구원, pp.17 - 98.

한준상(1987), "미국문화 침투와 한국교육", 『해방전후사의 인식 3』, 한길사. pp.541 - 607.

한준상(1989), "교육이념과 교육정치집단의 갈등", 『사상과 정책』 25, pp.133 – 148.

함석헌(1956), "새교육", 『새교육』 5월호, 서울인쇄공사, pp.14 – 26. 및 『새교육』 6월호, 서울인쇄공사, pp.28 – 43.

홍덕창(1983), "미군정하의 초등교육에 관한 연구", 총신대학교 『논문집』 3, pp.79 – 101.

홍웅선(1975), "한국교육이념의 분석적 고찰(1945 – 1974)", 『연세논총』 (인문・사회과학편) 12, pp.69 – 88.

홍웅선(1989), "해방후 진보주의 교육사조의 수용과정", 『정신문화연구』 37, pp.153 – 170.

홍웅선(1991), "미군정기 교육에 관한 연구", 『교육개발』 70(1991.2), pp.2 – 4.

1. 오천석 연보

1. 미군정기의 교육관료 시기
　－문교부 차장: 1945. 9.～1947. 11.
　－문교부 부장: 1947. 11.～1948. 8.

2. 제2공화국 민주당 정권의 교육관료 시기
　－문교부 장관: 1960. 8. 23.～1961. 5. 2.

1901	평안남도 강서군 함종면 출생
1905	가친의 임지를 따라 해주에서 1년간 거주
1906	가친의 임지를 따라 서울에서 3년간 거주
	가친의 임지를 따라 일본 동경으로 이사
1919	일본 동경 청산학원 졸업
1919	인천 영화여학교 교사
1920	『학생계』 주간(학생계: 1920년 7월에 창간된 월간 학생 잡지, 우리나라 학생 잡지의 효시)
1921	미국 코넬대학 입학
	미주유학생연합회 결성 및 그 기관지 「우라키」 편집장
1925	미국 아이호아 주 코넬대학 졸업(AB 학위)
1925	도산 안창호 선생과 만남, 흥사단 입단

1927	미국 일리노이 주 노스웨스턴대학원 졸업(MA 학위)
1929	미국 뉴욕 주 컬럼비아대학에 입학
1931	김성수, 이승만, 서재필과 만남
1931	미국 뉴욕 주 컬럼비아대학원 졸업(철학박사 학위) 학위논문 "민족동화수단으로서의 교육"(Education as an Instrument of Assimilation)」
1932~35	서울 보성전문학교(현 고려대학교) 교수
1935	화신상회 무역부 근무
1942	일경의 눈을 피해 상해로 피신
1944	귀국, 황해도 백천에 은거
1945	귀경, '천연동' 모임 참석 1945년 8월 하순
1945	영자신문「The Korea Times」 발간
1945.9.12.	학무국 차장(학무국장 유억겸, 재직기간: 1945. 12. 19. – 1947. 11. 9.)
1945~47	미군정청 문교부차장
1947~48	미군정청 문교부장
1948~49	미국 교육연합회 초청으로 1년간 미국 교육계 시찰
1950	대한교육연합회 회장
1950	중앙교육위원회 의장
1950~55	일본 동경 미극동군 총사령부 고문
1955~60	이화여자대학교 대학원장
1955~60	한국교육학회장
1960~61	민주당 내각의 교육부장관
1961	프랑스 주재 한국대사로 임명
1962~63	미국 일리노이 주 일리노이대학과 맥머리대학 및 피바디대학 초빙교수
1964~67	주 멕시코 한국대사
1964~67	과테말라, 온두라스, 니카라과, 엘살바도르, 파나마, 자메이카, 에티오피아 겸임대사
1964	한국대표단 일원으로 UN총회 참석

1965	한국대표 단장으로 파리 UNESCO 총회 참석
1977~	한국 학술원 회원
1982	충북 청주대학교로부터 명예 행정학 박사 학위 받음
1982	한국 학술원으로부터 공로상 수상
1983	모교인 미국 코넬대학으로부터 명예법학박사 학위 받음
1987	현재 경희대학교, 상명여자대학교, 덕성여자대학교 이사
1987	10월 31일, 오후 9시, 서대문구 북아현동 1의 745번지 자택에서 숙환으로 별세하다. 동년 11월 4일, 우리나라 최초로 교육인장(敎育人葬)으로 장례를 치르다. 경기도 용인군 모현면 용인공원묘지 안에 있는 가족묘역에 안장(安葬)

2. 국대안 사건일지

아래 자료는 서울대학교 홈페이지에서 검색한 국대안 사건의 일지이다.

1945. 10. 10.	미군정청에서 경성대학에 미국인 총장과 교수를 임명
1945. 10. 17.	경성제대를 경성대학으로 개칭
1946. 04. 27.	서울대학에 의전(醫專)병합을 군청청 문교부에서 계획
1946. 06. 19.	서울종합대학안을 문교부에서 발표
1946. 06. 22.	서울종합대학안에 좌익계학생 반대 성명
1946. 07. 08.	경대(京大)·의전(醫專) 합동안에 물의
1946. 07. 13.	국립서울대학교 신설을 문교부에서 발표
1946. 08. 22.	국립서울대학교 초대총장에 '해리·비·앤 스테드' 법학박사가 임명됨 초대 교무처장에 '언더우드' 씨 취임 초대 학생처장에 김성덕 씨 취임
1946. 09. 05.	서울대학교 이공학부 교직원 38명, 국대안 반대하고 사직 결의

1946. 10. 04.	문리과대학 맹휴
1946. 11. 07.	법과대학생들, 휴강 과다를 논란하고 맹휴
1946. 12. 02.	국대안 반대 사대 불합작 교수·학생 전원 복직·복교
1946. 12. 10.	국대안 반대하고 문리과대학 맹휴
1946. 12. 18.	국대안 반대 등교거부로 문리대, 상대, 법대에 휴교처분
1947. 02. 02.	이공학부 교수단에서 국대안 철회를 요구
1947. 02. 03.	공과대학 국대안 반대하고 맹휴
1947. 02. 04.	국대안 철회와 사대독립을 요구하고 사대맹휴
1947. 02. 09.	단대대표들이 모여 건설학생회결성
1947. 03. 02.	교복·교모 제정
1947. 03. 03.	국대안 반대로 인한 등록파동
1947. 03. 05.	문리과대학 학생회에서 국대안 반대를 원칙으로 등록 결의
1947. 03. 14.	국대안수정안이 입법의원 통과
1947. 05. 06.	국립대학 이사 9명 결정
1947. 05. 24.	9개대 학장회의 개최하고 제적학생 복학대책 수립
1947. 05. 27.	문교부에서 국대 제1회 이사회를 개최하고 이사장 최 규동, 교무위원 4명, 교정위원 4명 결정
1947. 06. 13.	국대안 맹휴문제 일단락, 이사회에서 제적학생 무조건 복교 결정
1947. 07. 02.	국대안실시에 의한 차별로 의전계(醫專系)학생 총퇴학 을 결정
1947. 07. 11.	제1회 졸업식
1947. 07. 29.	사대 임시교원양성소생 150명을 각 초등학교에 배치
1947. 08. 03.	교무처장 '언더우드' 퇴임, 최규남 박사 취임
1947. 08. 14.	국대안 반대학생 무조건 복교(문리대 21명 외 3,497명)
1947. 08. 24.	의대 내 성대파(城大派)와 의전파(醫專系)알력 학사호 (學士號)문제로 악화, 의전계교수 50명 사직
1947. 08. 29.	국대안 분규 수습을 신임총장 이춘호 씨 언명, 의대 내 분규 일단락

3. 새교육 관련 일지

- 자료 출처 -
- 송덕수, 광복50년, 미군정기 편
- 손인수, 미군정과 교육정책
- 이덕호, 친미사대주의 교육의 전개과정

45. 09. 11. – 09. 26.   조선어학회 제1차 한글 강습회

45. 10. 24. – 11. 13.   조선어학회 제2차 한글 강습회

45. 11. 11. – 11. 21.   조선어학회 제3차 한글 강습회

45. 10. 31.   미군정청, 조선교육원조추진심의회(Korea Council on Educational Aid from America) 조직, 미국의 한국교육에 대한 원조계획안 수립 목적

45. 12 .21. – 12. 30.   초등교원강습회, 미군정청 학무국 주관, 동계방학기간, 서울 수송초등학교(교장 李撲百), 400여 명 참석

46. 01. 09. – 01. 18.   조선어학회 제2차 한글 강습회

46. 01. 09. – 01. 18.   중등교원강습회, 군정청 학무국과 경기도 학무과 공동 주최, 서울 경기고녀

46. 02. 17.   조선교육자협회 창설, 이만규, 김택관 등, 국대안 반대운동 적극 지도

1946. 03.   도미교육사절단(Korea Educational Commission) 파견(한국인으로 구성됨), 조선교육원조추진심의회가 마련한 교육원조 계획안을 추진키 위해 도미, 장이욱, 고황경, 구영숙, 문장욱, 김훈, 나기호 등 6명. 4개월간 활동

1946. 08.   민주교육연구회 결성(같은 해 12월 조선교육연구회로 개칭), 안호상을 중심으로, 미국편향 교육에 대한 비판세력으로 등장

46. 09. 12.   신교육연구협회 창설, 미군정에 의해 의도적으로 조직된 관변단체, 신교육 순회 강연, '새교육' 기관지 발간(이덕

호, p.89, 손인수, p.334.)

46. 09. 신교육협회 創設, 문교부 주관, 새교육운동 추진(이덕호, p.85.)

46. 10. 25. 새 교수법연구회, 서울 효제초등학교, 전국규모의 발표회, 교원, 대학생, 학부모 등 700여 명 참석 우리나라 연구보고회의 시초, 효제초등학교장 윤재천 '신교육 서설' 발간, 미국의 교육과정과 교수법을 소개한 최초의 도서

46. 10. 교육과정운영연구발표회, 효제초등학교장 윤재천 주최, 700여 명 참석, 공개수업 및 학예회, 전시회 개최

46. 11. 「민주주의 교육의 건설」 발간, 오천석, 듀이의 교육사상을 소개한 최초의 저서

46. 11. 신교육건설전람회, 문교부 주최, 서울 중앙중학교, 전국 여러 학교로부터 시도된 보고 자료 전시, 전국 주요 도시에서도 개최됨

46. 11. 08. – 11. 10. 민주교육연구강습회, 민주교육연구회(조선교육연구회로 개명) 주최, 경성대학 강당, 전국 초중등 교원 1,000여 명 참석. 11.20 – 21 ☞ 청주, 23 – 24 ☞ 대구, 26 – 27 ☞ 광주에서 지방 강습회 개최

47. 02. 17. 페스탈로치 탄생 201주년 기념 강연회, 문교부와 민주교육연구회(조선교육연구회로 개명) 공동 주최

47. 06. 미국의 대한교육정보조사단(對韓敎育情報調査團) 파견, 한국인의 도미 교육사절단의 요청에 의해 파견, 18일간 활동. '안트'를 단장으로 브름바그, 에디, 레이, 배트슨 등 5명으로 구성. 중앙교원 훈련소 설치 등을 건의

47. 06. 미국, A. J. 부름바우를 단장으로 하는 5명의 교육·정보조사단 한국에 파견. 한국에 훈련소를 개설하고 한국인 교육행정관, 교사를 대상으로 하는 단기 훈련과정 설치를 건의

47. 11. 23. 조선교육연합회, 회장 최규동, 명예회장 오천석, 임시사무소: 문교부 사범과 사무실 사용. 1948년 대한교육연합회로 개칭, 새교육지 창간

48.　　　　　한국교육문화협회 창립, 회장 백낙준, 2－3차례 교원강
　　　　　　습 개최
48. 08. 03.　중앙교원훈련소(中央敎員訓練所: 　Teacher　Training
　　　　　　Center, T.T.C)설치, 미국의 대한교육정보조사단(對韓敎
　　　　　　育情報調査團)의 건의에 따라 설치
48. 08. 03.－09. 24.　중앙교원훈련소 제1기 교육, 수강자: 각 도학부
　　　　　　국에서 추천한 초중등학교 및 사법학교 교장, 교감, 일반
　　　　　　교사와 장학사(관)
48. 9. 30.　　새교육협회 창립, 오천석 중심, 수차 새교육강습회 개최
48. 10. 01.－11. 25.　중앙교원훈련소 제2기 교육, 1, 2기 합쳐 567명
　　　　　　교육

허대영 ───────────────────────────────

▌약력

춘천교육대학 졸업(1970)
원주대학(현 尙志大學校 전신) 편입(1973) 및 졸업(1975), 경영학사
고려대학교 교육대학원 수료(1982), 교육학석사
강원대학교 대학원 수료(2005), 교육학박사

▌경력

강원도 내 초·중·고등학교 교사
강원도교육연구원 교육연구사
강원도교육청 교육국 중등교육과 장학사
춘천 남춘천여자중학교 교감
홍천 두촌중학교 교장
강원도홍천교육청 교육과장
강원도교육과학연구원 교육과정부장
강원도교육청 교육국 중등교육과장
강원도영월교육청 교육장(현)
교육부 교육과정심의위원
민주평화통일자문회의 자문위원(현)
통일부 통일교육위원(현)
학교안전공제회 중앙회 이사(현)
한림성심대학 여성교양과(교육학개론),
강원대학교 사범대학(교육사회학, 사회교육과 사회문제) 및
교육대학원(교육사회학, 교육의 사회학적 탐구) 등에 출강함.

▌저서

『연구학교 운영의 실제』(1994, 강원도교육연구원)
『창의성 교육, 선생님께 달렸습니다』(1995, 강원도교육연구원, 공저)
『중학교 수학·영어과 수준별 이동수업 운영 방안』(1996, 강원도교육연구원, 공저)
등이 있음.

▌논문

「아동의 인성특성과 답안의 반려유형에 따른 심리학적 송환 효과」(1972, 푸른기장 수여 논문)
「교육투자의 경제적 효과 분석에 관한 고찰」(1982, 석사학위 논문)
「학교 생활지도활동 평가이론의 현장적용 탐색」(1993, 국립교육평가원)
「한반도 통일국가 체제 구상에 따른 교육통합방안 연구」(1998, 강원도교육청 박사학위과정 연구지원금수여 논문)
「미군정기 교육정책과 오천석의 역할에 관한 연구」(2005, 박사학위 논문)
「학교교육지원을 위한 지역교육네트워크 구축 방안」(2006, 교육연구 제17집, 강원대학교 교육연구소) 외 다수의 논문을 발표함.

吳天錫과
美軍政期 敎育政策
오 천 석 과 미 군 정 기 교 육 정 책

초판인쇄 | 2009년 4월 25일
초판발행 | 2009년 4월 25일

지은이 | 허대영
펴낸이 | 채종준
펴낸곳 | 한국학술정보㈜
주 소 | 경기도 파주시 교하읍 문발리 513-5 파주출판문화정보산업단지
전 화 | 031) 908-3181(대표)
팩 스 | 031) 908-3189
홈페이지 | http://www.kstudy.com
E-mail | 출판사업부 publish@kstudy.com

등 록 | 제일산-115호(2000. 6. 19)
가 격 | 30,000원

ISBN   978-89-534-2159-2 93370 (Paper Book)
        978-89-534-2162-2 98370 (e-Book)

내일을여는지식 은 시대와 시대의 지식을 이어 갑니다.